Počitelj

Die Stadt wird nicht zu unrecht als Perle der Herzegowina bezeichnet. In der Festung ist auch heute noch ein orientalisches Flair zu spüren, während die Künstlergalerie der Stadt neues Leben einhaucht.

• Seite 180

Bild: Thorsten Jutzie I PIXELIO

Trebinje

Die inmitten einer Weinbauregion gelegene, südlichste Stadt Bosnien-Herzegowinas besticht sowohl durch historische Sehenswürdigkeiten als auch durch die neue herzegowinische Gračanica-Kathedrale.

• Seite 188

Bild: Turisticke Organizacija Grada Trebinja

Nationalpark Sutjeska

Der älteste und größte Nationalpark des Landes zeichnet sich durch eines der letzten Urwaldgebiete sowie seine unberührten Landstriche aus, wobei sportliche Aktivitäten hier trotzdem nicht zu kurz kommen.

• Seite 164

Bild: JU Turistička organizacija opštine Foča

Travnik

Im Zentrum Bosnien-Herzegowinas gelegen, fungierte Travnik einst als Hauptstadt. Heute präsentiert sich die Stadt allerdings eher verschlafen, obwohl sie in architektonischer Hinsicht sehr viel zu bieten hat.

• Seite 76

Bild: Julian Nitzsche I PIXELIO

Banja Luka

Banja Luka, einst wichtige Metropole im sozialistischen Jugoslawien, ist heute die Hauptstadt der Republika Srpska. Zu entdecken gibt es historische Bauwerke, kulturelle Angebote sowie ein reges Nachtleben.

• Seite 102

Bild: TVB der Föderation Bosnien und Herzegowina I Simović

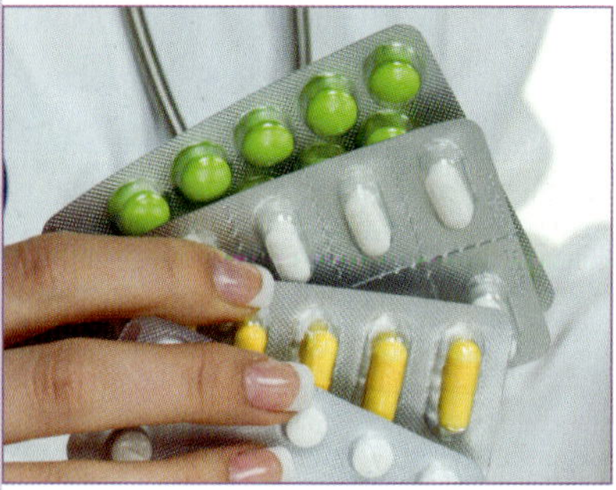

Bild: Gina Sanders I Adobe Stock

☐ Apotheken

Das Land verfügt über ziemlich viele Apotheken, auch in kleineren Orten, wobei rund um die Uhr geöffnete Filialen lediglich in größeren Städten zu finden sind. Das Sortiment an Medikamenten und Drogeriewaren ist meist sehr gut, wobei viele Artikel hier günstiger sind als in Österreich.

☐ Amtssprache

In Bosnien-Herzegowina gibt es drei offizielle Amtssprachen, nämlich Bosnisch, Serbisch und Kroatisch, wobei diese starke Ähnlichkeit aufweisen. Der größte Unterschied macht sich in der Schreibweise bemerkbar, denn in der Föderation Bosnien und Herzegowina ist das lateinische Alphabet gebräuchlich, in der Republika Srpska hingegen das kyrillische. Bei Verkehrszeichen und Wegweisern sind mittlerweile meist beide Schreibweisen angegeben. Grundsätzlich ist es hilfreich, dem kyrillischen Alphabet mächtig zu sein, doch viele Menschen sprechen auch Englisch und Deutsch und helfen meist gerne weiter.

☐ Autoverkehr

Wer mit dem Auto nach Bosnien-Herzegowina reist, steuert meist zuerst die kroatische Hauptstadt Zagreb an und entscheidet sich dort für eine Route ins eigentliche Zielland. Bei der Einreise muss man die notwendigen Dokumente bereithalten. In so gut wie allen größeren Städten kann man außerdem Autos mieten, sowohl bei international bekannten Anbietern als auch bei lokalen. Die Preise sind moderat und Kreditkarten werden von fast allen Firmen akzeptiert. Obwohl die Straßen mittlerweile großteils in einem guten Zustand sind, sollte man vorsichtig fahren, denn Verstöße gegen die Verkehrsregeln werden meist mit hohen Strafen geahndet. Die Promillegrenze liegt bei 0,3, Licht am Tag ist ebenso Pflicht wie das Mitführen eines Pannendreiecks sowie Reservelampen und vor allem in den gebirgigen Regionen sollte

Bild: Rafting Centar Drina Tara

man in der kalten Jahreszeit auch auf Schneeketten nicht vergessen, wobei Winterreifen ab dem 15. November Pflicht sind. Falls man eine Panne hat, stehen insgesamt drei Automobilclubs zur Verfügung, doch sollte man zuerst seinen eigenen Club kontaktieren, denn oft bieten diese ihre Leistungen auch in Bosnien-Herzegowina an. Auch Werkstätten und Tankstellen sind in ausreichender Anzahl vorhanden. Wird man in einen Unfall verwickelt, sollte man auf jeden Fall die Polizei verständigen und einen europäischen Unfallbericht ausfüllen.

☐ Bahnverbindungen

Obwohl das Land über ein circa tausend Kilometer langes Netz an Schienen verfügt, ist das Reisen

KULTUR-REISEFÜHRER

BOSNIEN-HERZEGOWINA

235 Ausflugsziele
6 Übersichtskarten
7 Stadtpläne

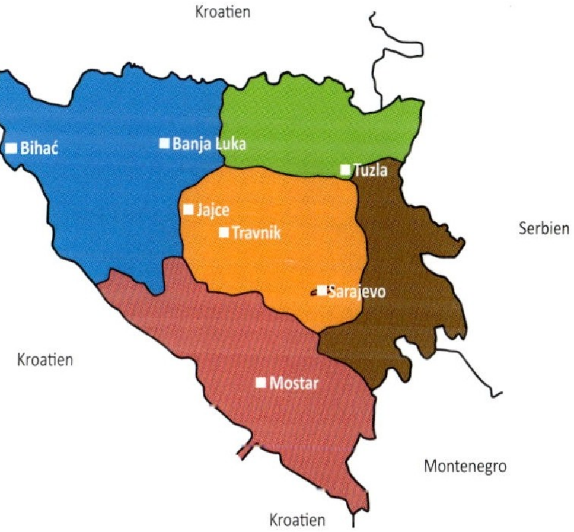

freytag & berndt
www.freytagberndt.com

13766 - 2085 • 1. Auflage 2016
ISBN 978-3-7079-1585-3

office@freytagberndt.at, www.freytagberndt.com
Printed in Austria

Bild: bhtourism.ba

Sarajevo

In der sehenswerten Hauptstadt Bosnien-Herzegowinas treffen auf einer relativ kleinen Fläche verschiedene Religionen und Kulturkreise aufeinander, was den besonderen Reiz der Stadt ausmacht.

• Seite 36

Bild: Thorsten Jutzie I PIXELIO

Mostar

Die rekonstruierte Altstadt von Mostar zählt zu den Kleinoden des Landes, denn hier begegnet man Schätzen wie der Alten Brücke, die in die Liste des UNESCO-Weltkulturerbes aufgenommen wurde.

• Seite 172

Bild: Julian Nitzsche I PIXELIO

Višegrad

Auch die Brücke von Višegrad, der Nobelpreisträger Ivo Andrić seinen berühmten Roman widmete, zählt heute zum UNESCO-Weltkulturerbe. Der neue Stadtteil Andrićgrad bildet einen interessanten Kontrast.

• Seite 156

Bild:Visit Jajce

Jajce

Die malerisch am Zusammenfluss von Pliva und Vrbas gelegene Stadt etablierte sich durch ihren mächtigen Wasserfall und eine Vielzahl an interessanten Sehenswürdigkeiten als regionales Tourismuszentrum.

• Seite 82

Bild: Nacionalni Park Una

Nationalpark Una

Die Una, ein wilder Fluss mit kristallklarem Wasser, lockt mit unberührter Natur und aufregenden Erlebnisprogrammen. Als perfekter Ausgangspunkt für Besuche bietet sich die sehenswerte Stadt Bihać an.

• Seite 118

mit der Bahn nicht sehr verbreitet, da oft Schienen und Waggons sowie Lokomotiven in einem relativ schlechten Zustand sind. Außerdem besitzen die beiden Entitäten eigene Bahngesellschaften, deren Zusammenarbeit von einer dritten Behörde geregelt wird, was in der Praxis nicht unbedingt gut funktioniert. Landschaftlich schön sind allerdings der Abschnitt von Banja Luka nach Sarajevo sowie jener von Sarajevo nach Mostar. Beide sind durchaus empfehlenswert, wenn man genügend Zeit mitbringt.

☐ Banken

Bankfilialen sind in allen größeren Städten vertreten. Sie haben von Montag bis Freitag zwischen 8.30 und 20.00 Uhr geöffnet, am Samstag von 9.00 bis 13.00 Uhr.

☐ Bevölkerung

Die Bevölkerung setzt sich aus drei dominierenden Ethnien, nämlich Bosniaken, Serben und Kroaten zusammen. Erstere sind mit rund 48 Prozent die größte Gruppe, gefolgt von rund 37 Prozent Serben und 14 Prozent Kroaten. Zu den 17 anerkannten Minderheiten zählen beispielsweise Juden und Roma. Die Republika Srpska wird großteils von Serben bewohnt, die Föderation Bosnien und Herzegowina hingegen von Bosniaken und Kroaten. Während des Bürgerkrieges in den 1990er Jahren sahen sich viele Menschen zur Flucht in mehrheitlich von ihrer Ethnie besiedeltes Gebiet gezwungen, wodurch in manchen Regionen quasi ein Bevölkerungsaustausch stattfand. Heute beträgt das Durchschnittsalter etwa vierzig Jahre und die Lebenserwartung liegt im Mittel bei rund 76 Jahren.

☐ Bildung

Für Bildungsangelegenheiten sind die beiden Entitäten zuständig, wobei diese auch die jeweiligen Lehrpläne bestimmen. Generell gilt, dass die Schulpflicht im Alter von sieben Jahren beginnt und mit dem 15. Lebensjahr endet. Nach der Grundschule kann je nach den erbrachten Leistungen eine dreijährige Berufsausbildung absolviert werden oder ein Gymnasium, eine technische beziehungsweise eine Kunstschule besucht werden. Wer ein Studium an der Universität anstrebt, muss zuvor eine Aufnahmeprüfung bestehen. In den letzten Jahren entstanden vermehrt private Hochschulen, weshalb mittlerweile etwa die Hälfte der Studierenden ihre Ausbildung an derartigen Einrichtungen abschließt.

Bild: bhtourism.ba

Bild: bhtourism.ba

☐ Botschaft

Die österreichische Botschaft befindet sich in Sarajevo, Dzidzikovac 7 und ist unter der Telefonnummer 00387/33/27 94 00 erreichbar. Geöffnet ist sie von Montag bis Freitag zwischen 8.00 und 12.00 Uhr, am Nachmittag nur nach Terminvereinbarung. Außerhalb der Öffnungszeiten kann man die Botschaft über die Notfallnummer 00387/61/13 02 30 erreichen.

☐ Busverbindungen

Die Anreise mit dem Bus gestaltet sich bequem und problemlos, denn meist verkehren moderne Busse mit Klimaanlage und verstellbaren Sitzen. Man muss allerdings bedenken, dass man beispielsweise von Wien aus etwa 13 Stunden unterwegs ist, bevor man das Zielland erreicht. Dort stellt der Bus eindeutig das schnellste und günstigste Verkehrsmittel dar, denn das Netz ist gut ausgebaut und man erreicht so gut wie jeden Ort regelmäßig und pünktlich mit dem Überlandbus. Die Fahrscheine können vorab am Schalter oder direkt im Bus gekauft werden und kosten für eine innerstädtische Fahrt rund zwei Mark.

Bild: bhtourism.ba

☐ Einkaufen

Die Einkaufsmöglichkeiten sind hier sehr vielfältig, denn sie reichen vom einfachen Bauernmarkt bis hin zu

Bild: bhtourism.ba

modernen Einkaufszentren. Die Öffnungszeiten sind allerdings nicht einheitlich geregelt. In den Städten haben die meisten Geschäfte von Montag bis Samstag zwischen 8.00 und 20.00 Uhr geöffnet, in den Sommermonaten oft sogar bis 22.00 Uhr, während Einkaufszentren meist bis 23.00 Uhr und am Sonntag bis 22.00 Uhr geöffnet haben. Märkte bieten ihre Waren normalerweise zwischen 7.00 und 17.00 Uhr beziehungsweise am Sonntag bis 16.00 Uhr an.

☐ Einreise

Für die Einreise nach Bosnien-Herzegowina benötigen österreichische Staatsbürger einen noch mindestens drei Monate gültigen Reisepass, Kinder einen eigenen Kinderreisepass mit Lichtbild. Grundsätzlich ist auch die Einreise mit dem Personalausweis möglich, doch kommt es beim Grenzübertritt manchmal zu Schwierigkeiten. Passiert man die Grenze mit dem eigenen Auto, muss man außerdem Führerschein, Zulassungsschein und die grüne Versicherungskarte mitführen, da man andernfalls eine eigene Versicherung abschließen muss. Nach der Einreise muss man sich binnen 24 Stunden polizeilich anmelden, was in Hotels meist von den Mitarbeitern übernommen wird. Verabsäumt man dies, kann es bei der Ausreise zu Problemen kommen, im schlimmsten Fall sogar zu einer Inhaftierung. Außerdem müssen für einen Aufenthalt ausreichende finanzielle Mittel bei der Einreise vorhanden sein, also pro Person und Tag 150 Mark.

☐ Essen und Trinken

Beim Leitungswasser von Bosnien-Herzegowina handelt es sich um Trinkwasser und sogar das Wasser aus öffentlichen Brunnen und Quellen soll ohne Bedenken genießbar sein. Wer einen empfindlichen Magen hat, sollte sich zur Sicherheit trotzdem mit Mineralwasser versorgen. Heiß servierte Speisen gelten generell als unbedenklich, doch bei Eis, das vor allem in den heißen Sommermonaten

Bild: Kasim Dzajic I Dzajicka Buk Raft BA

schnell verderben kann, sollte man vorsichtshalber auf abgepackte Ware aus dem Supermarkt zurückgreifen.

☐ Feiertage

Zu den nationalen Feiertagen zählen der 1. und der 2. Jänner, an welchen das neue Jahr gefeiert wird, sowie der 1. und der 2. Mai, die Tage der Arbeit. In der Föderation wird außerdem der 1. März als Tag der Unabhängigkeit gefeiert und der 25. November gilt als Nationalfeiertag. Die Feiertage der Republika Srpska sind hingegen am 9. Jänner, dem Tag der Republik, sowie am 21. November, dem Tag der Unterzeichnung des Dayton-Vertrages. Zusätzlich bestehen einige religiöse Feiertage wie Ostern und Weihnachten sowie Ramazanski Bajram und Kurban Bajram.

☐ Flagge

Die 1998 gestaltete Flagge von Bosnien zeigt bewusst keine nationalen Symbole. Der blaue Hintergrund soll an die europäische

Bild: Visit Konjic

Fahne erinnern, das gelbe Dreieck an die Umrisse des Landes und die Sterne an die hier lebenden Volksgruppen.

☐ Flugverkehr

Das Flugzeug ist die schnellste Möglichkeit, nach Bosnien-Herzegowina zu gelangen. Die bekannten internationalen Fluglinien steuern ausschließlich den Flughafen von Sarajevo an, wobei die Flugzeit zum Beispiel von Wien aus etwa eine Stunde beträgt. Um ins Stadtzentrum zu gelangen, empfiehlt es sich, auf ein Taxi zurückzugreifen, da leider noch keine direkte Busverbindung existiert. Die Taxistände sind leicht zu erreichen und die rund zwanzig Minuten in Anspruch nehmende Fahrt ist mit etwa 15 Mark auch erschwinglich.

☐ Fotografieren

Dem Fotografieren steht hier nichts im Wege, sofern man keine

Bild: Jarmoluk

militärischen Einrichtungen anvisiert. Wenn man Menschen fotografieren möchte, sollte man allerdings vorher um Erlaubnis bitten, vor allem in ländlichen Regionen, wo Touristen nicht alltäglich sind.

☐ Gastfreundschaft

Die Menschen in Bosnien-Herzegowina sind als äußerst gastfreundlich bekannt und vor allem in ländlichen Regionen werden Urlauber oft von Einheimischen zum Kaffee eingeladen. Solche Angebote darf man gerne annehmen, da sie eine gute Gelegenheit darstellen, um lokale Köstlichkeiten kennenzulernen. Zu beachten gilt es nur, dass man beim Betreten des Hauses die Schuhe ausziehen sollte und bei geplanten Besuchen nicht ohne ein kleines Gastgeschenk, etwa eine Tafel Schokolade oder eine Packung Kaffee, eintreffen sollte.

Bild: Kasim Dzajic I Dzajicka Buk Raft BA

☐ Geld

Offizielle Währung ist die Konvertible Mark, kurz KM, deren richtige Bezeichnung allerdings BAM lautet. Sie war nach dem Krieg fest an die Deutsche Mark gebunden und nun entspricht ein Euro 1,95 Mark. Bankfilialen und Geldautomaten gibt es in so gut wie allen größeren Städten und teilweise werden auch Euro als Zahlungsmittel akzeptiert, obwohl dies genau genommen verboten ist. Das Bezahlen mit Kreditkarte ist hingegen noch relativ unüblich und nur in Städten und großen Geschäften beziehungsweise Restaurants möglich.

☐ Haustiere

Wer mit seinem Haustier unterwegs ist, muss bei der Einreise einen internationalen Impfausweis sowie eine amtstierärztliche Bescheinigung vorlegen. Im Hotel sollte man sich auf jeden Fall bereits vor dem Antritt der Reise erkundigen, ob Haustiere erlaubt sind.

☐ Impfungen

Für einen Aufenthalt in Bosnien-Herzegowina sind keine Impfungen vorgeschrieben, doch wird Schutz gegen Tetanus, Diphterie, Polio und Hepatitis A und B sowie FSME bei Aufenthalten in ländlichen Regionen empfohlen.

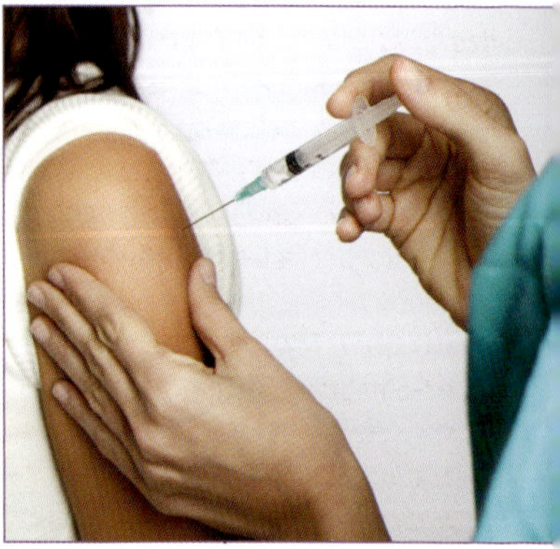

Bild: Adam Gregor I Fotolia

☐ Internet

Etwa 2,5 Millionen Bosnier nutzen regelmäßig das Internet und das Land verfügt in den großen Städten über ausreichend Internetcafés. Diese bieten zudem oft die Möglichkeit, die Urlaubsfotos von der Speicherkarte auf CD zu brennen. Außerdem gibt es in den meisten Hotels und Restaurants WLAN.

Bild: Knipseline I PIXELIO

☐ Kinder

Kinder sind in Bosnien-Herzegowina immer gerne gesehen, doch bestehen abgesehen von Spielplätzen relativ wenige Freizeitangebote, die sich speziell an Kinder richten. Interessant für kleine Reisende sind vor allem der Zoo von Sarajevo, die Therme Ilidža oder eine Kutschenfahrt entlang der Platanenallee zur Bosna-Quelle. Im Juni wird im Zeta Olympia Center das Kids Festival abgehalten und im Juli und August bietet das Sarajevo Filmfestival spezielle Vorführungen für Kinder und schließlich gibt es in Banja Luka ein Kindertheater und in Mostar sogar zwei Puppentheater.

☐ Krankenhäuser

Jede Gemeinde beziehungsweise jeder größere Stadtteil verfügt über ein eigenes Gesundheitszentrum *Dom zdravlija* oder Krankenhaus *Bolnica*. Die medizinische Versorgung entspricht jedoch nicht unbedingt unseren gewohnten Standards, sowohl im Hinblick auf die technische Ausstattung als auch auf hygienische Verhältnisse. Neuerdings gibt es auch immer mehr private Ärzte und Kliniken, wobei die Behandlungskosten von der Krankenkasse hier nicht übernommen werden müssen. Aus diesem Grund ist eine Zusatzversicherung für den Urlaub sowie eine Reiserücktransportversicherung im Falle von schweren Erkrankungen sehr empfehlenswert.

☐ Medien

Ausländische Zeitungen sind in Bosnien-Herzegowina nur schwer erhältlich. Wenn, dann bekommt man diese im BBI-Shopping-Centar oder am Flughafen. Die nationale Medienlandschaft ist hingegen breit gefächert und neben Wochenzeitungen und Magazinen erfreuen sich vor allem Tageszeitungen großer Beliebtheit.

Bild: Dnevni Avaz

Zu den wichtigsten Vertretern zählen die Befreiung *Oslobođenje*, die Stimme des Tages *Dnevni avaz* und die Unabhängige Zeitung *Nezavisne novine* sowie die Serbische Stimme *Glas srpske*. Im Rundfunkbereich sind private Sender stark auf dem Vormarsch, doch der beliebteste

Radiosender ist nach wie vor das öffentlich-rechtliche BH Radio 1. Neben dem öffentlich-rechtlichen Fernsehsender BHT erreichen die privaten Sender OBN und PINK HB die höchsten Einschaltquoten.

☐ Minen

Wer markierten Wanderwegen folgt, muss keine Angst vor Minen haben, doch sollte man unbefestigte Wege und verlassene Dörfer generell meiden, denn nicht alle Minenfelder sind geräumt beziehungsweise entsprechend gekennzeichnet. Meist weisen Schilder auf die drohende Gefahr hin, doch können diese mitunter in großen Abständen platziert und daher auch leicht zu übersehen sein.

Bild: Gerald Simon

☐ Notrufnummern

122 Polizei
123 Feuerwehr
124 Notarzt
1282 Pannendienst BIHAMK
1285 Pannendienst Auto Motor Savez

☐ Post

Postämter sind an einem schwarz-gelben Schild mit der Aufschrift PTT erkennbar. Das Hauptpostamt hat täglich von 7.00 bis 20.00 Uhr geöffnet, kleinere Postämter nur von Montag bis Freitag zwischen 8.00 und 18.00 Uhr sowie am Samstag

Bild: Uwe Steinbrich I PIXELIO

bis 12.00 Uhr. Hier erhält man Briefmarken, wobei es rund eine Woche dauert, bis die Urlaubsgrüße im Heimatland eintreffen.

☐ Rauchen

Seit dem Jahr 2007 besteht ein Rauchverbot an allen öffentlichen Orten, also auch in der Gastronomie. Lediglich in speziell eingerichteten Räumen ist das Rauchen gestattet. Bei Verstößen drohen mitunter empfindliche Geldstrafen, weshalb man sich im Zweifelsfall genau informieren sollte.

☐ Reisezeit

Das Klima in Bosnien-Herzegowina ist vorwiegend von kontinentalen, aber auch mediterranen Einflüssen geprägt. Letztere herrschen im Süden des Landes, also in der Herzegowina, vor. Generell sind die Monate Mai, Juni und September sehr angenehm, denn die Sommer können relativ heiß und die Winter lang und kalt sein, während im Frühling und im Herbst oft große Niederschlagsmengen fallen.

☐ Religion

Rund 61 Prozent der Bevölkerung bekennen sich zum Islam, 34 Prozent zum Christentum. Dabei sind die meisten Bosniaken islamisch, der Großteil der Serben ist orthodox

Bild: bhtourism.ba

und die Kroaten bekennen sich überwiegend zum katholischen Glauben. Anzumerken ist, dass die Islamische Gemeinschaft, die von einem Großmufti mit Sitz in Sarajevo geleitet wird, als äußerst liberal gilt. Die orthodoxen Christen gehören fast ausschließlich der autokephalen serbisch-orthodoxen Kirche an, deren Oberhaupt der Metropolit von Belgrad und Sremski Karlovici ist. Die Leitung der katholischen Kirche obliegt dem 1881 gegründeten Erzbistum Vrhbosna in Sarajevo.

☐ Sicherheit

Die Wahrscheinlichkeit, hier Opfer von Kleinkriminalität zu werden, ist statistisch gesehen nicht höher als in anderen europäischen Ländern. Vorsichtshalber empfiehlt es sich jedoch, vor allem teure Fahrzeuge in Garagen oder auf bewachten Parkplätzen abzustellen und keine Wertgegenstände im Auto zu lassen. Außerdem sollte man gut auf seine Taschen achten, speziell in großen Menschenmengen, wie etwa bei einer Fahrt mit dem Bus.

☐ Souvenirs

Wer auf der Suche nach typischen Souvenirs ist, wird definitiv fündig werden. Beliebt sind vor allem handwerkliche Erzeugnisse wie zum Beispiel Schnitzereien oder

Bild: Grad Mostar

Kupferschmiedearbeiten, aber auch Teppiche sowie traditionelle Kleidungsstücke.

☐ Sport

Fußball und Basketball zählen zu den beliebtesten sportlichen Aktivitäten der Einheimischen. Bei Touristen stehen Rafting sowie Floß- und Kajakfahrten, zum Beispiel auf der Una, der Tara oder der Neretva hoch im Kurs. Großer Beliebtheit erfreuen sich außerdem Wanderungen und Mountainbiketouren, aber auch Paragleiten ist gerade sehr angesagt. Die Bedingungen für Skifahrer sind ebenfalls ausgezeichnet, wobei die meisten Skigebiete relativ klein sind.

Bild: Banja Luka Tourist Board

☐ Strom

Die Netzspannung beträgt 220 Volt beziehungsweise 50 Hertz und auch

Bild: Succo

die in Österreich üblichen Stecker können in Bosnien-Herzegowina ohne Adapter verwendet werden.

☐ Taxis

In allen größeren Orten findet man Taxis, beispielsweise an Busbahnhöfen oder am Flughafen. Den Preis sollte man bereits vor Antritt der Fahrt aushandeln, um böse Überraschungen zu vermeiden. Generell variieren die Tarife je nach Stadt leicht, wobei pro Kilometer etwa 1,50 Mark berechnet werden.

☐ Telefon

Öffentliche Telefone werden zunehmend seltener, sind aber noch in jeder größeren Stadt zu finden. Sie funktionieren mit einer eigenen Karte, die in Postämtern erhältlich ist. Zu beachten ist dabei aber, dass es unterschiedliche Betreiber gibt und daher nicht jedes Telefon mit jeder Karte funktioniert. Ab 19.00 Uhr sind die Tarife günstiger, weshalb man nach Möglichkeit am Abend telefonieren sollte. Die Vorwahl für Österreich lautet 0043, jene für Bosnien 00387. Dann folgt die Ortsvorwahl ohne Null und schließlich die gewünschte Rufnummer. Das Mobilfunknetz ist im ganzen Land gut ausgebaut. Telefoniert man mit dem eigenen Handy, ist gegebenenfalls zu beachten, dass Roaminggebühren anfallen können. Empfehlenswerter

Bild: Paul-Georg Meister | PIXELIO

kann es sein, eine lokale Wertkarte zu kaufen, da diese günstig sind und eine Registrierung nicht notwendig ist.

☐ Trinkgeld

Da das Einkommen im tertiären Sektor sehr niedrig ist, sind die Angestellten auf Trinkgelder angewiesen. Wenn man mit dem gebotenen Service zufrieden ist, sind daher zehn Prozent des Rechnungsbetrages als Trinkgeld üblich. In Restaurants wird es übrigens meist als peinlich erachtet, die Rechnung zu teilen, weshalb dies gegebenenfalls nach dem Bezahlen erledigt werden sollte. Grundsätzlich lässt sich sagen, dass Trinkgelder oft

Bild: Paul-Georg Meister | PIXELIO

auch Dinge möglich werden lassen, deren Umsetzung kurz zuvor noch völlig undenkbar schien.

☐ Unterkunft

Das Angebot an Quartieren ist breit gefächert und meist

Bild: The Doctor's House

überraschend gut, wobei die Kategorisierung den europäischen Standards entspricht, die ihrerseits mit jenen des benachbarten Kroatien vergleichbar sind. Die meisten Hotels sind renoviert und vergleichsweise günstig, wobei das Frühstück fast überall im Preis inbegriffen ist. Da Gastfreundschaft in Bosnien-Herzegowina überall groß geschrieben wird, sind neben Hotels und Motels auch private Unterkünfte durchaus zu empfehlen. Ab Seite 196 finden Sie diverse Empfehlungen.

☐ Wellness

Das Land verfügt über eine Vielzahl an kleinen Kurorten mit Thermalquellen und Wellnesseinrichtungen. Diese sind teilweise sehr modern, während andere noch nicht mit westlichen Standards mithalten können. Ein Aufenthalt ist jedoch in der Regel erholsam und meist auch relativ preisgünstig.

☐ Wirtschaft

Obwohl sich die Wirtschaft in Bosnien-Herzegowina zunehmend erholt, ist die Arbeitslosenquote mit rund vierzig Prozent nach wie vor sehr hoch. Zu den wichtigsten Wirtschaftszweigen zählen Holz-, Metall- und Textilindustrie, aber auch Bergbau, Landwirtschaft und immer mehr der Tourismus. Auch die bestehenden Wasserkraftwerke werden laufend ausgebaut, weshalb das Land mittlerweile sogar Energie exportieren kann. Die Privatisierung von teilweise durch Korruption geprägten, staatlichen Betrieben kommt hingegen nur langsam voran und auch ausländische Investoren sucht man meist vergeblich.
Der Durchschnittslohn eines Arbeitnehmers liegt umgerechnet bei etwa vierhundert Euro pro Monat, weshalb viele Menschen auf Überweisungen von ihren im Ausland lebenden Familienmitgliedern angewiesen sind.

Bild: Ozren.org

☐ Zeit

In Bosnien-Herzegowina gilt die Mitteleuropäische Zeit MEZ sowie die Mitteleuropäische Sommerzeit. Wer aus Österreich kommt, muss also die Uhren nicht umstellen.

☐ Zoll

Das persönliche Reisegepäck kann problemlos mitgeführt werden und auch Souvenirs und Geschenke unter einem Wert von zweihundert Mark können bedenkenlos mitgenommen werden. Außerdem darf man zweihundert Zigaretten, hundert Zigarillos, 250 Gramm Tabak, zwei Liter Alkohol, sechzig Milliliter Parfüm und zweihundert Milliliter Eau de Toilette mitführen. Hat man viele technische Geräte bei sich, kann es ratsam sein, diese bei der Einreise registrieren zu lassen.

Historischer Überblick

Die Geschichte Bosnien-Herzegowinas ist fast ausschließlich von Fremdherrschaften gekennzeichnet, was dem Land aus heutiger Sicht eine enorme kulturelle Vielfalt bescherte. Hier trafen Orient und Okzident, Ost- und Weströmisches Reich, Osmanen und Habsburger sowie Katholiken, Orthodoxe und Muslime aufeinander und auch heute noch sind Geschichte und aktuelles Zeitgeschehen oft sehr eng miteinander verknüpft. Leider wurde diese Diversität im Laufe der bewegten Vergangenheit des Landes nicht unbedingt als Bereicherung wahrgenommen sondern vielmehr als Bedrohung der eigenen Identität. Insgesamt besteht das Land aus zwei historischen Regionen, nämlich Bosnien, was sich vom Fluss Bosna ableitet, sowie der Herzegowina, was sich vom Herrschertitel Herceg, also Herzog, ableitet.

Ur- und Frühgeschichte

Zu den ältesten Funden in Bosnien-Herzegowina zählt eine Ansiedlung der sogenannten Butmir-Kultur, welche bereits ab 5 500 vor Christus nahe der heutigen Hauptstadt Sarajevo anzutreffen war.

Bild: Wikipedia GNU

Illyrer

In der Bronzezeit ließen sich neben Thrakern, Galliern, Kelten und Griechen vor allem illyrische Stämme entlang der Flüsse Bosna, Vrbas und Neretva nieder, um Bodenschätze, vor allem Silber, abzubauen beziehungsweise Ackerbau und Viehzucht zu betreiben. Werkzeuge, Waffen und Schmuck wurden sowohl für den Eigenbedarf als auch bereits für den Tauschhandel hergestellt.

Bild: Pavel Trojan

Römer

Nach einigen erfolglosen Eroberungsversuchen konnten sich die Römer große Teile des heutigen Bosnien-Herzegowinas einverleiben. Diese wurden als Provinz Illyricum bezeichnet, doch verlor das Römische Imperium zwischendurch die Kontrolle wieder. Erst Kaiser Tiberius vermochte das Territorium seinen neuangelegten Provinzen Dalmatia beziehungsweise Pannonia einzugliedern. Auch die Römer bauten hier Bodenschätze ab, vor allem Blei, Gold und Silber, doch sie begannen außerdem damit, Siedlungen und Verteidigungsanlagen anzulegen und diese durch Straßen zu verbinden. Zu den bedeutendsten archäologischen Funden aus jener Epoche zählt neben zahlreichen Festungen die Ausgrabungsstätte Mogorjelo nahe der Stadt Čapljina. Zur Zeit der Völkerwanderung hinterließen vor allem Westgoten und Hunnen ihre Spuren in den Balkanprovinzen. Nach dem Zerfall des Römischen Reiches gehörte das

Gebiet ab 395 nach Christus dem Weströmischen Reich an, wobei die Grenzziehung entlang der Drina verlief und somit der heutigen zum Nachbarland Serbien entsprach. Im Jahr 530 nach Christus übernahm das oströmische Byzanz die Vorherrschaft über die gesamte Region, sah sich allerdings bereits mit dem Vordringen slawischer Stämme konfrontiert.

☐ Slawen

Bevor die Slawen das Gebiet jedoch endgültig unter ihre Herrschaft bringen konnten, siedelten sich Ostgoten, Byzantiner und Awaren hier an. Erst im 7. Jahrhundert gelang es den slawischen Stämmen, die gesamte Region ihrem Einflussbereich zu unterstellen. Nach und nach bildeten sich aus den Oberhäuptern der slawischen Stämme kleine Adelsgeschlechter, wobei diese meist nur über geringe Besitztümer verfügten. Es entstanden kroatische und serbische Fürstentümer, die auch Teile des heutigen Bosnien-Herzegowinas einschlossen, vor allem unter dem kroatischen König Tomislav, gefolgt vom ungarischen König zu Beginn des 12. Jahrhunderts.

☐ Bosnisches Fürstentum

Da es den ungarischen Machthabern nicht gelang, ihre Herrschaft in den neu gewonnenen Territorien nachhaltig zu stabilisieren, setzten sie im Jahr 1152 den ersten aus einer bosnischen Familie stammenden Ban, nämlich Ban Borić aus der Familie Kotromanić, ein. Zu diesem Zeitpunkt umfasste Bosnien aber lediglich die nördlichen sowie die zentralen Gebiete des heutigen Staatsgebietes und er sah sich gezwungen, seine Vormachtstellung rasch wieder abzugeben. Unter seinem Nachfolger Ban Kulin wurde erstmals von Bosnien beziehungsweise Bošnjani, also Bosniern, gesprochen. Außerdem forcierte er den Handel mit Bodenschätzen, was dem Land bis ins 14. Jahrhundert hinein zu relativ großem Wohlstand verhalf. Es war zwar formell Ungarn unterstellt, de facto aber autark. Parallel dazu entwickelte sich die Bosnische Kirche als unabhängige Religionsgemeinschaft, die weder von der orthodoxen noch von der katholischen Kirche gerne gesehen wurde, was zu zahlreichen Konflikten führte. Nach lange andauernden Machtstreitigkeiten gelang es Ban Stjepan II. Kotromanić schließlich, die Oberhand zu gewinnen und das ihm unterstellte Territorium deutlich auszuweiten, nämlich bis an die Save beziehungsweise zur Adria. Durch die Annexion der sogenannten Hum, der heutigen Herzegowina, im Jahr 1326 bildeten Bosnien und Herzegowina

Bild: Visitjajce

Bild: Wikipedia Gemeinfrei

erstmals eine gemeinsame politische Einheit. Er gestattete außerdem die Gründung von Franziskanerklöstern, um die Beziehungen zum Papst zu verbessern. Diese wurden besonders in jenen Städten errichtet, wo bereits römisch-katholische Sachsen beziehungsweise Ragusaner, also Menschen aus dem heutigen Dubrovnik, lebten, welche hier den Abbau von Bodenschätzen für die Grundbesitzer organisieren sollten.

☐ Bosnisches Königreich

Sein Neffe Stjepan Tvrtko Kotromanić übernahm in der Folge den

Bild: Wikipedia Public Domain

mächtigsten Staat der gesamten Balkanhalbinsel und ließ sich 1377 zum König krönen. Zahlreiche Gebäude aus jener Zeit zeugen noch heute vom Ruhm des eigenständigen bosnischen Königreiches unter Tvrtko I., wobei die meisten später von den Osmanen und Habsburgern umgebaut beziehungsweise erweitert wurden, beispielsweise die Burg Srebrenik. Ende des 14. Jahrhunderts drangen die Osmanen immer wieder in das bosnische Gebiet vor und konnten im Juni 1389 in der berühmten Schlacht auf dem Amselfeld im heutigen Kosovo mit einem deutlich überlegenen Heer die Allianz des serbischen Fürsten Lazar Hrebeljanović sowie des bosnischen Königs Tvrtko besiegen, was die Vormachtstellung der Osmanen im Balkan bereits ankündigte. Streitigkeiten unter Tvrtkos Nachfolgern sowie Annexionsversuche von Ungarn und Osmanen gipfelten schließlich 1463 in der Hinrichtung des letzten bosnischen Königs Stjepan Tomašević, welcher sich aufgrund falscher Versprechungen ergeben hatte.

☐ Osmanische Herrschaft

Damit war die Machtübernahme der Osmanen endgültig besiegelt. Lediglich die südlich gelegene Hum konnte vorerst unter der Herrschaft Stjepan Vukčić-Kosačacs verbleiben, welcher sich den Titel Herzog verlieh. Daher stammt der heutige Name Herzegowina, also Land des Herzogs. Im Jahr 1580 wurde Bosnien, welches von verschiedenen Kapetanen verwaltet wurde, zur osmanischen Provinz erklärt, da es die europäische Grenze des Reiches schützen sollte. Damit setzte auch die Islamisierung der Bevölkerung ein, denn wer seine Besitztümer nicht verlieren beziehungsweise keinen Repressionen ausgesetzt werden wollte, musste konvertieren.

Bild: Julian Nitzsche I PIXELIO

Auf diese Weise stand Männern aus Bosnien und der Herzegowina die Möglichkeit offen, zu angesehenen Militärführern und Großwesiren aufzusteigen. Dennoch hielten zahlreiche Menschen am serbisch-orthodoxen Glauben fest und es bestand außerdem eine katholische Minderheit sowie eine Gemeinde sephardischer Juden. Im Laufe der Zeit entstanden immer weitere Moscheen und Koranschulen, aber auch öffentliche Badeanstalten, Märkte, Brücken und Uhrtürme, was zu einer kulturellen Blütezeit der Region führte. Die wohl beeindruckendsten architektonischen Vertreter jener Epoche sind die Brücke über die Drina in Višegrad, die Brücke von Mostar sowie die Baščaršija in Sarajevo. Die Stadt löste im Jahr 1850 Travnik als bisherige Hauptstadt ab. Im 17. Jahrhundert kam es vermehrt zu militärischen Konflikten mit Österreich-Ungarn, wobei Prinz Eugen von Savoyen 1697 bis Sarajevo vordringen und die Stadt niederbrennen konnte. Der sogenannte Frieden von Passarowitz legte 1718 die Nordgrenze Bosniens fest, der Friedensschluss von Belgrad 1793 jene im Süden, Westen und Osten. Diese Grenzverläufe haben bis heute weitgehend Bestand. Zu Beginn des 19. Jahrhunderts wuchs allerdings die Unzufriedenheit der bosnischen

Bild: TVB der Föderation Bosnien und Herzegowina

Bild: Wikipedia Gemeinfrei

Bevölkerung, allen voran der Christen, in gleichem Maße wie die Macht der Osmanen schwächer wurde. Ein Aufstand unter dem legendären Adeligen Husein Kapetan Gradaščević, dem Drachen von Bosnien, konnte zwar niedergeschlagen werden, doch regte sich immer mehr Widerstand, dem selbst die zentralistischen Reformversuche, welche vor allem Militärwesen und Administration betrafen, keine Abhilfe schaffen konnten. Es folgten Bauernaufstände, da die christliche Landbevölkerung die geforderten Steuern nicht bezahlen konnte beziehungsweise unter sehr schlechten Bedingungen für Großgrundbesitzer arbeiten musste. Selbige verhinderten jegliche Reformen im sozialen Bereich. Schließlich erklärten Serbien sowie Montenegro 1876 dem Osmanischen Reich den Krieg, wobei auch Russland ins Geschehen eingriff, weil die Stärke des Gegners unterschätzt worden war. Da die europäischen Großmächte eine Vormachtstellung Russlands befürchteten, wurde 1878 der Berliner Kongress einberufen, was dazu führte, dass die Provinzen Bosnien und Herzegowina weiterhin dem Osmanischen Reich angehörten, jedoch der Verwaltung

Bild: The National Museum of Bosnia and Hercegovina

Bild: Wikipedia Gemeinfrei

Österreich-Ungarns unterstellt wurden. Dem Autonomiestreben der über vierhundert Jahre lang fremdverwalteten Bevölkerung wurde dabei nicht Rechnung getragen.

☐ Habsburgermonarchie

Zu diesem Zeitpunkt setzte sich die Bevölkerung zu rund 43 Prozent aus Orthodoxen, zu 39 Prozent aus Muslimen sowie zu 18 Prozent aus Katholiken zusammen. Der Islam wurde als gleichberechtigte Religion vom Staat anerkannt, doch gelang es nicht, ein gemeinsames Identitätsbewusstsein zu etablieren, da die Volksgruppen beziehungsweise Religionsgemeinschaften sich in zunehmendem Maße voneinander abgrenzten. Ein gut ausgebautes Schul- und Gesundheitswesen sowie der Bau von Straßen, Verwaltungsgebäuden und Fabriken führte schließlich zu einem enormen wirtschaftlichen und industriellen Aufschwung des Landes und der Widerstand gegen die neuerliche Fremdbestimmung ließ nach. Zu den bemerkenswertesten Bauten jener Epoche zählen das Nationalmuseum sowie das Alte Rathaus in Sarajevo. Nach der Annexion von 1908 gehörte das von diesem Zeitpunkt an als Bosnien und Herzegowina bezeichnete Territorium auch formal der Habsburgermonarchie an, was eine europaweite Krise zur Folge hatte, da Österreich-Ungarn damit gegen den Berliner Vertrag verstieß. In der Zwischenzeit hatte sich in Bosnien-Herzegowina sowie dem angrenzenden Serbien die Idee nach einem gemeinsamen Staat für alle Südslawen durchgesetzt. Als das Attentat auf den Thronfolger Franz Ferdinand durch den bosnisch-serbischen Studenten Gavrilo Princip verübt wurde, machten die Habsburger die serbische Regierung dafür verantwortlich und erklärte Serbien den Krieg. Bosnien-Herzegowina selbst war allerdings nur zu Beginn Kriegsschauplatz des Ersten Weltkrieges.

☐ Königreich Jugoslawien

Nach dem Ende des Krieges wurde die Schaffung des Königreiches Jugoslawien im Vertrag von Trianon am 4. Juni 1920 beschlossen. Dieser südslawische Vielvölkerstaat, offiziell Königreich der Serben, Kroaten und Slowenen, dem auch das heutige Bosnien-Herzegowina angehörte, war ein zentralistisch geprägter Staat, der dem serbischen König Peter I. unterstand. Dieser hatte mit dem Autonomiestreben einzelner Teilstaaten sowie ethnischen und religiösen Konflikten zu kämpfen, da

Bild: Wikipedia CC BY-SA 3.0

den Serben im neuen Staat eindeutig eine Vormachtstellung zukam. König Alexander I. errichtete 1929 das Königreich Jugoslawien auf dem Balkan, quasi eine Königsdiktatur, welche die junge Nation vor dem Zerfall retten sollte. Zu diesem Zweck wurde das Land ohne Rücksicht auf historische oder ethnische Grenzen in Banschaften aufgeteilt.

☐ Zweiter Weltkrieg

Im Frühling des Jahres 1941 besetzten Deutschland und Italien das Königreich Jugoslawien und teilten dieses erneut auf. So avancierte Bosnien-Herzegowina gemeinsam mit Kroatien zu einem faschistischen Vasallenstaat mit der Bezeichnung Unabhängiger Staat Kroatien, was zu enormen Konflikten innerhalb der Ethnien führte. Der Kampf gegen die Besatzung wurde aus diesem Grund auch noch von einem erbitterten Bürgerkrieg begleitet. Königstreue Četniks, faschistische Ustaša und Titos Partisanen verfolgten unterschiedliche Ziele, was eine enorme Anzahl an Opfern zur Folge hatte. Die Alliierten unterstützten schließlich die jugoslawischen Partisanen unter der Leitung von Josip Broz Tito. Sie leisteten heftigen Widerstand gegen die Besatzung, welcher vor allem aufgrund der beiden Schlachten an der Neretva und in der Sutjeskaschlucht in die Geschichte einging. 1942 wurde in Bihać der Antifaschistische Rat der Nationalen Befreiung Jugoslawiens, kurz AVNOJ, gegründet. Am 29. November 1943 legten die Delegierten dieses Rates in Jajce den Grundstein für eine neue Föderation südslawischer Völker, welche von der Kommunistischen Partei Jugoslawiens geführt werden sollte. Im Jahr 1945 konnten die Partisanen Sarajevo befreien und kurz darauf ganz Bosnien-Herzegowina unter ihre Kontrolle bringen.

Bild: Wikipedia Public Domain

Bild: bhtourism.ba

Sozialistische Föderative Republik Jugoslawien

Die Solzialistische Föderative Republik Jugoslawien, die am 29. November 1945 ausgerufen wurde, umfasste sechs Teilrepubliken, nämlich Slowenien, Kroatien, Bosnien und Herzegowina, Montenegro, Mazedonien und Serbien sowie die zwei autonomen Provinzen Kosovo und Vojvodina. Bei der Grenzziehung spielten in erster Linie historische Gegebenheiten, jedoch kaum ethnische Zusammensetzungen eine Rolle. Die von Serben, Muslimen und Kroaten besiedelte Teilrepublik Bosnien und Herzegowina verfügte über eine eigene Verfassung und entwickelte sich rasch zum Standort der jugoslawischen Schwer- und Rüstungsindustrie, wobei vor allem Zenica, Sarajevo, Tuzla und Mostar von großer Bedeutung waren. Es gelang allerdings nicht, den Lebensstandard und das Bildungsniveau auch abseits dieser Zentren zu verbessern, weshalb der Teilstaat immer auf Unterstützung angewiesen war und viele Menschen auswanderten. Insgesamt entwickelte sich Jugoslawien jedoch zu einem vergleichsweise wohlhabenden Land, in dem viele Europäer gerne ihren Urlaub verbrachten, während unterschwellig jedoch bereits erste nationalistische Konflikte aufkeimten. Der Tod des Machthabers Tito im Jahr 1980 leitete den Zerfall Jugoslawiens ein, denn sowohl in politischer als

Bild: Wikipedia Public Domain

auch wirtschaftlicher Hinsicht setzte eine langsame Abwärtsspirale ein, während die Konflikte innerhalb der multiethnischen Bevölkerung weiter zunahmen. Demokratische Strukturen und freie Wahlen sollten alle Probleme lösen, doch konnte keine Einigung erzielt werden.
So proklamierten Slowenien und Kroatien 1991 ihre Unabhängigkeit und die Spannungen griffen schnell auch auf Bosnien und Herzegowina, welches zuerst eine Vermittlerrolle übernommen hatte, über. Als 1992 eine Volksbefragung über die nationale Souveränität abgehalten wurde, kam es bereits zu ersten kriegerischen Auseinandersetzungen. Die Unabhängigkeit der Republik Bosnien und Herzegowina wurde verkündet, wobei die Serben das Referendum weitgehend boykottiert hatten. Im April 1992 erfolgte die völkerrechtliche Anerkennung des Landes durch die Europäische Gemeinschaft.

Bild: Wikipedia CC BY-SA 3.0

Bürgerkrieg

Von diesem Zeitpunkt an bekämpften sich serbische, kroatische und bosniakische Einheiten vehement. Als die serbische Übermacht bereits mehr als die Hälfte des Landes unter ihre Kontrolle gebracht hatte, kämpften schließlich muslimische Einheiten gemeinsam mit bosnischen Kroaten gegen sie an. Dieses Bündnis zerbrach jedoch, als kroatische Kämpfer in mehrheitlich muslimische Gebiete der Herzegowina vorstießen. Europa reagierte in erster Linie mit Sanktionen auf den Bürgerkrieg, was jedoch lediglich Auswirkungen auf die notleidende Bevölkerung zeigte. Zwischen 1992 und 1995 kamen mehr als hunderttausend Menschen ums Leben, während Millionen flohen beziehungsweise vertrieben oder in Internierungslagern gefangen gehalten wurden und bedeutende Kulturdenkmäler gezielten Zerstörungen zum Opfer fielen. Während Izetbegović für einen multiethnischen Staat eintrat, kursierten Gerüchte, der serbische Präsident Milošević und der kroatische Präsident Tuđman könnten Bosnien-Herzegowina unter sich aufteilen. In der Zwischenzeit rückte die Belagerung Sarajevos in den Blickpunkt der Weltöffentlichkeit,

Bild: Julian Nitzsche I PIXELIO

Bild: bhtourism.ba

denn die 1992 stationierten UNO-Blauhelm-Soldaten waren immer wieder gezwungen, die humanitäre Hilfe für die Bevölkerung einzustellen, da der Flughafen unter Beschuss stand. Eine Vielzahl an Resolutionen verurteilte ethnische Säuberungen und andere Kriegsverbrechen, doch zeigten diese so gut wie keine Wirkung auf die verfeindeten Akteure.

□ Friedensverhandlungen

Bei der ersten internationalen Jugoslawienkonferenz in London waren diese im August 1992 nicht einmal dazu bereit, sich an einen Tisch zu setzen. Auch mehrere Friedenspläne, welche die Aufteilung des Landes vorsahen, wurden immer wieder abgelehnt. Erst als die Nato mit Bombardements serbischer Stellungen begann, waren die serbischen Vertreter zu Gesprächen bereit. Nach harten Verhandlungen in Dayton, welche sich über ein Monat lang hinzogen, konnte schließlich eine Einigung erzielt werden. Am 14. Dezember 1995 wurde der Dayton-Vertrag in Paris von Slobodan Milošević, dem Präsidenten Serbiens, Franjo Tuđman, dem Präsidenten Kroatiens und Alija Izetbegović, dem Präsidenten Bosnien-Herzegowinas,

Bild: Wikipedia Gemeinfrei

Bild: Wikipedia Gemeinfrei

unterzeichnet. Auf dieser Grundlage entstand die unabhängige, demokratische und föderative Republik Bosnien und Herzegowina. Die Überwachung der Einhaltung des Friedensabkommens fiel vorerst der IFOR-Schutztruppe zu, welche später von der SFOR und 2004 von der EUROF abgelöst wurde. Heute sind jedoch nur mehr wenige Friedenssoldaten vor Ort.

■ Politik

Beim politischen System des Landes handelt es sich um ein extrem kompliziertes, denn neben dem Gesamtstaat Bosnien-Herzegowina existieren auch noch die zwei Entitäten mit jeweils einer eigenen Legislative sowie Exekutive. Dem Distrikt Brčko kommt überdies eine Sonderstellung zu, denn er untersteht als einst erbittert umkämpftes Gebiet heute direkt dem Gesamtstaat. Da außerdem jede Volksgruppe über ein Vetorecht verfügt, macht sich leider auch ein großes Maß an Ineffizienz breit, denn die Regierung ist manchmal mehr oder weniger handlungsunfähig. Aus diesem Grund werden immer wieder Stimmen laut, welche eine tiefgreifende Reform des Dayton-Vertrages fordern, um mehr Flexibilität zu ermöglichen.

☐ Hoher Repräsentant

Der sogenannte Hohe Repräsentant, der von den Vereinten Nationen entsandt wird, stellt die höchste zivile Autorität des Landes dar. Er soll alle nicht-militärischen Aspekte des Dayton-Vertrages koordinieren beziehungsweise deren Einhaltung sicherstellen. Dabei handelt es sich um eine Personalunion mit weitreichenden exekutiven, legislativen und judikativen Rechten. Diese kann sich beispielsweise über Gesetze hinwegsetzen und sogar demokratisch gewählte Politiker entlassen, was dem demokratischen Grundprinzip widerspricht, jedoch für Effizienz sorgen soll.

☐ Gesamtstaat

Dem sogenannten Gesamtstaat Bosnien-Herzegowina sollten zunächst lediglich die Bereiche Außenpolitik, Geldpolitik sowie außenwirtschaftliche Beziehungen zugeordnet werden, doch wurden seine Aufgabengebiete später um einige Gebiete erweitert. Er gliedert sich in eine gemeinsame Regierung

Bild: Wikipedia CC BY-SA 3.0

sowie ein gemeinsames Parlament. So verfügt der Gesamtstaat über ein Staatspräsidium aus Vertretern aller drei Volksgruppen, also der Bosniaken, Serben und Kroaten. Ihr Vorsitz wechselt alle acht Monate, wobei eine Amtsperiode vier Jahre dauert. Die Parlamentarische Versammlung wird von zwei parlamentarischen Kammern, dem Repräsentantenhaus sowie dem Haus der Völker gebildet. Ersteres setzt sich zu zwei Dritteln aus Vertretern der bosnisch-kroatischen Föderation und zu einem Drittel der Republika Srpska zusammen und umfasst 42 Personen. Die fünfzehn Mitglieder des Hauses der Völker werden hingegen von allen drei Volksgruppen zu gleichen Teilen entsandt. Ministerposten müssen ebenfalls zu je einem Drittel von jeder Ethnie besetzt werden.

□ Föderation Bosnien und Herzegowina

Die bosnisch-kroatische Föderation verfügt neben der Regierung und dem aus zwei Kammern gebildeten Parlament in der Hauptstadt Sarajevo noch zusätzlich über die Ebene der Kantonsverwaltung. Sie besteht aus zehn Kantonen, die beispielsweise für Polizei- und Schulwesen sowie die regionale Verwaltung zuständig sind. Dem Präsidenten der Föderation, der durch das Abgeordnetenhaus gewählt wird, sind zwei Vertreter der jeweils anderen Volksgruppen zur Seite gestellt.

□ Republika Srpska

Die Republika Srpska wird fast ausschließlich von Serben bewohnt und verfügt über ein legislatives Zweikammersystem. Dieses wählt und kontrolliert in der Folge die Regierung, welche sich aus sechzehn Ministern zusammensetzt, acht serbischen, fünf muslimischen und drei kroatischen.

□ Parteien

Die Parteienlandschaft Bosnien-Herzegowinas ist sehr vielfältig, vor allem jene der Oppositionsparteien. Bei den Wahlen vom 12. Oktober 2014 traten nicht weniger als 51 politische Parteien sowie diverse Bündnisse und unabhängige Kandidaten an. Ein Problem besteht oft darin, dass sich die Politiker nicht dem gesamten Land sondern lediglich ihrer Volksgruppe zugehörig fühlen

Bild: Gabi Eder I PIXELIO

und so nicht die breite Mehrheit der Bevölkerung ansprechen können. Erklärtes Ziel der meisten Parteien ist derzeit der Beitritt zur Europäischen Union.

■ Bogumilen

Bei einer Reise durch das Land trifft man unweigerlich auf einige der rund 60 000 Stećak-Grabsteine, welche auf das 12. bis 15. Jahrhundert zurückgehen. Die tonnenschweren Monolithen sind oft sehr gut erhalten und weisen interessante Reliefs mit Tierdarstellungen, Jagdszenen und Kriegern auf. Errichtet wurden sie aller Wahrscheinlichkeit nach von den Bogumilen, einer im Balkanraum angesiedelten, christlichen Bewegung, deren Lehren vermutlich auf einen bulgarischen

Bild: bhtourism.ba

Priester namens Bogumil aus dem 10. Jahrhundert zurückgehen. Er ging davon aus, dass das gesamte Universum von einem gütigen Gott erschaffen wurde und die Menschen von Engeln abstammen, welche nach Streitigkeiten auf die Erde verbannt wurden. Weiters vertrat er die Ansicht, dass Jesus als guter Engel in menschlicher Gestalt auf die Erde entsandt wurde. Nach ihrem Tod vereinigten sich Auserwählte, sowohl Männer als auch Frauen, ihrem Glauben nach mit Gott, während die übrigen Anhänger wiedergeboren wurden. Die bildhaften Mythen dieser Religion verbreiteten sich in der Region des heutigen Bosnien-Herzegowina in allen Gesellschaftsschichten sehr rasch. Da die Bogumilen allerdings die materielle Welt ebenso wie die Hierarchien der etablierten Kirchen kategorisch ablehnten, sahen sich diese bedroht und bekämpften die Anhänger der häretischen Bewegung als Ketzer. Sogar Kreuzritter wurden entsandt, um der Verbreitung der neuen Religion Einhalt zu gebieten, doch zum Niedergang der Bogumilen kam es erst, als der neue Herrscher sie nicht mehr unterstützte. Schließlich wurde die Religion durch das Vorrücken der katholischen Kirche aus dem Westen sowie des Islams aus dem Osten gänzlich verdrängt.

Bosančica

Die bosnische Schrift Bosančica stellt eine eigene Form der kyrillischen Schrift dar, welche vom Mittelalter bis ins 19. Jahrhundert in Bosnien-Herzegowina, aber auch in einigen Regionen Kroatiens verbreitet war. Sie findet sich in zahlreichen Dokumenten aus diesem Zeitraum wieder, unter anderem in Urkunden, Grabinschriften und liturgischen Texten. Als bekanntester Vertreter gilt die sogenannte Tafel von Humac, denn sie wird auf das 11. beziehungsweise 12. Jahrhundert datiert und ist somit das älteste in der Bosančica verfasste Schriftstück. Die ethnische Zugehörigkeit der Schrift konnte bis heute nicht geklärt werden, da bosniakische Forscher sie als eigenständige, von der Bosnischen Kirche entwickelte Schrift sehen, serbische Kollegen allerdings davon ausgehen, dass es sich um eine Variante des serbischen Alphabets handelt. Kroatische Forschungen weisen einerseits auf den kroatischen Ursprung der Schrift hin, andere bezeichnen die Bosančica als eigenständige, westkyrillische Schrift.

Bild: Wikipedia CC BY-SA 3.0

Geografie

Bosnien-Herzegowina im westlichen Teil der Balkanhalbinsel weist eine Gesamtfläche von 51 197 Quadratkilometern auf und ist mit einer Bevölkerungsdichte von nur 74 Einwohnern pro Quadratkilometer vergleichsweise dünn besiedelt. Das Land grenzt an drei Staaten, nämlich Serbien, Montenegro und Kroatien sowie ans Adriatische Meer, wobei der gesamte Küstenabschnitt nur etwa zwanzig Kilometer lang ist.

Bild: Wikipedia CCA-SA 3.0

Der Staat ist in zwei Entitäten gegliedert, nämlich die Föderation Bosnien und Herzegowina mit etwa 1,3 Millionen Einwohnern, welche rund 51 Prozent des gesamten Territoriums umfasst, sowie die Republika Srpska mit rund 2,4 Millionen Einwohnern. Diese wird fast ausschließlich von Serben bewohnt, hat ihre Hauptstadt in Banja Luka und verfügt über 49 Prozent der Fläche. Außerdem wird der Distrikt Brčko als Sonderverwaltungsgebiet geführt, welches als Kondominium beider Entitäten fungiert, dabei allerdings eine eigenständige Verwaltung hat.

Städte

Der Großteil der Bevölkerung Bosnien-Herzegowinas lebt im Einzugsgebiet der Hauptstadt Sarajevo. Als weitere große Städte sind Banja Luka, Tuzla, Zenica, Bijeljina sowie Mostar zu nennen.

Gebirge

Weite Teile des Landes sind durch bewaldete Mittelgebirgslandschaften geprägt. So erstrecken sich die Bosnischen Dinariden als Teil des Dinarischen Gebirges vom Südosten bis hin zum Nordwesten. Hier wird es im Sommer sehr warm, während die Winter kalt und schneereich sind.
Der nahe der Grenze zu Montenegro gelegene, höchste Gipfel des Landes, welcher zum gleichnamigen Maglić-Gebirge zählt, erreicht immerhin eine Höhe von 2 386 Metern, direkt gefolgt vom 2 336 Meter hohen Volujak.
Als lokale Wintersportorte erfreuen sich zudem die beiden Gebirgszüge Bjelašnica und Jahorina, welche 1984 als Austragungsort der Olympischen Winterspiele dienten, sehr großer Beliebtheit.

Bild: JU Turistička organizacija opštine Foča

Karstfelder

Eine Besonderheit in Bosnien-Herzegowina stellen die Karstfelder dar. Dabei handelt es sich um fruchtbare, sehr ebene Täler inmitten einer vom Karst geprägten Gebirgslandschaft. Diese werden meist für den Ackerbau genutzt, wobei neben Obst und Gemüse teilweise auch Tabak angebaut wird.

☐ Gewässer

Zu den bedeutendsten Flüssen zählen die Save und die Drina, welche das Land im Norden beziehungsweise Osten begrenzen, sowie die Bosna in Zentralbosnien. Weiters sind Una, Sana, Vrbas und Neretva als größere Flüsse zu nennen, wobei lediglich die Save schiffbar ist. Die meisten Flüsse zeichnen sich durch ihr klares, teilweise türkisblau schimmerndes Wasser und ihren Fischreichtum aus. Eine Besonderheit in Bosnien-Herzegowina sind die Karstflüsse, deren Oberflächenwasser oft zur Gänze versickert. Dazu zählt zum Beispiel die Trebišnjica, der längste unterirdisch verlaufende Fluss Europas. Bemerkenswert ist außerdem die Quelle der Buna, denn sie stellt eine der stärksten und größten in ganz Europa dar. Im Gegensatz zum enormen Reichtum an fließenden Gewässern ist Bosnien-Herzegowina jedoch arm an Seen, denn abgesehen von einigen kleinen Gebirgsseen handelt es sich bei fast allen um künstlich geschaffene Stauseen, beispielsweise den Buško-See oder den Jablaničko-See. Diverse Wasserfälle wie die Una- oder die Kravica-Wasserfälle sowie die Piva-Wasserfälle in Jajce oder der Skakavac-Wasserfall nahe Sarajevo zählen allerdings zu den attraktivsten Sehenswürdigkeiten des Landes.

Bild: Thorsten Jutzie I PIXELIO

Bild: Palelive

☐ Höhlen

In den mitunter stark zerklüfteten Gebirgslandschaften befinden sich sehr viele Höhlen, die sich teilweise durch schöne Tropfsteingebilde auszeichnen. Einige, wie etwa die Vjetrenica- oder die Orlovača-Höhle, sind auch touristisch erschlossen.

☐ Landnutzung

Besonders im Süden des Landes, entlang der Save werden große Gebiete landwirtschaftlich genutzt. Insgesamt handelt es sich dabei um ein Fünftel des gesamten Staatsgebietes, doch weitläufige Regionen sind bewaldet und noch nahezu unberührt.

■ Natur und Naturschutz

Auf Umweltschutz wird in Bosnien-Herzegowina vom Großteil der Bevölkerung leider noch so gut wie gar kein Wert gelegt. Die geringe Bevölkerungsdichte, die wenig entwickelte Industrie und die oft unwegsamen Waldgebiete tragen allerdings maßgeblich dazu bei, dass man hier trotzdem unberührte Landstriche vorfindet, wo der natürliche Lebensraum von seltenen

Tieren und Pflanzen in keinster Weise beeinträchtigt wurde. Insgesamt verfügt das Land neben einigen Naturparks über drei Nationalparks, und zwar den Kozara-, den Sutjeska- sowie den Una-Nationalpark.

☐ Fauna

Das größte, vom Aussterben bedrohte Tier, welches in Bosnien-Herzegowina lebt, ist der Braunbär. Weiters sind in den dichten Wäldern Wölfe, Wildschweine, Füchse, Dachse, Rehe und Hasen beheimatet. Neben einer Fülle an Insekten und Reptilien gibt es hier auch zahlreiche Schlangen, wobei nur zwei giftige Arten anzutreffen sind, nämlich die Europäische Hornotter und die Kreuzotter. Der Naturpark Hutovo Blato ist bekannt für seinen Reichtum an Zugvögeln, Krebsen und Fischen wie zum Beispiel Aalen. Generell gilt die Vogelwelt des Landes als besonders artenreich. Grün- und Schwarzspechte kann man mit etwas Glück ebenso beobachten wie Gänsegeier, Steinadler und Turmfalken.

Bild: Willi Haerdi I Panthermedia

☐ Flora

Vor allem in den Hochgebirgsregionen finden zahlreiche bedrohte Pflanzenarten einen optimalen Lebensraum vor. Besonders bemerkenswert ist dabei der Urwald Perućica inmitten des Nationalparks Sutjeska, denn dabei handelt es sich um einen der größten noch existierenden Urwälder Europas, in welchem unter anderem Weißtannen und seltene Schwarzkiefern gedeihen. Abgesehen davon ist das Land je nach Region beziehungsweise Höhenlage reich an Eichen und Buchen sowie Fichten, Tannen und

Bild: bhtourism.ba

Kiefern. In den gebirgigen Regionen trifft man auf klassische Alpenflora mit Windröschen, Thymian, Katzen- oder Fuchskraut. Dabei sind die durch Höhleneinstürze gebildeten Dolinen besonders interessant, denn an ihren Rändern gedeihen mittelmeertypische Pflanzen, während in ihren Zentren wesentlich kälteresistentere Flora vorherrscht. Im Frühling verwandeln sich viele weitläufige Wiesenflächen in ein wahres Blumenmeer, wobei man typischerweise Veilchen, Enzian, Narzisse, Kamille, Bärlauch, Schlüsselblume, Natternkopf und Stiefmütterchen begegnet. In der Herzegowina sind seltene Orchideengewächse wie etwa das rote Waldvöglein oder die Berghyazinthe heimisch, aber auch Liliengewächse wie die seltene Tulipa orphanidea gedeihen hier ausgezeichnet. Außerdem sind im gesamten Land eine Vielzahl an endemischen Arten anzutreffen, darunter zum Beispiel das Lilium carniolicum var. bosniacum.

Bild: Wikipedia GNU

Berühmte Menschen aus Bosnien-Herzegowina

Zu den berühmtesten Politikern zählt Alija Izetbegović, welcher von 1990 bis 1992 als Präsident der Republik Bosnien und Herzegowina amtierte. Traurige Berühmtheit erlangte General Ratko Mladić, dem als General der Serbischen Republik zahlreiche Kriegsverbrechen und Verbrechen gegen die Menschlichkeit zur Last gelegt werden. Auch Gavrilo Princip ist aufgrund eines Attentates bekannt, nämlich dem Mordanschlag auf den österreichisch-ungarischen Thronfolger Franz Ferdinand, welcher in weiterer Folge zum Ausbruch des Ersten Weltkrieges führte.
Im sportlichen Sektor sind vor allem der Basketballspieler Mirza Delibašić sowie die Fußballer Sergej Barbarez und Hasan Salihamidžic zu nennen. Vertreter des künstlerischen Bereiches sind in erster Linie der Maler Mersad Berber, der aus Sarajevo stammende Goran Bregović, der als Komponist von Filmmusik weltberühmt wurde, sowie der Autor Ivo Andrić und der Regisseur Emir Kusturica. Ersterer wird dem klassischen Realismus zugeordnet und verfasste viele erfolgreiche Bücher, letzterer konnte zahlreiche internationale Preise wie den Goldenen Löwen oder die Goldene Palme gewinnen. Berühmtheit erlangte außerdem der Cellist von Sarajevo, Vedran Smailović. Als Mitglied des Sinfonieorchesters brachte er während des Bürgerkrieges seinen Protest über 22 getötete Zivilisten zum Ausdruck, indem er 22 Tage lang inmitten der Trümmer der Nationalbibliothek musizierte.

Architektur

Obwohl während des Bürgerkrieges der 1990er Jahre zahlreiche Gebäude schwer beschädigt oder gänzlich zerstört wurden, bietet das Land einige bemerkenswerte Architekturdenkmäler. Zwei davon, nämlich die Alte Brücke von Mostar sowie jene von Višegrad stehen sogar auf der Liste des UNESCO-Welterbes und werden nicht zuletzt deshalb jedes Jahr von einer Vielzahl an Touristen besucht. Generell wurde die Architektur stark von den Osmanen beziehungsweise später von den Habsburgern beeinflusst. Erstere hinterließen ihre Spuren vor allem in Form von bemerkenswerten Brücken, Uhrtürmen und Moscheen, letztere in Form von prunkvollen Verwaltungsgebäuden, Museen und Theatern. Interessant ist aber auch die traditionelle bosnische Architektur, die in sogenannten Ethno Selos präsentiert wird. Sie

Bild: Kotromanicevo

ist in ihrer frühen Phase vor allem durch die Verwendung von Holz gekennzeichnet, später durch eine charakteristische Steinbauweise.

Literatur

Ursprünglich handelte es sich bei literarischen Texten fast ausschließlich um religiöse Texte. Erst seit der Machtübernahme der Habsburger entstanden literarische Gesellschaften und Autoren aus Bosnien-Herzegowina konnten sich einen Namen machen. Dazu zählen etwa die Lyriker Jovan Dučić, dem alljährlich im April die in Trebinje stattfindenden Dučić-Poesieabende gewidmet sind, und Aleksa Šantić oder die Prosaautoren Petar Kočić, Svetozar Ćorović und Edhem Muladbić. Zu den bekanntesten Vertretern der literarischen Szene zählen aber definitiv der Literaturnobelpreisträger Ivo Andrić sowie Meša Selimović. Ein Werk, das vor allem im Ausland große mediale Resonanz hervorrief, war Sarajevo Blues von Semezdin Mehmedinović. Weiters sind Persönlichkeiten wie Dževad Karahasan, Faruk Šehić, Nenad Velićković und Mile Stojić als bekannte zeitgenössische Autoren zu nennen. Auch heute noch zählen Bücher in Bosnien-Herzegowina bei der Durchschnittsbevölkerung aber leider oft zu den quasi unerschwinglichen Luxusartikeln.

Bild: Turisticke organizacija Grada Trebinja

Film

In jüngerer Vergangenheit machten einige Filmproduzenten auf sich aufmerksam, indem sie angesehene Preise gewinnen konnten. So wurde etwa im Jahr 2001 dem Debütwerk Niemandsland *Ničija Zemlja* von Danis Tanović ein Oscar verliehen, während Esmas Geheimnis *Grabavica* von Jasmila Žbanić auf der Berlinale 2006 mit einem Goldenen Bären ausgezeichnet wurde. Zahlreiche Filme des Regisseurs Emir Kusturica wie Guernica oder Arizona Dream sind ebenfalls sehr bekannt und wurden mit Auszeichnungen bedacht, genau wie Feuer brennt *Gori vatra* von Pjer Zalica. Interessant ist, dass so gut wie alle nach dem Bürgerkrieg produzierten Filme auf Schuldzuweisungen verzichten und bei den Dreharbeiten Bosniaken, Serben und Kroaten Hand in Hand arbeiten. Den Höhepunkt stellt das alljährliche Sarajevo Film Festival dar, welches erstmals im Jahr 1995, also noch während des Krieges, stattfand. Damals wurden 15 000 Zuschauer gezählt, während es heute über 100 000 sind.

Bild: Wikipedia CCA-SA 3.0

Musik

In der traditionellen Musik, der sogenannten Sevdalinka, machen sich starke osmanische Einflüsse

Bild: Wikipedia CCA-SA 3.0

bemerkbar. Meist handelt es sich um schwermütige Liebeslieder, welche die Zuneigung zu einer Person, Stadt oder Region zum Ausdruck bringen. Neben dem Gesang spielen die Instrumente Saz, Akkordeon, Violine, Tamburin und Gitarre eine große Rolle. Diese Musik wird von der Jugend allerdings oft als veraltet angesehen, weshalb die Narodna muzika vorgezogen wird. Dabei handelt es sich um eine Mischung von Pop und Techno-Elementen und der Volksmusik des ehemaligen Jugoslawiens. International bekannte Musiker aus Bosnien-Herzegowina sind Goran Bregović und seine ehemalige Band Bijelo dugme, die Sänger Zdravko Čolić, Lepa Brena und Dino Merlin sowie die Rapper Edo Maajka und Frenkie. Im Bereich der Klassik sind überdies der Komponist Vlado Milošević sowie Avdo Smailović, Nada Ludvig-Pečar und Gabrijel Jakšević angesehene Größen.

Theater

Theater sind in Bosnien-Herzegowina weit verbreitet und nicht unbedingt nur in großen Städten anzutreffen. Selbst kleinere Orte verfügen meist über eine Bühne, die gerne besucht wird. Bekannt sind natürlich vor allem das Theater von Sarajevo, wo die Sparten Schauspiel, Ballett, Oper und Philharmonie abgedeckt werden, sowie jenes von Banja Luka, der zweitgrößten Stadt des Landes.

Galerien und Museen

Im Bereich der Kunstgalerien sind vor allem die Nationalgalerie von Sarajevo sowie jene der Republika Srpska in Banja Luka hervorzuheben und auch bei den Museen sind diese beiden Städte führend, wobei selbst kleine Ortschaften oft über interessante Museen verfügen. Ein Problem, das sich im gesamten kulturellen Bereich bemerkbar macht, stellt leider oft der Geldmangel dar, welcher es zum Beispiel unmöglich macht, die Heizkosten oder dringend notwendige Reparaturen zu finanzieren.

Bild: The National Museum of Bosnia and Hercegovina

Veranstaltungstipps

Die Menschen in Bosnien-Herzegowina nutzen gerne jede sich bietende Gelegenheit zum Feiern beziehungsweise für Festspiele, welche hier das ganze Jahr über stattfinden, vor allem in Sarajevo.

☐ Baščaršija-Nächte

Die Baščaršija-Nächte *Baščaršija noći* von Sarajevo bieten im Juli bei freiem Eintritt diverse Programmpunkte, die von Folklore, Rock und Pop über Oper und Ballett bis hin zu Poesieabenden reichen und garantiert für jeden Besucher etwas bieten.
www.bascarsijskenoci.ba

☐ Brückenspringen

Ende Juni findet das traditionelle Springen von der Alten Brücke in Mostar statt, bei welchem junge Männer ihr Können auf spektakuläre Art unter Beweis stellen.

Bild: Grad Mostar

☐ Internationales Festival der Volkstänze

In der zweiten Julihälfte verwandelt sich Sarajevo eine ganze Woche lang in ein wahres Meer aus Folklore, denn Gruppen aus aller Welt treten hier auf, um ihre traditionellen Tänze und Lieder zu präsentieren.
www.sarajevoarts.ba

☐ Jazz Festival

Seit 1997 erfreut sich das jeden November abgehaltene, siebentägige Jazz Festival großer Beliebtheit. Angeblich wird hier der beste Jazz aller Zeiten geboten und wer etwas über neue Strömungen erfahren möchte, darf sich dieses Festival auf keinen Fall entgehen lassen.
https://jazzfest.ba

☐ Kids Festival

Jeden Juni verwandelt sich das Zetra Olympia Center eine Woche lang in ein Paradies für Kinder. Im Rahmen der größten Kinderveranstaltung von ganz Südosteuropa werden verschiedenste Workshops zu den Themen Sport, Kunst und Kreativität geboten. Abgerundet wird das Programm durch Vorführungen von Zeichentrick- und Kinderfilmen.
www.kidsfest.ba

Bild: Banja Luka Tourist Board

☐ Kozara-Ethno-Festival

Drei Tage lang stehen bei diesem Festival im Juni beziehungsweise Juli die Trachten und Gebräuche der Vergangenheit im Mittelpunkt. In Piskavica werden beispielsweise Volkslieder und alte Handwerke präsentiert, aber auch die lokale Küche kommt nicht zu kurz.
www.kozaraethno.com

☐ MESS

MESS bedeutet übersetzt etwa kleine Versuchsszenen. Dabei handelt es sich um ein Theaterfestival mit langjähriger Tradition, dessen Akteure von traditionellen Theater- bis hin zu modernen Tanzgruppen aus ganz Europa reichen. Die Stücke werden dabei jeweils in der Landessprache des Ensembles aufgeführt.
www.mess.ba

Bild: MBRF

Mostar Blues & Rock Festival

Unterhalb der Alten Brücke von Mostar findet jeden Juli das Blues- und Rockfestival mit nationalen sowie internationalen Künstlern statt.
www.mostarblues.com

NAFF

Im Juni wird das am Meer gelegene Neum zum Schauplatz von NAFF, dem internationalen Festival für Animationsfilme, im Rahmen dessen verschiedene Workshops, teilweise für Kinder, angeboten werden.
www.naff.ba

Bild: bhtourism.ba

Sarajevos Winter

Seit den Olympischen Spielen von 1984 findet in der Hauptstadt alljährlich im Februar und März Sarajevos Winter *Sarajevska Zima* statt. Dabei stehen Musik, Tanz und Theater im Vordergrund, wobei die Themenschwerpunkte variieren. Pro Tag steht mindestens eine Veranstaltung auf dem Programm und es werden auch organisierte Stadtbesichtigungen angeboten.
www.sarajevskazima.ba

SFF

Im Juli beziehungsweise August findet das größte und bedeutendste Filmfestival Südosteuropas statt, das Sarajevo Film Festival SFF, wobei neben Hollywoodproduktionen auch alternative und politische Filme im Vordergrund stehen. Hochkarätige Gäste wie Morgan Freeman, Mickey Rourke oder Angelina Jolie sind dabei keine Seltenheit. Ein vielfältiges Rahmenprogramm, welches zum Teil auch für Kinder interessant ist, rundet das Angebot zusätzlich ab.
www.sff.ba

Sommer an der Vrbas

Beim Sommer an der Vrbas *Ljeto na Vrbasu* handelt es sich um eine mehrtägige Veranstaltung, bei der sich alles um den gleichnamigen Fluss dreht. Jeweils in der zweiten Julihälfte gibt es Kajak- und Raftingrennen, einen Sprungwettbewerb sowie eine schöne Bootsparade zu sehen. Aber auch diverse Kulturveranstaltungen gehören immer mit zum Programm.
www.banjaluka-turizam.com

Sommerspiele Banja Luka

Die Stadt Banja Luka macht jeden August mit einem mehrtägigen Musikfestival im Kastell auf sich aufmerksam. Dieses umfasst sowohl Rock-, als auch Popkonzerte, aber auch Folkloreveranstaltungen, Theateraufführungen und gute Lesungen werden hier geboten.
www.banjaluka-turizam.com

Regionale Köstlichkeiten

Die Küche Bosnien-Herzegowinas erinnert in vielerlei Hinsicht an jene der Türkei sowie Mazedoniens, wurde aber auch von österreichisch-ungarischen Einflüssen geprägt. Auf jeden Fall gilt sie als schmackhaft und ziemlich deftig. Viele der Gerichte sind großzügig gewürzt, während bei anderen erstaunlich sparsam mit Gewürzen umgegangen wird. Das Essen ist grundsätzlich sehr abwechslungsreich, wobei nur

Bild: Cigdem Büyükokatli | PIXELIO

selten fleischlose Speisen zubereitet werden. Ein Muss in jeder guten Küche ist daher ein Griller, sowohl in der Hauptstadt als auch in abgelegenen Regionen. Wenn es im Sommer heiß ist, werden allerdings auch gerne leichtere Salate gegessen. Unbedingt empfehlenswert ist der Besuch einer Čevabdžinica, eines auf Čevapčići spezialisierten Restaurants, doch auch internationale Restaurants und Fastfood-Ketten sind mittlerweile in allen größeren Städten zu finden. Die Lebensmittel stammen übrigens meist aus der Region und zeichnen sich daher durch ihre Frische aus.

Vorspeisen

Eine beliebte Vorspeise ist Begova čorba, eine dicke Suppe mit Fleisch oder Gemüse. In der Regel besteht die Vorspeise jedoch aus regionalem Käse wie etwa dem Mladi sir, Oliven, Wurst und frischem Brot.

Hauptspeisen

Bekannte Spezialitäten sind die auch bei uns gerne servierten Čevapčići, also gegrillte Röllchen aus Faschiertem, Ražnjići, gegrillte Fleischspieße, sowie Burek, auf großen Blechen gebackene Teiggerichte mit einer schmackhaften Füllung, meist aus Fleisch, aber auch aus Schafkäse oder Gemüse. Eine gewisse Ähnlichkeit weisen die sogenannten Pita auf, also gefüllte Teigtaschen, die hier meist in gerollter Form serviert werden. Außerdem sollte man sich die ebenfalls sehr beliebten Sarma, also mit Faschiertem gefüllte Kohlrouladen, nicht entgehen lassen. Als Nationalgericht gilt der Eintopf Bosanski Lonac, welcher auf viele verschiedene Arten zubereitet werden kann, jedoch immer Fleisch, Gemüse und schmackhafte Gewürze beinhaltet. Typische Zutaten sind etwa Rind- oder Lammfleisch, Kohl, Erdäpfel, Tomaten, Karotten, Petersil, Knoblauch und ganze Pfefferkörner. Diese werden in großen Stücken in einen Topf geschichtet, der dann mit Wasser oder Weißwein aufgefüllt wird und etwa vier Stunden kochen muss. Ursprünglich handelte es sich

Bild: Kasim Dzajic | Dzajicka Buk Raft BA

dabei um einen Tontopf, der ins offene Feuer gestellt wurde.
Als Beilage zu Hauptgerichten wird oft Kaymak gereicht, welches aber auch als Brotaufstrich gegessen wird. Dabei handelt es sich um die laufend abgeschöpfte Rahmschicht, die beim langsamen Erhitzen frischer Kuhmilch entsteht. Das Aussehen erinnert an Butter, doch der Geschmack lässt sich nicht vergleichen.

☐ Nachspeisen

Im Bereich der Süßspeisen werden vor allem Baklava, Halva und Lokum sehr gerne gegessen. Bei Baklava handelt es sich um ein Gebäck aus sogenanntem Filoteig, welcher dem bei uns gebräuchlichen Blätterteig relativ ähnlich ist. Dieser wird mit gehackten Walnüssen, Mandeln oder Pistazien gefüllt und gleich nach dem Backen in Zuckerwasser eingelegt. Halva wird aus fein gemahlenem Sesam, Zucker und Honig hergestellt und anschließend mit Kakao, Vanille, Nüssen oder Mandeln verfeinert. Lokum kann so gut wie alle Farben aufweisen und ist typischerweise weich und klebrig, weshalb die

Bild: Pixabay

fertigen Würfel in Zucker gewälzt werden. Hauptbestandteil ist ein Sirup aus gelierter Stärke und Zucker, welcher mehrere Stunden lang gekocht und nach dem Abkühlen in Stücke geschnitten wird.

☐ Getränke

Zu den beliebtesten Getränken zählt neben dem Mokka der türkische Kaffee, der in einer langstieligen Messingkanne gekocht wird. Meist wird er mit einigen Zuckerstücken und einem Glas Wasser gereicht. Man sagt, der Kaffee sei die Basis des gesellschaftlichen Lebens. Außerdem ist der hier gebrannte Zwetschkenschnaps Šlivovic mit einem Alkoholgehalt von mindestens 37,5 Volumenprozent sehr bekannt.

Bild: Ozren.org

In der Regel werden hochprozentige Alkoholika als Rakija bezeichnet, was neben dem Šlivovic Köstlichkeiten wie Apfel-, Birnen-, Marillen-, Weichsel- oder Nussschnaps mit einschließt. Auch mit regionalen Weinen aus der Herzegowina kann das Land dienen, nämlich mit dem Weißwein Žilavka sowie dem Rotwein Blatina. Ersterer ist ein alkoholstarker und säurebetonter Wein mit einem Aroma nach Nüssen und Marillen, der gerne zu Lamm und Fisch gereicht wird. Letzterer weist ein Beerenaroma auf und wird gerne zu Gegrilltem, Wild oder Eintöpfen serviert. Zu den beliebtesten Bieren des Landes zählen Preminger, Sarajevsko Pivo, Nektar und Banjalucko Pivo. Wer hingegen nicht gerne Alkohol trinkt oder mit dem Auto fahren muss, kann auf das wohlschmeckende Mineralwasser Vitinka sowie eine Vielzahl an köstlichen Kräutertees zurückgreifen.

- Stadt
- Platz, Straße, Brücke, Gebiet
- Profangebäude
- Burg, Festung, Befestigungsanlage
- Ruine, Ausgrabungsstätte, Steinbruch
- Moschee
- Kirche, Kloster, Kathedrale
- Synagoge
- Museum, Freilichtmuseum
- Galerie, Ausstellung, Theater, Kunst
- Uhrturm, Denkmal, Gedenkstätte, Nekropole, Mausoleum, Friedhof
- Naturpark, Nationalpark
- Schöne Region, Naturphänomen
- Höhle
- Berg, Gebirgszug, Schlucht
- Gewässer, Quelle, Wasserfall
- Bad, Therme, Wellness
- Sport, Spiel, Spaß, Abenteuer
- Weingut
- Schmalspurbahn
- Produktionsstätte, Betrieb
- Markt, Geschäft, Shoppingcenter

- Autobahn
- Fernverkehrsstraße, 4-spurig
- Fernverkehrsstraße
- Hauptstraße
- Nebenstraße
- 8 Entfernungen in km
- Autofähre
- Staatsgrenze, internationaler Grenzübergang
- 17 E73 Straßennummern
- Internationaler Flughafen, Flughafen
- Sutjeska N.p. Nationalpark, Naturschutzgebiet

- Öffentliches Gebäude
- Kirche
- Moschee
- Museum
- Durchfahrtsstraße
- Fußgängerzone
- Parkplatz
- Information

Bild: Alen Ajan I Adobe Stock

Sarajevo

Sarajevo, die Hauptstadt Bosnien-Herzegowinas, liegt im sogenannten Sarajevo-Feld, einer weiten Ebene, welche von den hoch emporragenden Bergen Bjelašnica, Igman, Jahorina und Trebević begrenzt wird. Die über 140 Quadratkilometer große Stadt bildet das administrative und kulturelle Zentrum des Landes, spielt aber auch im Hinblick auf Bildung, Wirtschaft, Verkehr und Sport eine sehr wichtige Rolle. Für Touristen hat Sarajevo einiges zu bieten, unter anderem die älteste erhaltene Moschee des gesamten Landes. Interessant sind aber auch Kirchen und diverse Profanbauten, wobei die in der Innenstadt gelegenen Sehenswürdigkeiten problemlos zu Fuß erreichbar sind. Sie spiegeln auf engstem Raum Orient und Okzident wider und verkörpern so ein gelungenes Miteinander verschiedener Religionen und Kulturkreise. Ähnlich vielfältig sind die Möglichkeiten beim Essen, denn das Angebot reicht von einfachen Straßenständen bis hin zu gehobener Gastronomie. Gleiches gilt für die Palette an Unterkünften und nach und nach entwickelt sich in der Stadt auch ein reges Nachtleben. Wer gerne einkaufen geht, findet kleine, urige Geschäfte genau wie große Shoppingcenter.

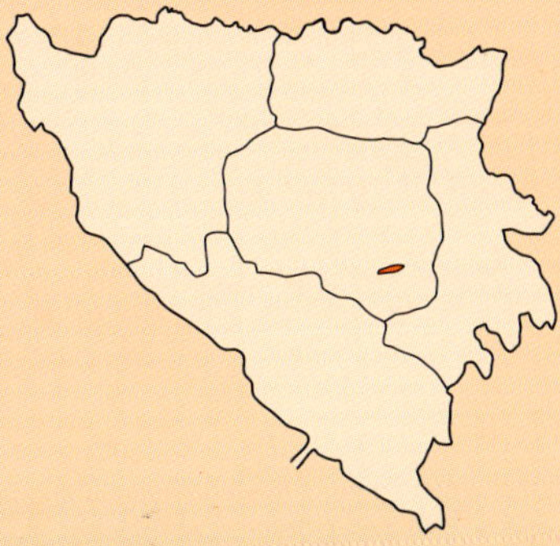

Ugorsko
Barice
Dumače
Kobilja glava
Perivoj
Žuč
Grahovište
Lontoši
Gornji Dolac
Bušća
Humsko Brdo
Hum brdo
Nikolići
Donji Dolac
Pofalići
Adema Buća
Buća Potok
Odžakovići
In Richtung Novo Sarajevo ◆ 64
Boljakov Potok
Safeta Zajke
Čengić Vila
Malta
Zmaja od B
Vilsonovo še
Alipašin Most
Džemala Bjedića
Dolac Malta
Halilovići
Azize Šaćirbegović
Gradačačka
Žrtava fašizma
Bulevar Meše Selimovića
Otoka
NOVI GRAD
Aneks
Alipašino Polje
Stupsko brdo
Vojnićo Polje
Safeta Hadžića
Naselje Pavla Goranina
Anta Babića
Nedžarići
Mojmilo
Aerodromsko naselje
Lukavička cesta
Dobrinja
Bjelopoljska cesta
AERODROM SARAJEVO
Topčička cesta
Butmir
64
Put za Vrapješ
Donji Kotorac

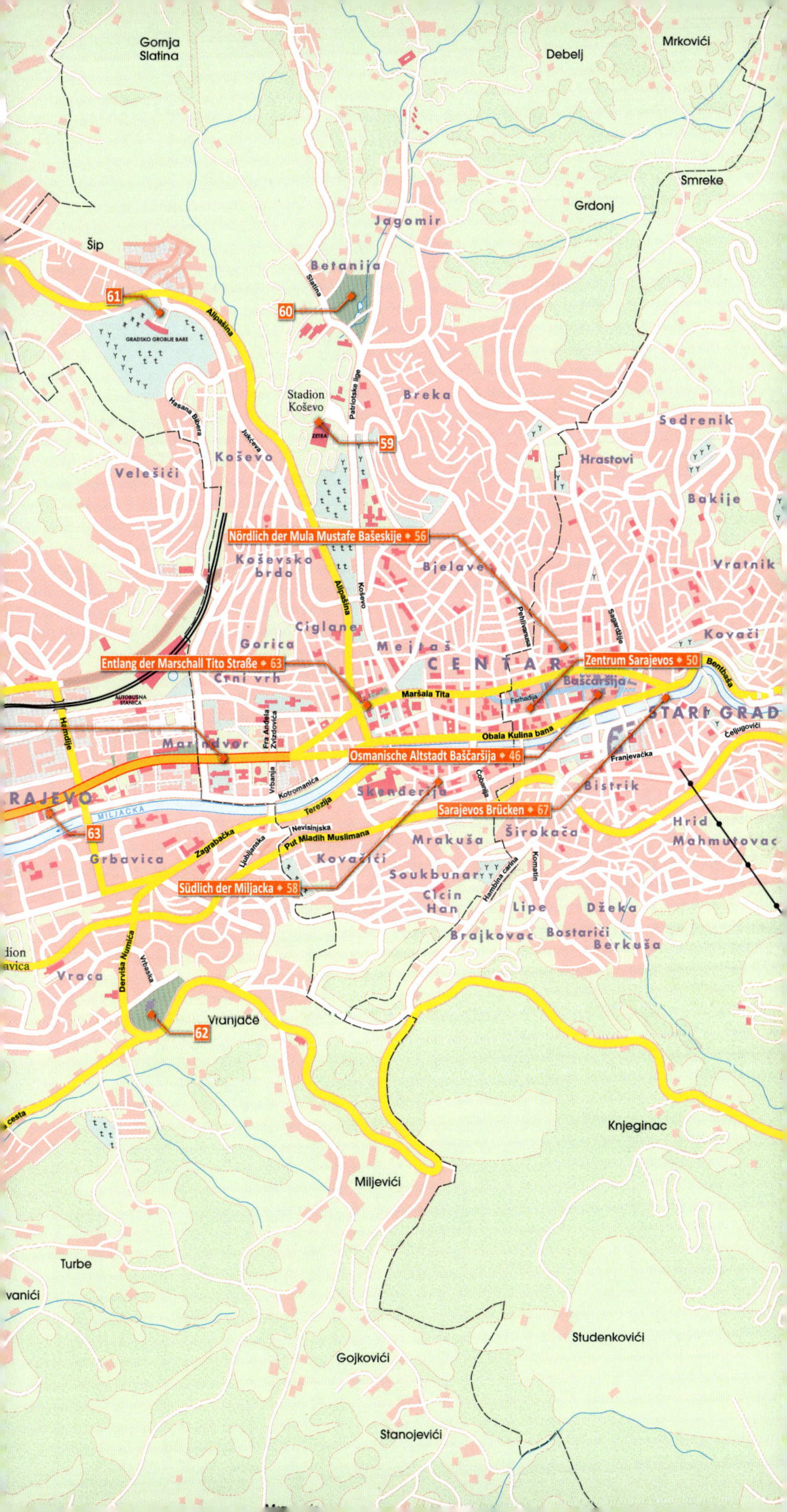
Gornja Slatina
Debelj
Mrkovići
Smreke
Grdonj
Jagomir
Šip
Betanija
Slatina
61
60
Alipašina
GRADSKO GROBLJE BARE
Stadion Koševo
Patriotske lige
Breka
Sedrenik
ZETRA
59
Hasana Biberа
Jukićeva
Koševo
Hrastovi
Velešići
Bakije
Nördlich der Mula Mustafe Bašeskije • 56
Koševsko brdo
Bjelave
Vratnik
Alipašina
Koševo
Pehlivanuša
Sagardžije
Ciglane
Kovači
Gorica
Mejtaš
CENTAR
Zentrum Sarajevos • 50
Entlang der Marschall Tito Straße • 63
Crni vrh
Baščaršija
Bentbaša
Maršala Tita
AUTOBUSNA STANICA
Ferhadija
STARI GRAD
Hamdije
Fra Anđela Zvizdovića
Obala Kulina bana
Čeljugovići
Marindvor
Osmanische Altstadt Baščaršija • 46
Franjevačka
Vrbanja
Kotromanića
Skenderija
Čobanija
Bistrik
SARAJEVO
MILJACKA
Terezija
Sarajevos Brücken • 67
63
Nevisinjska
Hrid
Ljubljanska
Put Mladih Muslimana
Širokača
Mahmutovac
Zagrebačka
Mrakuša
Grbavica
Kovačići
Soukbunar
Komatin
Südlich der Miljacka • 58
Hambina carina
Cicin Han
Lipe
Džeka
Brajkovac
Bostarići
Berkuša
Vrbaska
Dervīša Numića
Vraca
Vrunjače
62
Knjeginac
Miljevići
Turbe
Studenkovići
Gojkovići
Stanojevići

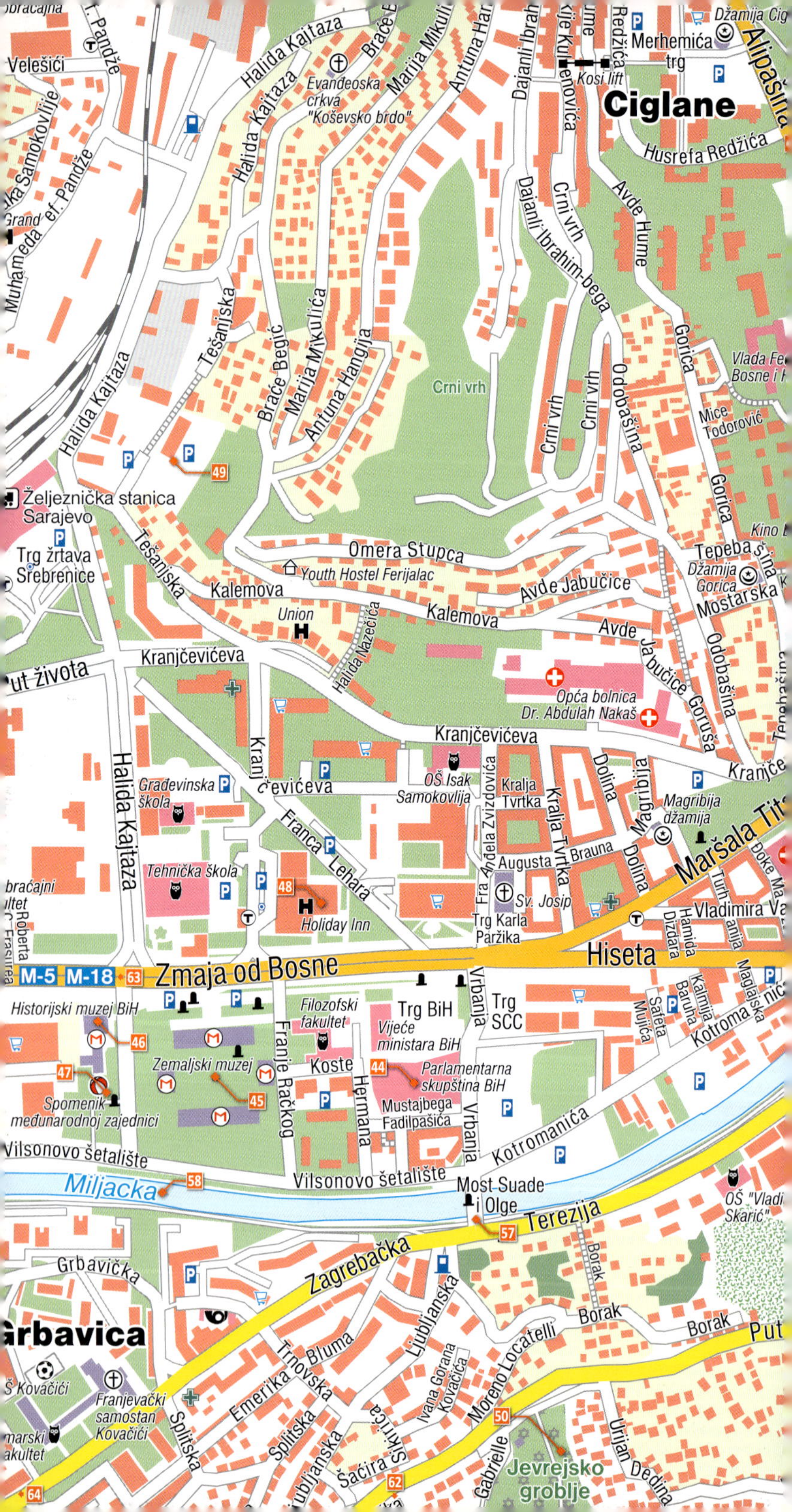

Ciglane
Merhemića trg
Kosi lift
Džamija Ciglane
Alipašina
Hasana Redžića
Husrefa Redžića
Dajanli Ibrahim-bega
Crni vrh
Avde Hume
Gorica
Vlada Federacije Bosne i Hercegovine
Mice Todorović
Kino
Tepebašina
Džamija Gorica
Mostarska
Odobašina
Evanđeoska crkva "Koševsko brdo"
Halida Kajtaza
Braće Begić
Marija Mikulića
Antuna Hangija
Velešići
Muhameda ef. Pandže
Samokovlije
Grand
Tešanjska
49
Željeznička stanica Sarajevo
Trg žrtava Srebrenice
Omera Stupca
Youth Hostel Ferijalac
Kalemova
Avde Jabučice
Union
Halida Nazečića
Put života
Kranjčevićeva
Opća bolnica Dr. Abdulah Nakaš
Goruša
OŠ Isak Samokovlija
Građevinska škola
Franca Lehara
Fra Anđela Zvizdovića
Kralja Tvrtka
Dolina
Magribija
Magribija džamija
Maršala Tita
Augusta Brauna
Sv. Josip
Trg Karla Paržika
Tehnička škola
48
Holiday Inn
Vladimira Vareškog
Hamida Dizdara
Turhanija
Hiseta
M-5
M-18
63
Zmaja od Bosne
Historijski muzej BiH
46
47
Spomenik međunarodnoj zajednici
Zemaljski muzej
45
Filozofski fakultet
Trg BiH
Vijeće ministara BiH
Trg SCC
Vrbanja
Franje Račkog
Koste Hermana
44
Parlamentarna skupština BiH
Mustajbega Fadilpašića
Šafeta Mujića
Kalmija Baruha
Kotromanića
Magiajska
Vilsonovo šetalište
Miljacka
58
Most Suade i Olge
57
Terezija
OŠ "Vladimir Skarić"
Borak
Zagrebačka
Grbavička
Grbavica
Bluma
Trnovska
Ljubljanska
Emerika
Ivana Gorana Kovačića
Moreno Locatelli
Put
Kovačići
Franjevački samostan Kovačići
Splitska
Šaćira Sikirića
Gabrielle
50
Jevrejsko groblje
Urijan Dedina
62
64

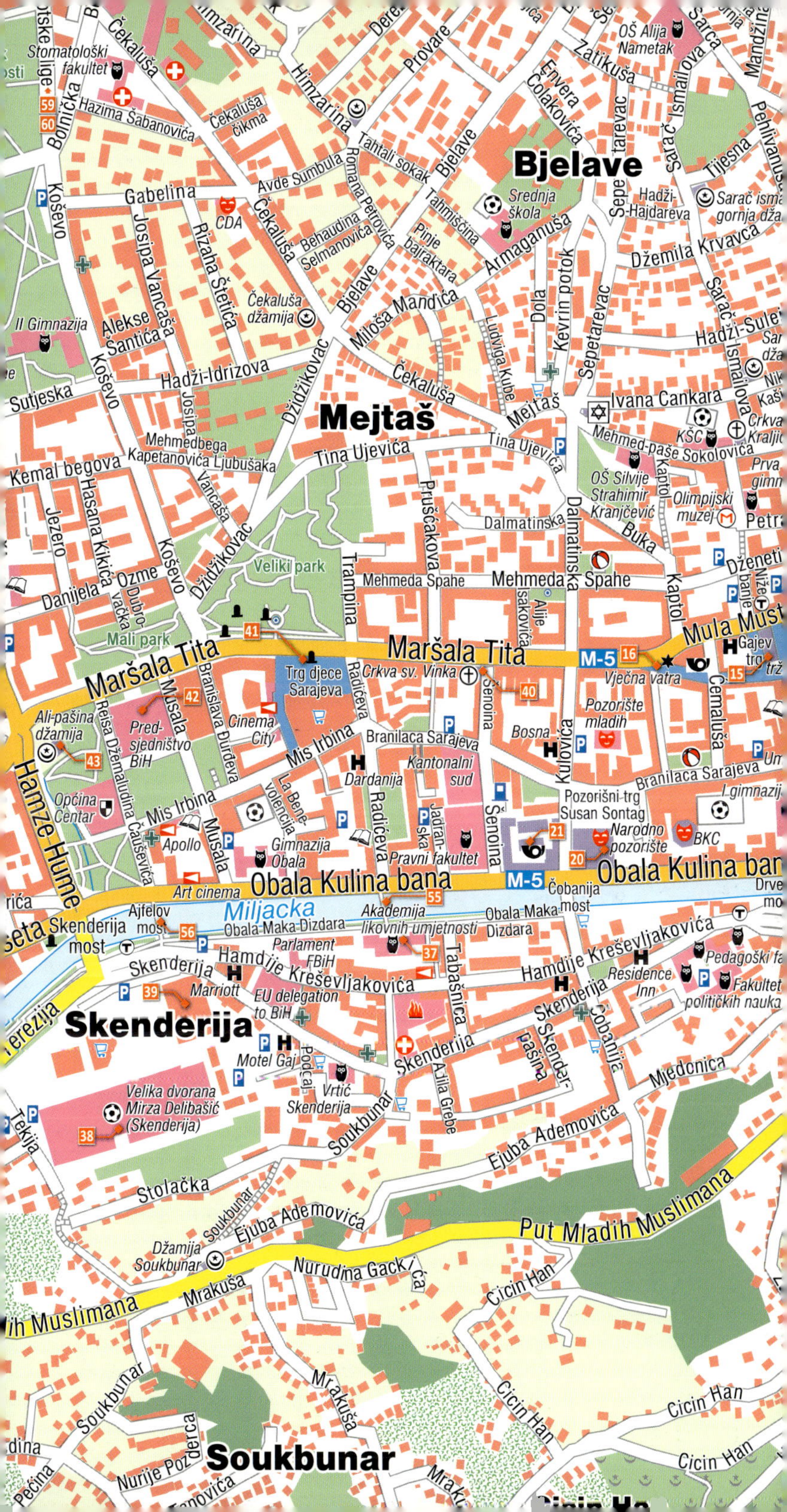

Bjelave
Mejtaš
Skenderija
Soukbunar
Stomatološki fakultet
Bolnička
Hazima Šabanovića
Čekaluša
Čekaluša čikma
Hrimzarina
Provare
Tahtali sokak
Romana Petrovića
Bjelave
Tahmiščina
Envera Čolakovića
Zatikuša
OŠ Alija Nametak
Sarač Ismailova
Pehlivanuša
Tijesna
Srednja škola
Hadži-Hajdareva
Sarač Ismail gornja džamija
Džemila Krvavca
Armaganuša
Pinje bajraktara
Behaudina Selmanovića
Avde Sumbula
Gabelina
CDA
Koševo
Josipa Vancaša
Rizaha Štetića
Čekaluša džamija
Miloša Mandića
Ludviga Kube
Dola
Kevrin potok
Šepetarevac
Hadži-Sulejmanova
Alekse Šantića
II Gimnazija
Hadži-Idrizova
Sutjeska
Džidžikovac
Mejtaš
Ivana Cankara
KŠC
Crkva Kraljice
Mehmed-paše Sokolovića
Mehmedbega Kapetanovića Ljubušaka
Tina Ujevića
Kemal begova
Hasana Kikića
Jezero
Vancaša
OŠ Silvije Strahimir Kranjčević
Olimpijski muzej
Prušćakova
Dalmatinska
Buka
Kaptol
Veliki park
Danijela Ozme
Dubrovačka
Mali park
Trampina
Mehmeda Spahe
Alije Isakovića
Dženeti banje
Mula Mustafe
Gajev trg
41
Maršala Tita
M-5
16
15
Vječna vatra
Trg djece Sarajeva
Radićeva
Crkva sv. Vinka
Šenoina
40
Čemaluša
Ali-pašina džamija
42
Musala
Branislava Đurđeva
Predsjedništvo BiH
Cinema City
Pozorište mladih
Bosna
Kulovića
43
Reisa Džemaludina Čauševića
Mis Irbina
Branilaca Sarajeva
Kantonalni sud
Dardanija
Branilaca Sarajeva
I gimnazija
Hamze Hume
Općina Centar
La Benevolencija
Pozorišni trg Susan Sontag
Apollo
Gimnazija Obala
Jadranska
Pravni fakultet
21
Narodno pozorište
BKC
20
Art cinema
Obala Kulina bana
55
Čobanija most
Ajfelov most
56
Miljacka
Obala Maka Dizdara
Akademija likovnih umjetnosti
Skenderija most
Hamdije Kreševljakovića
Parlament FBiH
37
Residence Inn
Pedagoški fakultet
Fakultet političkih nauka
39
Marriott
EU delegation to BiH
Tabašnica
Skenderija
Skenderpašina
Čobanija
Motel Gaj
Vrtić Skenderija
Ajdila Grebe
Mjedenica
Velika dvorana Mirza Delibašić (Skenderija)
38
Tekija
Soukbunar
Ejuba Ademovića
Stolačka
Put Mladih Muslimana
Džamija Soukbunar
Nurudina Gackića
Mrakuša
Cicin Han
Nurije Pozderca
Pečina

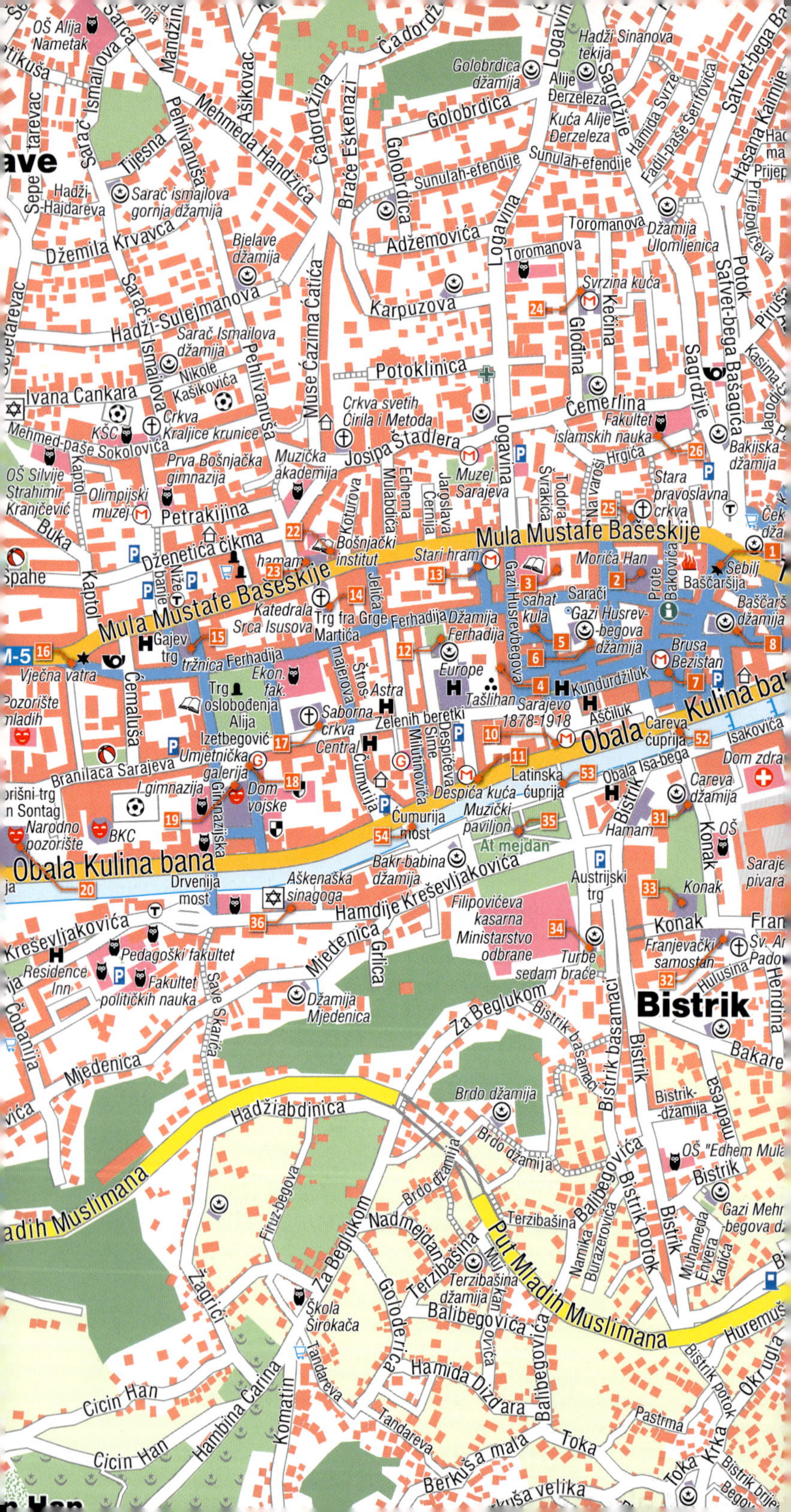

OŠ Alija Nametak
Sarač Ismailova
Mandžina
Ašikovac
Čadordžina
Braće Eškenazi
Golobrdica džamija
Logavina
Hadži Sinanova tekija
Alije Đerzeleza
Sagrdžije
Safvet-bega Bašagića
Fadil-paše Šerifovića
Hasana Kaimije
Hamida Svrze
Mehmeda Handžića
Tiješna
Pehlivanuša
Golobrdica
Kuća Alije Đerzeleza
Sunulah-efendije
Prijepolječeva
ave
Hadži-Hajdareva
Sarač ismajlova gornja džamija
Džemila Krvavca
Bjelave džamija
Adžemovića
Toromanova
Džamija Ulomljenica
Potok
Hadži-Sulejmanova
Karpuzova
Svrzina kuća
Kečina
Glođina
Sarač Ismailova džamija
Nikole Kašikovića
Muse Ćazima Ćatića
Potoklinica
Kasima Dobrače
Ivana Cankara
Crkva svetih Ćirila i Metoda
Čemerlina
Fakultet islamskih nauka
Bakijska džamija
KŠC
Crkva Kraljice krunice
Mehmed-paše Sokolovića
Josipa Štadlera
Hrgića
Prva Bošnjačka gimnazija
Muzička akademija
Muzej Sarajeva
Stara pravoslavna crkva
OŠ Silvije Strahimir Kranjčević
Olimpijski muzej
Kaptol
Petrakijina
Koturova
Mulabdića
Edhema
Jaroslava Černija
Švrakića
Todora
Na varoši
Buka
Dženetića čikma
Bošnjački institut
Mula Mustafe Bašeskije
Stari hram
Morića Han
Bakovića
Prote
Sebilj
Baščaršija
Spahe
hamam
Nižе banje
Gazi Husrevbegova
sahat kula
Saraći
Gazi Husrev-begova džamija
Baščaršijska džamija
Katedrala Srca Isusova
Trg fra Grge Martića
Jelića
Ferhadija
Džamija Ferhadija
M-5
Gajev trg
tržnica
Brusa Bezistan
Vječna vatra
Čemaluša
Ekon. fak.
Europe
Tašlihan
Kundurdžiluk
Pozorište mladih
Trg oslobođenja Alija Izetbegović
Saborna crkva
Astra
Štrosmajerova
Zelenih beretki
Sarajevo 1878-1918
Aščiluk
Obala Kulina bana
Careva ćuprija
Isakovića
Umjetnička galerija
Central
Ćumurija
Sime Milutinovića
Despićeva
Obala
Branilaca Sarajeva
I.gimnazija
Dom vojske
Despića kuća
Latinska ćuprija
Obala Isa-bega
Careva džamija
Dom zdravlja
Bistrik
Hamam
Gimnazijska
Ćumurija most
Muzički paviljon
At mejdan
Narodno pozorište
BKC
Konak
Sarajevska pivara
Bakr-babina džamija
Hamdije Kreševljakovića
Austrijski trg
Drvenija most
Aškenaška sinagoga
Filipovićeva kasarna Ministarstvo odbrane
Franjevački samostan
Sv. Ante Padovanskog
Kreševljakovića
Pedagoški fakultet
Mjedenica
Grlica
Turbe sedam braće
Hulusina
Hendina
Residence Inn
Fakultet političkih nauka
Save Skarića
Džamija Mjedenica
Za Beglukom
Bistrik basamaci
Bistrik
Čobanija
Mjedenica
Bakarevića
Hadžiabdinica
Brdo džamija
Bistrik-džamija
OŠ "Edhem Mulabdić"
Balibegovića
Bistrik potok
Firuz-begova
Nadmejdan
Terzibašina
Muhameda Envera Kadića
Gazi Mehmed-begova džamija
Put Mladih Muslimana
Mladih Muslimana
Žagrići
Za Beglukom
Namika Burazerovića
Terzibašina džamija
Škola Širokača
Gofođerica
Balibegovića
Hamida Dizdara
Huremuša
Okrugla
Bistrik potok
Cicin Han
Hambina Carina
Komatin
Tandareva
Pastrma
Toka
Krka
Berkuša mala
Berkuša velika
Bistrik brijeg

1 Sebilj
2 Morića han
3 Kuršumlija-Medrese
4 Gazi Husrev-Beg-Bezistan
5 Uhrturm
6 Gazi Husrev-Beg-Moschee
7 Brusa Bezistan
8 Baščaršijska-Moschee
9 Alte Rathaus
10 Museum Sarajevo 1878 – 1918
11 Despić-Haus
12 Ferhadija-Moschee
13 Alte und Neue Synagoge
14 Herz Jesu-Kathedrale
15 Städtische Markthalle
16 Ewiges Feuer
17 Orthodoxe Kirche
18 Kunstgalerie
19 Haus der Armee
20 Nationaltheater
21 Hauptpost
22 Bosniakisches Institut
23 Gazi Husrev-Beg-Hamam
24 Svrzo-Haus
25 Alte orthodoxe Kirche
26 Fakultät der islamischen Theologie
27 Mahala
28 Alifakovac
29 Haus des Widerstandes
30 Sarajevo-Brauerei
31 Kaisermoschee
32 Franziskanerkloster
33 Konak
34 Mausoleum der sieben Brüder
35 Musikpavillon
36 Aschkenasische Synagoge
37 Akademie der bildenden Künste
38 Skenderija
39 Ars Aevi
40 Kirche des heiligen Vinzent
41 Platz de Kinder Sarajevos
42 Regierungsviertel
43 Ali-Paša-Moschee
44 Parlament
45 Nationalmuseum
46 Historisches Museum
47 Ikarus
48 Hotel Holiday
49 Avaz Twist Tower
50 Alter Jüdischer Friedhof
51 Šeher-Ćehajina-Brücke
52 Kaiserbrücke
53 Lateinerbrücke
54 Ćumurija-Brücke
55 Festina lente-Brücke
56 Eiffel-Brücke
57 Suada- und Olga-Brücke
58 Ars Aevi-Brücke
59 Olympiazentrum
60 Pionirska dolina
61 Bare-Friedhof
62 Vraca-Gedenkpark
63 Kirche der heiligen Verklärung
64 Flughafen-Tunnel

Bild: bhtourism.ba

Sarajevo

Das Gebiet der heutigen Stadt Sarajevo war nachweislich bereits in der Jungsteinzeit besiedelt, wobei die Region vor allem für Keramikfunde aus der sogenannten Butmir-Kultur berühmt ist. Diese werden auf etwa 2 400 vor Christus datiert. Bei archäologischen Ausgrabungen im Großraum Sarajevo wurden außerdem Spuren der Illyrer und Römer entdeckt. Die Gründung der Stadt an der Miljacka in ihrer heutigen Form geht auf das Jahr 1463 zurück, als sich die Region unter osmanischer Herrschaft befand und von Isa-beg Ishaković verwaltet wurde. So leitet sich auch der heutige Name Sarajevo vom türkischen Wort Saray, was so viel wie Palast bedeutet, ab. In der ersten Hälfte des 16. Jahrhunderts entstanden unter der Herrschaft von Gazi Husrev-beg zahlreiche Moscheen und Verwaltungsgebäude, was Sarajevo nach Konstantinopel, dem heutigen Istanbul, schnell zur bedeutendsten islamischen Stadt Europas aufsteigen ließ. Im Jahr 1697 konnten die Habsburger unter der Führung von Prinz Eugen von Savoyen die Stadt erobern und ließen sie fast zur Gänze niederbrennen, was das Ende der osmanischen Herrschaft bereits einleitete. Der Aufstand bosnischer Adeliger unter der Führung des legendären Drachen von Bosnien, Husein Gradšević, war zwar nicht von Erfolg gekrönt, schwächte die Osmanen jedoch zusätzlich. Nach dem Berliner Kongress 1878 war Sarajevo Teil Österreich-Ungarns, was mit großangelegten Bauvorhaben untermauert werden sollte. Damals entstanden beispielsweise das Rathaus, das Nationalmuseum oder das Gymnasium. Mit dem Attentat auf den Thronfolger Franz Ferdinand begann 1914 der Erste Weltkrieg und die Herrschaft der Habsburger endete schlagartig, wobei die Stadt selbst von den Kriegsgeschehen weitgehend verschont blieb. Sie gehörte in weiterer Folge dem neu entstandenen jugoslawischen

Bild: bhtourism.ba

Königreich an, verlor jedoch an Bedeutung. Während des Zweiten Weltkrieges wurde Sarajevo nach dem Einmarsch der Deutschen Wehrmacht kurz Teil des faschistisch geprägten Unabhängigen Staates Kroatien, was zur Ermordung und Deportation zehntausender Menschen, vor allem Juden und Serben, führte. Nach dem Einmarsch der Partisanen Titos im Jahr 1945 entwickelte sich Sarajevo rasch zur inoffiziellen Hauptstadt des sozialistischen Jugoslawien, denn hier war sowohl das kulturelle als auch das intellektuelle und industrielle Zentrum des Landes. Im Jahr 1984 wurden die Olympischen Winterspiele in Sarajevo ausgetragen. Der Beginn des Bürgerkrieges in den 1990er Jahren setzte dem Aufstreben der multikulturellen Metropole allerdings ein jähes Ende. Serbisch-bosnische Einheiten umstellten die Stadt, in welcher Angehörige aller Ethnien lebten, und schnitten diese 1 425 Tage lang von der Außenwelt ab. Erst durch die Unterzeichnung des Vertrages von Dayton entspannte sich die Lage im Jahr 1995 wieder. An die Zeit des Krieges erinnern heute noch die sogenannten Rosen von Sarajevo, denn viele von Granateinschlägen stammende Krater wurden mit rotem Harz ausgegossen, um daran zu erinnern, dass an dieser Stelle ein Mensch sein Leben lassen musste. Heute stellen die Bosniaken in Sarajevo mit beinahe achtzig Prozent die größte Bevölkerungsgruppe dar, wobei insgesamt rund 300 000 Einwohner in der Stadt leben. Der Bürgermeister fungiert als Oberhaupt der Verwaltung Sarajevos, welches sich in vier Gemeinden mit eigener Verwaltung, nämlich Stari Grad, Centar, Novo Sarajevo und Novi Grad, gliedert. Die Stadt ist heute außerdem Sitz des Großmuftis der hiesigen Muslime, des Metropoliten der serbisch-orthodoxen Kirche sowie des Erzbischofs der römisch-katholischen Kirche. Da hier verschiedenste Religionen in unmittelbarer Nachbarschaft praktiziert werden, bezeichnet man Sarajevo auch gerne als Europäisches Jerusalem. Erreichbar ist die Hauptstadt sowohl mit dem Flugzeug, als auch mit dem Auto, dem Bus oder dem Zug und auch das innerstädtische Netz an öffentlichen Verkehrsmitteln ist gut ausgebaut. Sarajevo verfügte sogar als eine der ersten Städte der Welt über eine Straßenbahn, denn die erste Linie nahm bereits 1885 ihren Betrieb auf. Die Innenstadt kann problemlos zu Fuß besichtigt werden, doch die Außenbezirke liegen auf teilweise steilen Berghängen. Sie können jedoch relativ günstig und bequem mit dem Taxi erreicht

Bild: Wikipedia

Bild: bhtourism.ba

Bild: TVB der Föderation Bosnien und Herzegowina

werden. Auch Ziele in der näheren Umgebung Sarajevos wie etwa die Quelle der Bosna können gut mit der Straßenbahn und dem Bus erreicht werden, zum Skakavac-Wasserfall gelangt man zum Beispiel mit dem Minibus. Wer das Nachtleben der Stadt kennenlernen möchte, erfährt im Magazin Sarajevo Navigator alles über Konzerte, Partys und Events. Generell sind die Fußgängerzone Štrosmayerova sowie die am Hotel Europa vorbeiführende Straße Zelenih beretki als die Ausgehmeilen der Hauptstadt bekannt. Zu den wichtigsten Veranstaltungen zählen außerdem die Baščaršija-Nächte, das Sarajevo Film Festival SFF oder das Theaterfestival MESS, um nur einige zu nennen. Viele Menschen in der Hauptstadt sprechen übrigens auch ausgezeichnet Deutsch.

⌖ 47°48‘41.30“N, 16°14‘37.90“E

Touristeninformation
www.sarajevo-tourism.com

Osmanische Altstadt Baščaršija

Baščaršija, die bemerkenswerte osmanische Altstadt Sarajevos, entstand im 16. Jahrhundert. Sie wird im wesentlichen von der Miljacka im Süden, sowie den Straßen Gazi-Husrev-begova, Mula Mustafe Bašeskije sowie Telali begrenzt. Die meisten Gebäude des ältesten Stadtviertels sind zwar nicht mehr original erhalten, da dieses während des Bürgerkrieges stark in Mitleidenschaft gezogen wurde, doch konnten sie im Rahmen der Restaurierungs- beziehungsweise Rekonstruktionsarbeiten großteils detailgetreu nachgebildet werden. So spaziert man in diesem Teil Sarajevos auch heute noch durch schmale Gassen, die von winzigen, steinernen Häusern flankiert werden, und genießt das orientalische Flair. Um den Hauptplatz gruppierten sich einst verschiedene Handwerkszentren, deren Fachgebiete sich noch heute an den Gassennamen, wie beispielsweise der Schmiedegasse *Kovači* oder der Kürschnergasse *Čurčiluk* erkennen lassen, obwohl viele der einst hier ansässigen Produktionsstätten längst verschwunden sind. Auch heute noch beheimatet aber die Schlossergasse *Bravadžiluk* neben zahlreichen Restaurants einige Schlosser und in der Kupfer- und Kesselschmiedgasse *Kazandžiluk* hat man die Möglichkeit, ein typisch bosnisches Kaffeeservice zu erstehen. Obwohl hier nun vor allem Souvenirs für Touristen angefertigt werden, konnte diese

Bild: bhtourism.ba

berühmte Gasse sowohl ihre Funktion als auch ihr Aussehen weitgehend bewahren.

Sebilj

Beim Sebilj handelt es sich um einen hölzernen im pseudomaurischen Stil errichteten Brunnen, welcher in seiner heutigen Form seit dem Jahr 1891 den Hauptplatz der osmanischen Altstadt ziert. Er entstand ursprünglich bereits 1753 zum Zweck, Wasser kostenlos an

Bild: TVB der Föderation Bosnien und Herzegowina

Reisende zu verteilen, brannte jedoch später völlig nieder. Mittlerweile ist der mehrmals erneuerte Brunnen nicht nur als Wahrzeichen der Stadt bekannt sondern erfreut sich auch als Treffpunkt der Bewohner Sarajevos großer Beliebtheit, denn er wird von zahlreichen Kaffeehäusern und Lokalen umringt.

Morića han

Das Morića han diente während der osmanischen Zeit als Karawanserei. Es stammt aus dem Jahr 1551 und

Bild: bhtourism.ba

bot damals nicht nur Reisenden und Händlern sondern auch deren Pferden und Waren Platz, wobei die ersten drei Übernachtungen kostenlos waren. Zusammen mit dem gegenüberliegenden Kolobara han, welches sich nun allerdings in stark veränderter Form präsentiert, konnten mehrere hundert Menschen aufgenommen und verköstigt werden. Das Morića han, welches zu den wichtigsten Beispielen osmanischer Architektur Sarajevos zählt, beherbergt heute ein Restaurant sowie einige kleine Kaffeehäuser und Geschäfte.

Kuršumlija-Medrese

Die Kuršumlija-Medrese *Kuršumlija medresa* wurde bereits im Jahr 1537 gegründet und ist somit die älteste Bildungseinrichtung der gesamten Stadt. Einst war sie die beste Schule von ganz Bosnien-Herzegowina, in welcher Theologie, islamische Rechtswissenschaften sowie Philosophie unterrichtet wurden. Insgesamt gruppieren sich mehrere kleine Unterrichtsräume sowie ein Vortragssaal um einen Innenhof mit einem Brunnen sowie einem rechteckigen Säulengang. Der Name Kuršumlija leitet sich übrigens vom Bleidach des Gebäudes ab, wobei

Bild: bhtourism.ba

Vorbild des Ägyptischen Bazars von Istanbul. Es handelt sich um eine langgestreckte Halle, die über hundert Meter lang, jedoch nur knapp zwanzig Meter breit ist und vier Eingänge aufweist. Sie diente aufgrund des angenehmen Klimas im Inneren früher dem Verkauf von Lebensmitteln und wird auch heute noch als Kaufhaus genutzt, wobei hier nun vor allem kleine Schmuck- und Lederboutiquen anzutreffen sind.

jeder Unterrichtsraum von einem eigenen kleinen Turm gekrönt wird. Die angeschlossene Hanikah diente bis zum Zweiten Weltkrieg ebenfalls als Bildungsstätte und zwar für Sufi-Gelehrte und Derwische. Das Gebäude, welches heute vorwiegend für Ausstellungen genutzt wird, musste 1998 rekonstruiert werden und verfügt seither über ein modernes Glasdach, das für einen optimalen Lichteinfall sorgt.

Gazi Husrev-Beg-Bezistan

Der Gazi Husrev-Beg-Bezistan *Gazi Husrev-begov bezistan* entstand zwischen 1537 und 1555 nach dem

Uhrturm

Der hohe Uhrturm *Sahat kula* von Sarajevo befindet sich direkt neben der Moschee und stammt aus dem 16. Jahrhundert, wobei im 17. und 18. Jahrhundert nach Bränden diverse Umbauarbeiten vorgenommen wurden. Die Uhrzeit wurde hier nach dem muslimischen Mondkalender angezeigt, weshalb es zum Zeitpunkt des Sonnenuntergangs und nicht wie gewohnt um Mitternacht zwölf Uhr war. Aufgrund der unterschiedlichen Tageslängen im Jahresverlauf musste die Uhr jedoch regelmäßig nachgestellt werden. Man spricht in diesem Zusammenhang auch von einer Zeitangabe à la turca.

Bild: bhtourism.ba

Gazi Husrev-Beg-Moschee

Die Gazi Husrev-Beg-Moschee *Gazi Husrev-begova džamija*, eine Kuppelmoschee im frühen klassischen Stil, wird nicht ohne

Bild: bhtourism.ba

Grund als bedeutendste Moschee Bosnien-Herzegowinas bezeichnet. Ihr 45 Meter hohes Minarett war bei ihrer Errichtung im Jahr 1531 eines der höchsten und bedeutsamsten des gesamten Osmanischen Reiches. Der Innenraum der Moschee ist besonders reich mit Ornamenten und Kalligraphie sowie schönen Teppichen geschmückt und bereits seit 1898, also als weltweit erster einer Moschee, elektrisch beleuchtet. Der quadratische Gebetsraum weist eine Seitenlänge von dreizehn Metern auf und wird von einer Kuppel, deren Radius ebenfalls dreizehn Meter beträgt, überdacht. Im Hof zeichnet sich der zentral gelegene Brunnen *Šadrvan* durch sein aufwändig gearbeitetes Holzdach sowie seine acht schönen Säulen aus. Weiters gehören ein Waschraum für kalte Tage und eine Grabstätte *Turbe* mit dem Grab des Gazi Husrev-Beg, der als Gründer der ersten Kultur- und Bildungsinstitutionen der Stadt gesehen wird, zur Moschee. Diese ist für Besucher geöffnet, wobei Frauen ein Kopftuch tragen müssen.

Brusa Bezistan

Das sogenannte Brusa Bezistan mit sechs großen und zwei kleinen Kuppeldächern wurde im Jahr 1551 als Markthalle für Textilien, vor allem Seide, aber auch Baumwolle und Leinen erbaut. Es beherbergt heute allerdings die Hauptausstellung des Museums der Stadt Sarajevo, welches sich über mehrere Ausstellungsorte erstreckt. Die im Brusa Bezistan gezeigten Exponate widmen sich der Geschichte und Entwicklung der Stadt

Bild: bhtourism.ba

und umfassen unter anderem ein Modell der Baščaršija aus dem Jahr 1878.

Baščaršijska-Moschee

Die Baščaršijska-Moschee *Baščaršijska džamija* wurde bereits 1528 gebaut, und zählt somit zu den ältesten Moscheen des Landes. Allerdings musste sie 1866 sowie nach dem

Bild: bhtourism.ba

Zweiten Weltkrieg aufgrund schwerer Schäden rekonstruiert werden. Sie hatte einst großen Einfluss auf die wirtschaftliche Entwicklung des Stadtteils und gilt seit dem Jahr 2006 als Nationaldenkmal. Das Innere der Moschee zeichnet sich besonders durch die hervorragende Akustik aus.

Altes Rathaus

Das Alte Rathaus *Vijećnica* zählt eigentlich nicht mehr zur Baščaršija, wird allerdings von den großen Straßenzügen, welche die osmanische Altstadt begrenzen, eingeschlossen. Das Gebäude stammt aus dem Jahr 1894 und wird als imposantestes Bauwerk der Habsburger in Sarajevo eingestuft. Fassade und Dach passen sich durch ihr pseudomaurisches Erscheinungsbild, welches auch als bosnischer Neoorientalismus bezeichnet wird, perfekt an die Umgebung an. Dadurch wirkt der Übergang zwischen osmanischer Altstadt und dem von den Habsburgern geprägten Stadtteil entlang der Miljacka sehr fließend. Das Alte Rathaus war bis zum Ende des Zweiten Weltkrieges Sitz der Stadtverwaltung, doch seit der sozialistischen Ära fungierte es als National- und Universitätsbibliothek. Leider fiel während des Bürgerkrieges beinahe der gesamte Bestand,

Bild: bhtourism.ba

darunter historische Dokumente, einem verheerenden Brand zum Opfer, denn es konnten lediglich einige Spezialsammlungen gerettet werden. Mittlerweile ist das auffällige, gelb-rote Gebäude wieder instandgesetzt.

Zentrum Sarajevos

Das unmittelbare Zentrum *Centar* von Sarajevo schließt sich direkt an die Baščaršija an und wird von der längsten Fußgängerzone der Stadt, der Ferhadija, durchzogen. Diese wird im westlichen Bereich von Häusern aus den 1950er und 1960er Jahren flankiert, im östlichen hingegen zunehmend von Gebäuden

Bild: bhtourism.ba

aus der Zeit der Habsburger, bis sie in die osmanische Altstadt mündet. Sämtliche kulturhistorisch prägende Epochen der Stadt manifestieren sich also auf der Ferhadija und auch Gotteshäuser verschiedener Religionen sind in diesem Bereich Sarajevos in friedlicher Nachbarschaft angeordnet, wodurch sich die Stadt die Bezeichnung Europäisches Jerusalem verdienen konnte.

Museum Sarajevo 1878 – 1918

Das ebenfalls zum Museum der Stadt Sarajevo zählende, nahe der Lateinerbrücke *Latinska ćuprija* gelegene Museum Sarajevo 1878 – 1918 *Muzej Sarajevo 1878 – 1918* informiert über jenen Zeitraum, als die Habsburger die Herrschaft über Sarajevo innehatten. Die Ausstellung befasst sich mit Kultur und Gesellschaft, Verlagswesen und Industrie, dem Widerstand der Bevölkerung gegen die Besatzung sowie der Architektur der damaligen Epoche. Jene Bauwerke, die hier vorgestellt werden, sind großteils auf der rechten Uferseite der Miljacka anzutreffen. Das Museumsgebäude selbst befindet sich genau an jener Stelle, wo das Attentat auf den österreichisch-ungarischen Thronfolger Franz Ferdinand und seine Ehefrau Sophia verübt wurde. Aus diesem Grund werden auch die Ereignisse des 28. Juni 1914 genau beleuchtet, denn sie trugen maßgeblich zum Beginn des Ersten Weltkrieges bei.

Despić-Haus

Im Despić-Haus *Despića kuća* wurde eine zum Museum der Stadt Sarajevo gehörende Ausstellung eingerichtet, welche das Leben einer orthodoxen Familie während des 19. Jahrhunderts veranschaulicht. Das Erscheinungsbild des Gebäudes selbst geht auf das Jahr 1881 zurück, als zwei aus dem 17. Jahrhundert stammende Häuser zusammengelegt wurden. Hier fanden einst die ersten Theatervorstellungen Bosnien-Herzegowinas statt, wobei der Besitzer des Hauses, der eigentlich als Finanzminister in der Landesregierung tätig war, auch selbst als Schauspieler agierte. Obwohl die Aufführungen lediglich guten Freunden der Familie sowie Diplomaten zugänglich waren, gilt das Gebäude in kultureller Hinsicht auch heute noch als sehr bedeutend.

Bild: bhtourism.ba

Bild: bhtourism.ba

Ferhadija-Moschee

Die für die gesamte Fußgängerzone namensgebende Ferhadija-Moschee *Ferhadija džamija* stammt aus dem Jahr 1562 und gilt als eines der bedeutendsten osmanischen Architekturdenkmale Sarajevos. Sie weist ein großes Kuppeldach sowie drei kleinere Kuppeln und ein angebautes Minarett auf. Im Inneren kann man beispielsweise in der Kuppel noch Reste von Malereien aus dem 16. Jahrhundert sehen. An den meisten Stellen wurden die ursprünglichen Fresken allerdings im 18., 19. und 20. Jahrhundert in mehreren Schichten übermalt. Auf dem umliegenden Friedhof ruhen zahlreiche Janitscharen. Diese

Bild: Wikipedia CCA-SA 2.0

gehörten einst einer Eliteeinheit an, welche die Leibwache des Sultans stellte.

Alte und Neue Synagoge

Die Alte Synagoge *Stari hram*, welche sich genau gegenüber der Neuen Synagoge *Novi hram* befindet, wurde bereits 1581 errichtet, jedoch im Laufe der Geschichte mehrfach

Bild: bhtourism.ba

schwer in Mitleidenschaft gezogen und wieder aufgebaut. Heute dient keines der beiden Gebäude mehr als Gotteshaus, da die einst aktive und reiche jüdische Gemeinde Sarajevos nun sehr klein ist. In der Alten Synagoge wurde 1966 als Zweigstelle des Museums der Stadt Sarajevo das Jüdische Museum *Muzej Jevreja* eingerichtet. Dieses dokumentiert die Ankunft der jüdischen Glaubensgemeinschaft im 16. Jahrhundert, ihren Beitrag zur Entwicklung der bosnischen Gesellschaft sowie ihre Beziehungen zu anderen Religionsgruppen bis hin zu ihrer Vertreibung während des Zweiten Weltkrieges in Form von Dokumenten und Fotografien. Das Museum wird oft als eines der interessantesten jüdischen Museen der Welt bezeichnet. Die Neue Synagoge beherbergt hingegen eine Galerie, welche jüdischen Künstlern als Ausstellungsort dient.

Herz Jesu-Kathedrale

Die Herz Jesu-Kathedrale *Katedrala Srca Isusova*, die oft schlicht als die Kathedrale bezeichnet wird, wurde zwischen 1884 und 1889 erbaut und dient dem römisch-katholischen Bistum Vrhbosanska, dem einzigen

Bild: bhtourism.ba

des gesamten Landes, als Hauptsitz. Es handelt sich um ein dreischiffiges Gotteshaus in neugotischem Stil mit einem doppeltürmigen Südportal, welches von einer Fensterrosette geziert wird. Im Inneren der Kathedrale, die über tausend Menschen Platz bietet, kann man weiße Marmorskulpturen sowie schöne Buntglasfenster besichtigen, welche noch weitgehend original erhalten sind. Der Großteil der einstigen Wandmalereien fiel jedoch den Renovierungsarbeiten von 1989 zum Opfer.

Städtische Markthalle

Die städtische Markthalle *Gradska tržnica* auf dem Gajev Platz

Bild: TVB der Föderation Bosnien und Herzegowina

Gajev trg wurde 1894 von einem österreichischen Architekten entworfen und nur ein Jahr später im Stil der Neorenaissance fertiggestellt. Sie trägt den Spitznamen Markale, was sich vom deutschen Wort Markthalle ableitet, und bietet Bauern aus der Umgebung die Möglichkeit, ihre Produkte in der Hauptstadt zu vermarkten. Der anschließende Platz der Freiheit *Trg oslobođenja*, welcher teilweise in Form eines Parks angelegt ist, lädt im Anschluss dazu ein, das erstandene Obst und Gemüse gleich vor Ort zu verkosten.

Ewiges Feuer

Das Ewige Feuer beziehungsweise die Ewige Flamme *Vječna vatra* erinnert an die Opfer des Zweiten Weltkrieges sowie an die Befreiung der Stadt von der vier Jahre lang andauernden faschistischen Besatzung am 6. April 1945. Sie verlosch lediglich während der Belagerung von Sarajevo, als großer Mangel an Brennstoffen herrschte, wurde jedoch immer als Bestandteil der Erinnerungskultur wertgeschätzt. So werden selbst heute noch von der Bevölkerung Blumenkränze neben dem schwarzen Marmorsockel, welcher die Flamme trägt, niedergelegt.

Bild: Paul Prescott I Adobe Stock

Bild: Wikipedia CCA-SA 2.0

Orthodoxe Kirche

Die serbisch-orthodoxe Kirche Mariä Geburt *Saborna crkva* neben der ökonomischen Fakultät *Ekonomski fakultet* wurde in den Jahren 1863 bis 1874 errichtet, wobei die Finanzierung neben Spenden aus der Bevölkerung in nicht unerheblichem Maße durch osmanische Geldgeber gesichert wurde. Auf diese Weise sollte einerseits die Loyalität der orthodoxen Bevölkerung Sarajevos gewonnen werden, andererseits den Wünschen der europäischen Großmächte nach mehr religiöser Freiheit Genüge getan werden. So entstand eines der größten serbisch-orthodoxen Gotteshäuser des gesamten Balkanraums, wobei der Kirchturm erst im Nachhinein angebaut wurde. Dieses weist sowohl barocke als auch russisch-byzantinische Elemente auf und verfügte ursprünglich über ein Dach aus Blei, welches 1921 durch ein Kupferdach ersetzt wurde. Der Innenraum der dreischiffigen Basilika zeichnet sich durch den reichen Einsatz von Gold aus, denn nicht nur Ikonen sondern auch Altar und Kanzel sind vergoldet. Die Kirche wurde in beiden Weltkriegen sowie im Bosnienkrieg schwer beschädigt, aber jeweils umfassend renoviert.

Kunstgalerie

Die seit 1946 bestehende Kunstgalerie *Umjetnička galerija* ist die älteste Institution des Landes, die sich dem Schutz sowie der Förderung von Kultur und bildender Kunst widmet. Ausgestellt sind sowohl Werke lokaler Künstler als auch solche aus internationalem Raum, wobei die umfangreiche Sammlung mittlerweile beinahe 6 000 Kunstwerke umfasst. Angeschlossen ist eine Fachbibliothek mit etwa 10 000 Bänden aus den Bereichen Kunstgeschichte sowie Ästhetik, Geschichte und Philosophie.

Bild: Umjetnička galerija

Haus der Armee

Das 1881 erbaute, imposante Haus der Armee *Dom armije* diente einst den Habsburgern als Offizierskasino, obwohl auf dem Areal ursprünglich der Bau einer katholischen Kirche geplant war. Mittlerweile finden hier verschiedenste kulturelle beziehungsweise gesellschaftliche Veranstaltungen statt, beispielsweise Ausstellungen, Vorträge oder Konzerte.

Bild: bhtourism.ba

Nationaltheater

Das Nationaltheater von Sarajevo *Narodno pozorište Sarajevo* stellt das älteste öffentliche Theater Bosnien-Herzegowinas dar, denn es wurde 1898 nach nur einem Jahr Bauzeit im Stil der Neorenaissance fertiggestellt. Erste Vorstellungen konnten lediglich durch reisende Theatergruppen garantiert werden, bis im Jahr 1921 schließlich ein festes Ensemble angestellt werden konnte. Ursprünglich wurden hier ausschließlich Theaterstücke aufgeführt, doch seit 1946 umfasst das Repertoire außerdem Opern und Ballette und mittlerweile finden hier auch Konzerte des Philharmonischen Orchesters von Sarajevo statt.

Hauptpost

Die neben dem 1918 fertiggestellten, ehemaligen Justizpalast gelegene Hauptpost *Glavna Pošta* von Sarajevo wurde bereits im Jahr 1913 errichtet und stammt wie viele andere Gebäude aus der österreichisch-ungarischen Epoche. Sie zählt zu den schönsten Häusern aus jener Zeit, wobei die Wiener Postsparkasse als Vorbild diente. Besonders beeindruckend präsentiert sich neben der Fassade das Foyer mit seinem rund vierzig mal fünfzehn Meter großen Glasdach. Während des Bürgerkrieges brannte das gesamte Gebäude aus, wurde allerdings später ausgezeichnet restauriert.

Bild: The National Museum of Bosnia and Hercegovina

Nördlich der Mula Mustafe Bašeskije

Die osmanische Altstadt Baščaršija beziehungsweise der Kern der Innenstadt Sarajevos werden von der Mula Mustafe Bašeskije begrenzt. Nördlich dieser Straße, jedoch noch immer im Bereich Zentrum *Centar* liegen ebenfalls einige Sehenswürdigkeiten, die man sich bei einer Stadtbesichtigung auf keinen Fall entgehen lassen sollte.

Bosniakisches Institut

Das Bosniakische Institut *Bošnjački institut* beschäftigt sich seit dem Jahr 2001 eingehend mit der Geschichte und Kultur der Bosniaken und verfügt einerseits über eine umfangreiche Sammlung von Büchern und Kunstgegenständen, andererseits über ein Audio-Archiv sowie Lese- und Konferenzräume. Sein Standort in einem modernen Gebäude mit Glasfront sowie dem Hamam aus dem 16. Jahrhundert verknüpft auf interessante Weise Tradition und Moderne. Die Kunstausstellung des Instituts ist für interessierte Besucher frei zugänglich.

Gazi Husrev-Beg-Hamam

Einst verfügte Sarajevo über sieben Hamams, doch erfüllt keines davon heute mehr seine Funktion als öffentliche Badeanstalt. Der von zwei großen und acht kleinen Kuppeln gekrönte Gazi Husrev-Beg-Hamam *Gazi Husrev-begov hamam* entstand im Jahr 1539 mit eigenen Bereichen für Frauen und Männer und wurde im 19. Jahrhundert um ein Becken für die rituelle Waschung von Juden erweitert. Nach dem Ersten Weltkrieg verlor der Hamam zunehmend an Bedeutung und seit der Renovierung nach dem Bürgerkrieg der 1990er Jahre ist das Gebäude Teil des benachbarten Bosniakischen Instituts *Bošnjački institut*.

Svrzo-Haus

Auch das Svrzo-Haus *Svrzina kuća*, welches genau genommen mehrere Gebäude umfasst, fungiert als Zweigstelle des Museums der Stadt Sarajevo. Der hervorragend erhaltene Komplex gilt nämlich als perfektes Beispiel bosnischer Architektur zur Zeit der osmanischen Herrschaft. Hier wird die typische Wohnsituation einer

Bild: bhtourism.ba

Bild: TVB der Föderation Bosnien und Herzegowina

in der Stadt lebenden muslimischen Familie des 18. beziehungsweise 19. Jahrhunderts präsentiert, denn das Haus ist nach wie vor mit dem ursprünglichen Inventar ausgestattet. Für den Bau wurden Lehmziegel und Holz verwendet und man erkennt noch genau die Gliederung in einen öffentlich zugänglichen Bereich *Selamluk* und den für die Familie beziehungsweise die Frauen reservierten Bereich *Haremluk*. Weiters verfügt das Haus über Küche, Lagerräume, mehrere Badezimmer, Gästezimmer sowie Unterkünfte für die Dienstboten.

Alte orthodoxe Kirche

Die Alte orthodoxe Kirche *Stara pravoslavna crkva*, ein kleines, zweistöckiges Gebäude ist hinter hohen Mauern versteckt. Obwohl über ihre Entstehung, die auf das 15. Jahrhundert datiert wird, so gut wie nichts bekannt ist, gilt sie als eines der wertvollsten kunsthistorischen Denkmäler Sarajevos, denn sie stellt eines der ältesten, unversehrt erhaltenen Gebäude der Stadt dar, obwohl sich der Boden unter dem Gotteshaus im Laufe der Zeit abgesenkt hat. Im Inneren zeichnet sich die Kirche durch eine Vielzahl an goldenen Ikonen sowie einen prachtvollen Kronleuchter aus. Der Sarg eines Kindes auf der von Säulen getragenen Galerie, welche früher während der Gebetszeiten von den weiblichen Besuchern genutzt wurde, wird heute von jungen Frauen besucht, deren Kinderwunsch noch nicht in Erfüllung ging. Im Jahr 1881 wurde schließlich der viereckige Glockenturm errichtet und später kam ein kleines Museum hinzu, welches über eine wertvolle Sammlung verfügt. Ausgestellt sind in erster Linie Ikonen aus dem 13. bis 19. Jahrhundert, Handschriften, Bücher und liturgische Geräte.

Bild: Pavel Trojan

Fakultät der islamischen Theologie

Die Fakultät der islamischen Theologie *Fakultet islamskih nauka* präsentiert sich als auffälliges Gebäude aus der Herrschaftszeit der Habsburger. Die rot-gelb gestreifte Fassade weist neomaurische Dekorelemente auf und die lichtdurchfluteten Innenhöfe wirken sehr einladend. Ausgebildet werden hier Theologen, Religionslehrer und neuerdings auch Imame, denn sie müssen in Bosnien-Herzegowina seit kurzem einen akademischen Abschluss vorweisen können, um ihre Tätigkeit legal ausüben zu dürfen.

Mahala

Als Mahala bezeichnet man jene Wohnviertel Sarajevos, die direkt an die Altstadt grenzen und durch ihre engen Gassen charakterisiert sind. Einen schönen Teil dieses Gebietes, das sich durch Trinkbrunnen, Treppenwege und malerische Erker auszeichnet, kann man im Rahmen eines gemütlichen Spaziergangs durch den Stadtteil Kovači kennenlernen. Von der früher zur Stadtmauer gehörenden, 1809 errichteten Gelben Bastei *Žuta tabija* aus, geht man durch die Gasse Nevjestina in südöstliche Richtung und gelangt in weiterer Folge über die Gasse Ispod grada, welche nach Nordosten abzweigt, zur malerisch gelegenen Weißen Bastei *Bijela tabija*. Von beiden Plätzen aus kann man die gute Aussicht über die Stadt genießen, bevor man der Gasse weiter folgt, bis rechts die Stiege Ispod oraha abzweigt. Nur ein paar Schritte danach biegt man links in die Carina ab und folgt dann der rechts abzweigenden Vratnik Mejdan,

Bild: bhtourism.ba

deren Name in weiterer Folge zu Širokac und Kovači wechselt. Dabei passiert man den im 15. Jahrhundert angelegten Heldenfriedhof *Šehidsko mazarije*, auf welchem sich unter anderem das pompös gestaltete Ehrengrab des ehemaligen Präsidenten Alija Izetbegovićs befindet. Am Ende der Straße hat man wieder die orientalische Altstadt Baščaršija erreicht.

Bild: Dogan Mesut I Adobe Stock

Südlich der Miljacka

Südlich der Miljacka erstreckt sich der Bezirk Bistrik, welcher ebenfalls zahlreiche Sehenswürdigkeiten zu bieten hat. Da der Fluss von Osten nach Westen fließt, spricht man in diesem Zusammenhang häufig auch vom linken Ufer der Miljacka.

Alifakovac

Genau genommen ist Alifakovac ein gesamtes Viertel, dessen Geschichte bis ins 15. Jahrhundert zurückreicht, doch ist vor allem der gleichnamige Friedhof einen Besuch wert. Dieser wird von schneeweißen Grabmälern dominiert, deren Verzierungen stark an jene der antiken Stećak-Grabsteine erinnern. Beerdigt wurden hier einflussreiche Bürger wie zum

Bild: bhtourism.ba

Beispiel Richter, Muftis oder bekannte Künstler, aber auch ausländische Reisende, die unerwartet in Sarajevo verstarben.

Haus des Widerstandes

Das sogenannte Haus des Widerstandes oder Haus des Trotzes *Inat kuća* befand sich ursprünglich an einem anderen Platz. Als es aufgrund eines Bauvorhabens abgerissen werden sollte, leistete der Besitzer den Habsburgern so lange Widerstand, bis ihm zugesichert wurde, dass sein Haus Stein für Stein an einem neuen Ort wieder aufgebaut werde. Heute verwöhnt im Haus des Widerstandes ein typisch bosnisches Restaurant seine Gäste mit vielerlei Köstlichkeiten.

Sarajevo-Brauerei

Die dunkelrote Fassade der Sarajevo-Brauerei *Sarajevska pivara* erweckt auf den ersten Blick den Eindruck, das Gebäude würde zum ebenfalls dunkelroten Franziskanerkloster gehören, doch trügt dieser Schein. Seit 1864 wird hier nämlich Bier gebraut, wobei das heutige Gebäude erst im Jahr 1893 von den Habsburgern errichtet wurde. Außerdem werden hier alkoholfreie Getränke produziert und während der Belagerung Sarajevos versorgte die Quelle der Brauerei die gesamte Stadt mit Trinkwasser. Im angeschlossenen Restaurant kann man frisch gezapftes Bier genießen, doch auch deftige Speisen werden hier angeboten.

Kaisermoschee

Jene Stelle, an welcher heute die Kaisermoschee *Careva džamija* steht, war bereits im Jahr 1460 als islamischer Gebetsort bekannt. Im 16. Jahrhundert entstand schließlich

Bild: bhtourism.ba

Bild: Julian Nitzsche I PIXELIO

eine Moschee mit hohem Minarett, in welcher einst der höchste muslimische Geistliche, der Reis-ul Ulma seinen Sitz hatte. Diese verfügt außerdem über eine Bibliothek sowie einen Friedhof, der angesehenen Bürgern Sarajevos vorbehalten war.

Franziskanerkloster

Das Franziskanerkloster Sankt Antonius *Franjevački samostan sv. Ante* besticht durch seine kräftige Farbgebung, denn es erstrahlt seit

Bild: bhtourism.ba

der aufwändigen Renovierung in den 1960er Jahren in einem dunklen Rot, das einen schönen Kontrast zum Dach des fünfzig Meter hohen Glockenturmes bildet. Der Grundstein für das Kloster wurde bereits im Jahr 1893 gelegt, die angeschlossene Kirche im neugotischen Stil stammt hingegen aus dem Jahr 1912. Ursprünglich befand sich an dieser Stelle lediglich eine dem heiligen Antonius geweihte Kirche, die 1881 erbaut wurde, obwohl die alte katholische Kirche auf der anderen Seite der Miljacka bereits 1697 einem Brand zum Opfer gefallen war.

Konak

Im Jahr 1868, als sich die osmanische Herrschaft bereits ihrem Ende zuneigte, entstand der prunkvolle Konak, der dem Wesir als Residenz diente. Auch später erfreute sich das Gebäude bei den Machthabern der Region großer Beliebtheit, weshalb es zunehmend luxuriöser umgebaut wurde. Heute dient der Konak dem Präsidenten von Bosnien-Herzegowina zu repräsentativen Zwecken. Vor ihrer Ermordung übernachteten übrigens Franz Ferdinand und seine Gemahlin hier.

Mausoleum der sieben Brüder

Das Mausoleum der sieben Brüder *Turbe sedam braće* wird von zahlreichen Legenden umrankt. Im Jahr 1815 wurde das Gebäude mit sieben auffälligen Fensternischen neben dem heutigen Verteidigungsministerium, der ehemaligen Filipović-Kaserne *Filipovićeva kasarna*, errichtet. Das Mausoleum soll die sterblichen Überreste von sieben Brüdern, oder aber jene eines unbekannten Scheichs, zweier Derwische und vier Kapetane beherbergen. Ob eine der beiden Versionen der Wahrheit entspricht, ist nicht bekannt, doch zählt die Grabstätte zu den beliebtesten Kultstätten Sarajevos.

Musikpavillon

Der bemerkenswerte, inmitten einer schönen Parkanlage situierte

Bild: bhtourism.ba

Musikpavillon *Muzički paviljon* wurde bereits 1913 erbaut, jedoch oftmals verändert. Im Zweiten Weltkrieg wurde er vollkommen zerstört und erst 2004 neu errichtet. Heute handelt es sich um den einzigen Pavillon dieser Art in Sarajevo, obwohl ursprünglich vier existierten.

Aschkenasische Synagoge

Die aschkenasische Synagoge *Aškenaška sinagoga* entstand 1902, als Sarajevo den Habsburgern unterstand und sich aschkenasische,

Bild: Wikipedia CCA-SA 4.0

also aus Europa stammende, Juden in Bosnien-Herzegowina ansiedelten. Im Erdgeschoß befand sich der Gebetsraum für Männer, im Obergeschoß jener für Frauen. Das Gebäude im pseudomaurischen Stil wurde anlässlich des vierhundertjährigen Jubiläums der Ankunft der Juden rekonstruiert. Nun dient die obere Ebene dem religiösen Leben, während die untere der administrativen Arbeit der jüdischen Gemeinde gewidmet ist.

Akademie der bildenden Künste

Seit 1972 residiert die Akademie der bildenden Künste *Akademija likovnih umjetnosti* in der ehemaligen evangelischen Kirche von Sarajevo. Diese wurde im Jahr 1899 im romanisch-byzantinischen Stil erbaut und im Anschluss um zwei

Bild: bhtourism.ba

Seitenflügel erweitert, fungierte jedoch nur kurze Zeit als Gotteshaus. Das Gebäude besticht durch seine dekorativen Türme und seine weiße Fassade, von welcher sich die grüne Kuppel, die zusätzlich von einem kleinen Spitzturm gekrönt wird, perfekt abhebt. Unmittelbar neben der Akademie befinden sich mehrere Botschaften sowie das Parlament der Föderation.

Skenderija

Skenderija steht für Sport und Spaß, denn es handelt sich um ein Freizeitzentrum mit angeschlossenem Einkaufszentrum und eigenem Vergnügungsbereich. Dort findet man Restaurants und Kaffeehäuser ebenso wie Diskotheken. Von außen wirkt das riesige Gebäude, welches auf einem sieben Hektar großen Areal errichtet wurde, allerdings eher trostlos, denn es entstand 1969 in typisch sozialistischer Bauweise. Damals diente es einerseits als Austragungsort der olympischen Eiskunstlauf- und Eishockeybewerbe, andererseits als Medienzentrum der Olympiade. Auch heute noch finden in der gut sanierten Halle diverse Großveranstaltungen statt, sowohl im sportlichen als auch im kulturellen Bereich.

Ars Aevi

Das Museum zeitgenössischer Kunst wurde während des Bürgerkrieges in den 1990er Jahren unter dem Motto Widerstand der Kultur eingerichtet. Ausgestellt sind etwa 150 Werke, die von Künstlern aus aller Welt zur Verfügung gestellt wurden. Das Museum versteht sich als Zentrum des internationalen Dialoges sowie des kulturellen Austausches, aber

Bild: bhtourism.ba

auch als Symbol für die Entwicklung Südosteuropas. Derzeit ist die Errichtung eines neuen Gebäudes in Planung, wobei dieses unmittelbar bei der bereits fertiggestellten, gleichnamigen Brücke entstehen soll.

Entlang der Marschall Tito Straße

Die Marschall Tito Straße *Ulica Maršala Tita*, die von zahlreichen Verwaltungsgebäuden, Kaffeehäusern und Geschäften gesäumt wird, bildet die westliche Verlängerung der Mula Mustafe Bašeskije. In weiterer Folge wird sie als Drache von Bosnien-Boulevard *Zmaja od Bosne* bezeichnet und führt in den Stadtteil Novo Sarajevo, also Neu-Sarajevo.

Bild: bhtourism.ba

Kirche des heiligen Vinzent

Direkt neben der monumentalen Nationalbank befindet sich die Kirche des heiligen Vinzent *Crkva sv. Vinka*. Sie wurde 1831 gemeinsam mit einem angeschlossenen Kloster sowie einer Schule errichtet und seit diesem Zeitpunkt von den Schwestern des heiligen Vinzent bewohnt.

Platz der Kinder Sarajevos

Der Platz der Kinder Sarajevos *Trg djece Sarajeva* gegenüber der wahrlich riesigen Parkanlage Großer

Bild: bhtourism.ba

Park *Veliki park* dient als Ort der Erinnerung an die jungen Opfer des Bürgerkrieges, der hier in den 1990er Jahren wütete. Dies setzt sich auch im Park selbst in Form von Grabsteinen, Denkmälern und Skulpturen fort, denn ursprünglich handelte es sich um einen islamischen Friedhof, der erst später in eine Parkanlage umfunktioniert wurde. Auf dem Platz befindet sich aber auch eines der großen, neu entstandenen Einkaufszentren der Stadt, das BBI-Shopping-Centar mit zahlreichen modernen Geschäften, Boutiquen und Restaurants.

Regierungsviertel

Folgt man der Straße weiter, gelangt man zum Regierungsviertel von Sarajevo. Hier befinden sich neben dem im Jahr 1886 fertiggestellten Präsidentenpalast *Predsjedništvo* noch zwei weitere repräsentative Verwaltungsgebäude aus der Zeit der Monarchie. Der Präsidentenpalast

Bild: Leonid Andronov I Adobe Stock

Bild: bhtourism.ba

selbst wurde 1911 um eine Etage erweitert und dient noch heute als Sitz der Regierung Bosnien-Herzegowinas beziehungsweise als Residenz des Präsidenten des Landes sowie der Föderation. In den benachbarten Gebäuden residieren nun das Außenministerium sowie administrative Institutionen.

Ali-Paša-Moschee

Die unweit des pompösen Regierungsgebäudes gelegene Ali-Paša-Moschee *Ali-pašina džamija* wurde Mitte des 16. Jahrhunderts vom gleichnamigen osmanischen Statthalter in Auftrag gegeben. Sie verfügt über einen quadratischen Grundriss und ein steinernes Minarett. Der Eingangsbereich wird von drei kleinen Kuppeln geziert, den Gebetsraum selbst überspannt hingegen eine große Kuppel. Im letzten Krieg, der seine Spuren auch vor der Moschee in Form von weißen Grabsteinen hinterließ, wurde das Gebäude schwer in Mitleidenschaft gezogen, doch erstrahlt es nach einer umfassenden Renovierung nun wieder in neuem Glanz.

In Richtung Novo Sarajevo

Den Übergang zum Stadtteil Novo Sarajevo, also Neu-Sarajevo, bemerkt man vor allem daran, dass die Straßen breiter werden und das Erscheinungsbild der umliegenden Häuser deutlich moderner wirkt, wobei die klassischen Plattenbauten ebenfalls sehr zahlreich anzutreffen sind. Von der Altstadt aus erreicht man den Stadtteil über den mehrspurigen Drache von Bosnien-Boulevard *Zmaja od Bosne*, also die Verlängerung der Marschall Tito Straße *Ulica Maršala Tita*. Dieser gilt als wichtigste Zufahrtsstraße und führt, gesäumt von zahlreichen Hotels, Einkaufszentren sowie Bildungs- und Forschungseinrichtungen, bis ins angrenzende Ilidža.

Parlament

Bosnien-Herzegowinas Parlament *Parlamentarna skupština* residiert in einem 1982 fertiggestellten Hochhaus, dessen Errichtung bereits 1954 geplant wurde. Während des Bürgerkrieges wurde es fast vollkommen zerstört, später jedoch wieder aufgebaut. Das Gebäude ist mit einer Höhe von 107 Metern und vierzig Stockwerken eines der höchsten der gesamten Stadt. Auf etwa 25 000 Quadratmetern agieren die beiden parlamentarischen Kammern des Landes. Der vor dem Parlament gelegene Platz Bosnien und Herzegowina *Trg Bosne i Hercegovine* ist ein beliebter Ort für Demonstrationen aller Art, weshalb hier beinahe täglich Kundgebungen abgehalten werden.

Nationalmuseum Bosnien-Herzegowina

Das Nationalmuseum Bosnien-Herzegowina *Zemaljski muzej Bosne i Hercegovine* residiert bereits ab 1888 in diesem Gebäude, wobei es kurz vor dem Beginn des Ersten Weltkrieges deutlich erweitert wurde. Der Komplex umfasst insgesamt vier Häuser im Sezessionsstil, welche um einen botanischen Garten angeordnet sind. Obwohl die Schäden aus dem Bürgerkrieg der 1990er Jahre weitgehend beseitigt wurden, blieb das Nationalmuseum von 2012 bis 2015 aufgrund von Geldmangel geschlossen. Viele Mitarbeiter verrichteten jedoch weiter ihren Dienst, obwohl sie kein Gehalt bekamen. Sich für einige Stunden als Museumswärter zu verdingen, wurde bald zu einer angesagten Tätigkeit für jedermann. Schließlich wurde das Museum aufgrund des öffentlichen Engagements sowie des Drucks von Seiten der Amerikaner wieder eröffnet. Zu sehen sind in den archäologischen, naturkundlichen und ethnographischen Sammlungen zum Beispiel Steinskulpturen aus der Zeit des bosnischen Königreiches, ein in Bosnien-Herzegowina entdecktes Runenalphabet aus dem fünften Jahrhundert sowie das weltberühmte Sarajevo-Haggadah. Dabei handelt es sich um das älteste Zeugnis jüdischer Buchkunst, eine 1314 in Spanien verfasste, 42 Seiten umfassende, illustrierte Anleitung für einen Sederabend, also den Vorabend und Auftakt des jüdischen Pessach-Festes.

Bild: The National Museum of Bosnia and Hercegovina

Bild: bhtourism.ba

Historisches Museum Bosnien-Herzegowina

Das Historische Museum Bosnien-Herzegowina *Historijski muzej Bosne i Hercegovine* befindet sich in einem 1959 errichteten Gebäude, doch die Ausstellung selbst wurde bereits direkt nach dem Ende des Zweiten Weltkrieges zusammengestellt und für die Öffentlichkeit zugänglich gemacht. Zu diesem Zeitpunkt widmete sie sich fast ausschließlich dem Volksbefreiungskrieg der Partisanen, doch in der Zwischenzeit wurde sie erweitert, beispielsweise um eine Dokumentation über die Belagerung Sarajevos.

Ikarus

Das avantgardistische Denkmal einer überdimensionalen Blechdose *Spomenik međunarodnoj zajednici*, welches meist schlichtweg als Ikarus bezeichnet wird, erinnert an das oft abgelaufene Dosenfleisch, welches den Bewohnern Sarajevos während der Belagerung von der Internationalen Gemeinschaft zur Verfügung gestellt wurde. Angeblich wollten nicht einmal Hunde und Katzen den Inhalt dieser mittlerweile legendären Dosen fressen.

Hotel Holiday

Obwohl das auffällige Hotel Holiday schon bessere Tage gesehen hat, gilt es als legendär, denn es war einst als bestes Haus der Stadt bekannt und beherbergte während der Belagerung Sarajevos zahlreiche Journalisten aus aller Welt, die von hier aus Bericht erstatteten.

Avaz Twist Tower

Als neuestes Wahrzeichen Sarajevos gilt der moderne Avaz Twist Tower, welcher erst 2009 fertiggestellt wurde. Das circa 175 Meter hohe Gebäude ist das höchste des gesamten Landes und beherbergt die Zeitung Avaz. Im 36. Stockwerk befindet sich eine Aussichtsterrasse, von welcher der Blick an klaren Tagen über die gesamte Stadt bis hin zu den Bergen Igman und Jahorina reicht.

Bild: Dnevni Avaz

Alter Jüdischer Friedhof

Beim Alten Jüdischen Friedhof *Jevrejsko groblje* handelt es sich nach jenem in Prag um den zweitgrößten in ganz Europa. Er wurde 1630

Bild: bhtourism.ba

gegründet und zeichnet sich durch seine einzigartigen Grabsteine aus. Sie weisen nicht nur eine besondere Form auf, sondern auch Inschriften in Ladino, einer Sprache, die oft als Judenspanisch bezeichnet wird.

Sarajevos Brücken

Da sich die Stadt ab dem 15. Jahrhundert beidseitig der Miljacka entwickelte, und zwar im Norden in Form einer Handelsniederlassung und im Süden in Form von Verwaltung und Militär, wurden dringend Verbindungen benötigt. Obwohl die in der Romanija entspringende Miljacka nur ein relativ kleiner Fluss ist, der die Stadt von Osten nach Westen durchquert, werden die Brücken oft als Symbol Sarajevos betrachtet. Sie inspirierten außerdem seit jeher lokale Künstler und sind so Thema von zahlreichen Liedern und Gedichten. Viele zeichnen sich durch ihre interessante Geschichte beziehungsweise ihr hübsches Erscheinungsbild aus.

Šeher-Ćehajina-Brücke

Die Šeher-Ćehajina-Brücke *Šeher-Ćehajina ćuprija*, die erste Brücke

Bild: TVB der Föderation Bosnien und Herzegowina

im innerstädtischen Bereich, führt von der osmanischen Altstadt Baščaršija in den südlich gelegenen Stadtteil Bistrik. Es handelt sich um eine steinerne Brücke aus dem 16. Jahrhundert, welche über drei Säulen und vier Bögen verfügt und gemeinsam mit dem Rathaus eines der beliebtesten Fotomotive der Stadt darstellt. Ursprünglich war die Brücke 51 Meter lang, doch fiel ein Bogen Ende des 19. Jahrhunderts der Uferbefestigung der Miljacka zum Opfer.

Kaiserbrücke

Die Kaiserbrücke *Careva ćuprija* nahe der gleichnamigen Moschee wurde ursprünglich aus Holz erbaut, jedoch 1510 von Gazi Husrev-Beg durch eine steinerne Konstruktion ersetzt. Da sie in einem schlechten Zustand war, ließen die Habsburger die Brücke abreißen und weiter flussaufwärts eine neue Brücke mit gleichem Namen erbauen. Bei dieser handelt es sich um die erste Betonbrücke Sarajevos.

Lateinerbrücke

Die Lateinerbrücke *Latinska ćuprija* mit fünf steinernen Säulen und

Bild: bhtourism.ba

vier Spannbögen fällt neben ihrem massiven Geländer aus weißem Stein vor allem durch ihren leichten Knick auf, denn beide Seiten fallen von der Mitte her ab. Der Name Lateinerbrücke hat einen historischen Hintergrund, denn einst verband sie die Innenstadt mit dem sogenannten Lateinerviertel *Latinluk*, wo großteils katholische Händler aus Ragusa, dem heutigen Dubrovnik, wohnten. Während des Ersten Weltkrieges wurde die Brücke als Princip most bezeichnet, doch wurde diese Namensänderung später rückgängig gemacht.

Ćumurija-Brücke

Die Ćumurija-Brücke *Ćumurija most* unterscheidet sich heute kaum von einer gewöhnlichen Brücke, obwohl sie bereits auf eine fünfhundertjährige Geschichte zurückblicken kann. 1556 wurde sie erbaut, um die namensgebende Holzkohle direkt zu den Schmieden in der Altstadt liefern zu können.

Festina lente-Brücke

Die jüngste Brücke ist die sogenannte Festina lente, was so viel wie Eile mit Weile bedeutet. Sie befindet sich direkt vor der Akademie der bildenden Künste *Akademija likovnih umjetnosti* und wurde nach einem modernen Konzept von ambitionierten Studenten aus Sarajevo entworfen.

Bild: Dogan Mesut | Adobe Stock

Eiffel-Brücke

Die oft auch als Eiserne Skenderija-Brücke bezeichnete Eiffel-Brücke *Ajfelov most* löste gegen Ende des 19. Jahrhunderts ebenfalls eine alte Holzbrücke ab. Sie wird oft als Werk des berühmten französischen Architekten Eiffel ausgewiesen, wurde allerdings von einem Zeitgenossen geschaffen.

Suada- und Olga-Brücke

Die nicht unbedingt reizvolle Brücke von Vrbanja nahe des Parlaments *Parlamentarna skupština* wurde in Suada- und Olga-Brücke *Most Suade i Olge* umbenannt. Auf diese Weise soll an jene Studentinnen erinnert werden, die als erste zivile Opfer des Angriffs auf Sarajevo im Jahr 1992 in die Geschichte eingingen. Sie wurden von einem Heckenschützen ermordet, während sie an einer Anti-Kriegs-Demonstration teilnahmen.

Ars Aevi-Brücke

Als Symbol des Neubeginns ging die Ars Aevi-Brücke in die Geschichte ein, denn es handelt sich um die erste Brücke, die in der Nachkriegszeit errichtet wurde. Die vom berühmten Architekten Renzo Piano entworfene Fußgängerbrücke besteht aus Holzbalken und Metallträgern, die durch Stahlseile verbunden sind.

Peripherie Sarajevos

Wer genug Zeit hat, sollte die Hauptstadt definitiv auch außerhalb des Zentrums erkunden. In westlicher Richtung schließt sich Novo Sarajevo, die Stadtgemeinde mit den meisten Einwohnern, an die Innenstadt an und geht dann in Novi Grad über. Im Nordosten grenzt die Stadtgemeinde Stari Grad an den als Centar bezeichneten Kern Sarajevos. Dabei sind alle Gemeinden ihrerseits wieder in kleinere Bereiche gegliedert. Der größte Teil des bebauten Stadtgebietes zählt übrigens zur Föderation Bosnien und Herzegowina, während einige im Wachsen begriffene Vorstädte im Süden der Republika Srpska angehören.

Olympiazentrum

Das im nördlichen Teil Sarajevos gelegene Olympiazentrum erreicht man nach etwa fünfzehn Minuten Fahrzeit, indem man der Straße Koševo folgt, deren Name im weiteren Verlauf zu Patriotske lige wechselt. Auf der linken Seite befinden sich sowohl das Olympiastadion *Olimpijski stadion* als auch die Olympiahalle Zetra *Olimpijska dvorana Zetra*. Das Stadion besteht bereits seit 1948, wurde allerdings für die Olympischen Spiele 1984 modernisiert. Es fasst rund 40 000 Zuschauer und dient dem städtischen Fußballverein FK Sarajevo als Heimatstadion. Außerdem werden hier Spiele der Nationalmannschaft sowie Konzerte ausgetragen. Die Bilder des legendären Auftritts der Band U2 gingen im Sommer 1997 um die Welt. In der modern wirkenden Olympiahalle Zetra fanden 1984 sowohl Eishockeyspiele als auch Eiskunstlaufwettbewerbe statt, wobei die 1983 errichtete Arena rund 12 000 Zuschauern Platz bietet. Im Krieg wurde sie dem Erdboden gleichgemacht, doch bereits 1999 war der Aufbau der neuen multifunktionellen Halle, in der meist Konzerte und Messen stattfinden, abgeschlossen. Das Gelände umfasst außerdem kleine Fußballstadien, Tennis- und Basketballplätze sowie eine Eislaufbahn.

Bild: bhtourism.ba

Pionirska dolina

Folgt man der Straße Patriotske lige vom Olympiazentrum noch weiter in Richtung Norden, so gelangt man zum Erholungs- und Unterhaltungszentrum Pionirska dolina, welches auch einen Tiergarten

Bild: bhtourism.ba

umfasst. Auf einer Fläche von über acht Hektar leben hier etwa vierzig verschiedene Tierarten. Der Zoo kann zwar nicht unbedingt mit jenen anderer Großstädte konkurrieren, ist aber trotzdem einen Besuch wert, wenn man mit Kindern reist. Interessant ist außerdem der botanische Garten, welcher sich ebenfalls auf dem Areal befindet.

Bare-Friedhof

Den Bare-Friedhof *Gradsko groblje Bare* erreicht man, indem man der Straße Alipašina in nördlicher Richtung folgt. Er gilt nicht nur als größter sondern auch als interessantester Friedhof Sarajevos. Im Jahr 1966 wurde er auf einer 33 Hektar großen Fläche, die bereits über 60 000 Menschen als letzte Ruhestätte dient, angelegt. Hier hat jede Konfession ihren eigenen Bereich, wobei die insgesamt fünf zur Verfügung stehenden Kapellen für Muslime, katholische und orthodoxe Christen, Juden und Atheisten von Außen völlig identisch sind. Im Umfeld reihen sich weiße, muslimische Grabsteine an schwarze, christliche sowie die Gräber der Atheisten, die oft von einem Partisanenstern geschmückt werden.

Vraca-Gedenkpark

Man erreicht den Park, indem man dem Put Mladih Muslimana folgt, dann in die Derviša Numića abzweigt, und gleich wieder links der Vrbaska folgt. Der beinahe acht Hektar große Vraca-Gedenkpark *Spomen-park Vraca* wurde 1981 eröffnet, um den Opfern des Zweiten Weltkrieges zu gedenken, denn etwa elftausend Menschen kamen damals ums Leben. Da die gut erhaltene Festung aus österreichisch-ungarischer Zeit als Hinrichtungsstätte genutzt wurde,

Bild: Wikipedia GNU

avancierte Vraca zu einem Synonym für den Widerstand gegen den Faschismus. Die Namen von über neuntausend Opfern sind direkt in die Festungsmauern graviert und die Namen von weiteren zweitausend Partisanen und 26 Volkshelden wurden in Marmorblöcken verewigt. Vom Park aus kann man übrigens die Stadt sehr gut überblicken.

Bild: Fedja Krvavac I Adobe Stock

Kirche der heiligen Verklärung

Die Kirche der heiligen Verklärung *Crkva Svetog Preobraženja* erreicht man, indem man dem Zmaja od Bosne vom Historischen Museum aus noch ein Stück in Richtung Westen folgt. Es handelt sich um die einzige orthodoxe Kirche in Novo Sarajevo und um die neueste der gesamten Stadt. Sie wurde 1940 im serbisch-byzantinischen Stil errichtet und zeichnet sich vor allem durch ihren farbenprächtigen Innenraum aus. Während des Bürgerkrieges wurde die Kirche stark beschädigt, jedoch 2003 renoviert.

Flughafen-Tunnel

Obwohl der Flughafen im Stadtteil Ost-Sarajevo liegt, befindet er sich geographisch gesehen im Südwesten der Stadt. Dieser zählt zur Republika Srpska und verfügt über einen eigenen Busbahnhof sowie eine eigene Universität, wobei die Bevölkerung mittlerweile gut durchmischt ist. Der Flughafen wurde im Jahr 1969 eröffnet und verbindet Sarajevo mit zahlreichen europäischen Großstädten. Bekannt ist er heute vor allem aufgrund des legendären Tunnels, welcher während des Bürgerkrieges in den 1990er Jahren entstand. Er diente dazu, die in der Stadt eingeschlossene Bevölkerung mit dem Nötigsten wie Nahrungsmitteln und Medikamenten, aber auch Waffen und Munition zu versorgen. Insgesamt war der Tunnel etwa 740 Meter lang, einen Meter breit und eineinhalb Meter hoch. Zuerst mussten sämtliche Güter getragen werden, dann wurden allerdings Schienen verlegt und sogar Stromkabel, eine Telefonleitung und eine Ölpipeline kamen hinzu. Nach dem Ende der Belagerung wurde der Tunnel größtenteils abgerissen, doch ein circa zwanzig Meter langes Teilstück kann noch besichtigt werden. Im angeschlossenen Museum sind diverse Erinnerungsstücke sowie ein Dokumentarfilm zu sehen.

Bild: bhtourism.ba

Zentralbosnien

Aus historischer Sicht kann das heutige Zentralbosnien, welches oft auch als silbernes Bosnien bezeichnet wird, als Entstehungsort des mittelalterlichen bosnischen Staates gesehen werden. In diesem Gebiet herrschten einst aber nicht nur die bosnischen Könige, sondern es diente auch der Kirche als Hauptsitz. Zeugen jener Zeit sind Festungen, sowie Klöster, beispielsweise in Jajce, der Hauptstadt des mittelalterlichen bosnischen Staates, in Vranduk, Visoko oder Fojnica, um nur einige zu nennen. Die Machtübernahme des Osmanischen Reiches ist durch sehenswerte Moscheen dokumentiert, aber auch zahlreiche bemerkenswerte Brücken stammen aus jener Epoche. Der Islam ist heute in Form von hervorragend renovierten sowie neu errichteten Moscheen allgegenwärtig und verschleierte Frauen sind in Zentralbosnien keine Seltenheit. Landschaftlich prägt die Bosna mit ihren zahlreichen Nebenflüssen das Bild dieser Region, welche heute auch als industrielles Herz des Landes gilt, wobei Zenica in dieser Hinsicht die wohl bedeutendste Rolle spielt. Außerdem trifft man hier noch auf ursprüngliche Bergdörfer, die den Eindruck erwecken, man sei in die Vergangenheit gereist.

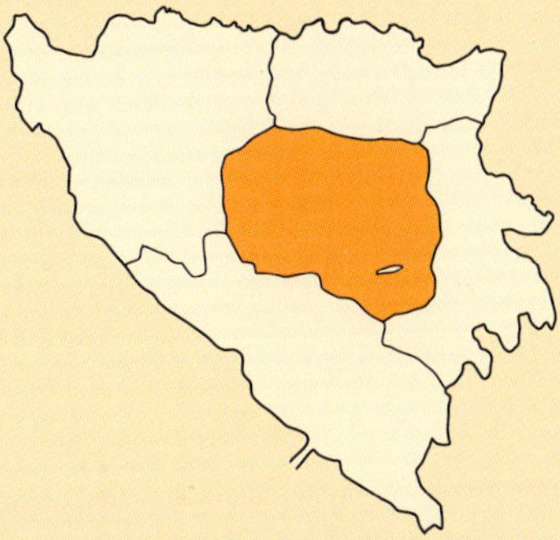

Jošavka
Čelinac
Kotor Varoš
Maslovare
Borja planina
Teslić
Banja Vrućica
Kneževo Skender Vakuf
Šiprage
Žepče
Jajce
Podmilačje • 81
Jajce • 82
Pliva-Seen • 86
Vlašić • 80
Festung Vranduk • 97
Vranduk
Travnik • 76
Turbe
Travnik
Dolac
ZENICA
Zenica • 94
Vitez
Novi Travnik
Busovača
Donji Vakuf
Bugojno
Bugojno • 87
Ajvatovica • 87
Kupres
Fojnica
Fojnica • 88
Prokoško-See • 88
Gornji Vakuf - Uskoplje
Vranica
Raduša
Prozor
Konjic
Tomislavgrad
Duvanjsko polje
Ljubuša
Vran
Blidinje Nature Park
Čvrsnica
Bitovnja
79
28
35
22
12
66
E661
E761
E73
16
5
16-2
16-4
17
4
15

Gračanica
G. Srebrenik
Dobošnica
Tuzla
Lukavac
Puračić
Husino
Tojšići
G. Dubrave
Živinice
Kalesija
Priboj
Maglaj
Poljice
Šerići
Banovići
Đurđevik
Tupkovići
Kladanj
Vlasenica
Vareš
Kakanj
Olovo
Breza
Visoko
Vogošća
SARAJEVO
Ilidža
Hadžići
Pazarić
Tarčin
Pale
Sokolac
Podromanija
Steinkugelpark • 97
Naturpark Tajan • 96
Muška voda • 92
Bobovac • 94
Bijambare-Höhle • 93
Kraljeva Sutjeska • 93
Corridor 100 • 92
Pyramiden von Visoko • 91
Skakavac-Wasserfall • 91
Ilidža • 89
Nationalpark Trebević • 90
Bjelašnica-Gebirge • 90
Nacionalni park
Trebević
Jahorina
Konjuh
Zvijezda
Romanija
Bjelašnica
Igman
Treskavica

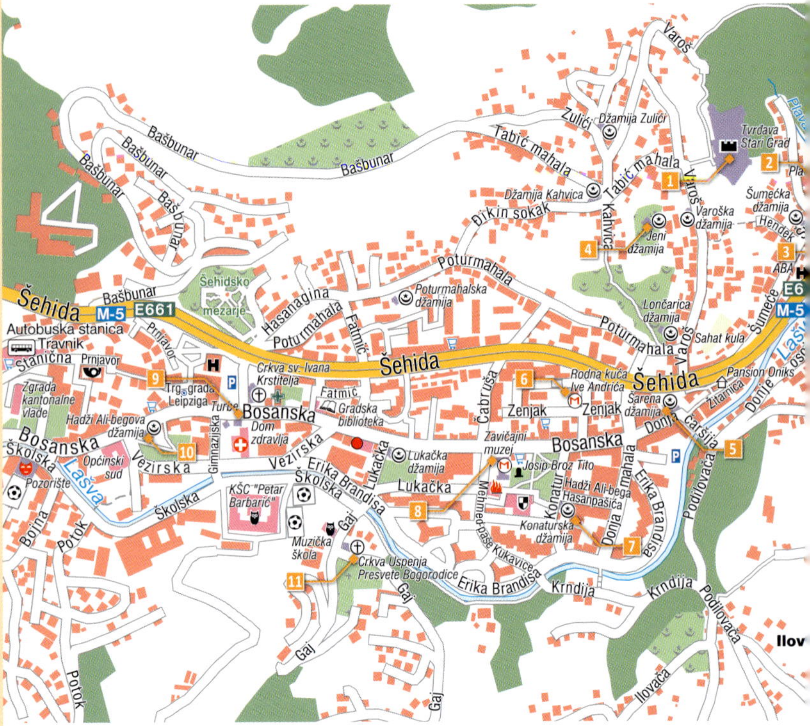

1 Festung
2 Plava Voda
3 Elči-Ibrahim Pascha-Medrese
4 Jeni-Moschee
5 Bunte Moschee
6 Ivo Andrić-Museum
7 Konaturska-Moschee
8 Heimatmuseum
9 Mausoleen
10 Hadži-Ali-Beg-Moschee
11 Kirche Mariä Himmelfahrt

Travnik

Das im Jahr 1463 erstmals urkundlich erwähnte Travnik wird oft als vergessene Hauptstadt Bosniens bezeichnet, denn bis 1851 hatte es diese Position inne. Zuerst zählte die Stadt zum mittelalterlichen bosnischen Staat, dann avancierte sie als Residenzstadt des osmanischen Sultans schnell zu einem Handels- und Handwerkszentrum und unter österreichisch-ungarischer Verwaltung entwickelte sie sich schließlich zu einem wichtigen Industriestandort. Zu Beginn des 19. Jahrhunderts wurde in Travnik bereits ein französisches Konsulat gegründet. Seit dem im Jahr 1995 unterzeichneten Vertrag von Dayton ist die Stadt Teil der Föderation Bosnien und Herzegowina. Sie liegt im engen Lašva-Tal und wirkt auf den Betrachter sehr verwinkelt, doch gibt es viel zu entdecken, denn die interessante Architektur, welche oft in bunten Farben gehalten ist, repräsentiert verschiedene Epochen und Kulturen. Dabei dominiert die osmanische Atmosphäre, denn man begegnet etlichen Mausoleen sowie islamischen Friedhöfen

Bild: Julian Nitzsche I PIXELIO

und Bildungsstätten. Travnik ist außerdem die einzige Stadt Bosnien-Herzegowinas, die über zwei Uhrtürme *Sahat kula* aus dem 18. Jahrhundert verfügt. Obwohl Travnik vergleichsweise geringe Kriegsschäden zu verzeichnen hatte, gab es viele Tote und der Krieg hat auch hier seine Spuren hinterlassen, vor allem in Form von heruntergekommen wirkenden Wohnblöcken. Die berühmteste Persönlichkeit Travniks ist der Nobelpreisträger Ivo Andrić, doch die Stadt ist auch für ihre Čevapčići weithin bekannt. Jeden Donnerstag ist hier Markttag und es werden neben Obst und Gemüse auch andere Waren des täglichen Bedarfs verkauft. Im Kaffeehaus Rudolf *Rudolfova kafana* bei Plava Voda verweilte übrigens im Jahr 1887 der österreichische Kronprinz Rudolf, welcher von der Landschaft um Travnik überaus angetan gewesen sein soll, und das traditionsbewusste Café Consul an der Bosanska findet sich in Andrićs Roman Wesire und Konsuln wieder.

⊕ 47°48'41.30"N, 16°14'37.90"E

Touristeninformation Travnik
72270 Travnik, ul. Bosanska 75
www.bhtourism.ba/ger/travnik.wbsp

Festung

Um die Entstehung der Festung in der Altstadt *Stari grad* ranken sich verschiedene Legenden. Sie wurde 1503 erstmals urkundlich erwähnt und erhebt sich auf einer Anhöhe über der heutigen Stadt. Im Laufe der Jahrhunderte wurde sie von zahlreichen Königen und Eroberern sowie diversen Streitkräften als Lagerplatz genutzt, wobei vor allem die Osmanen Ausbaumaßnahmen einleiteten. Im Jahr 1999 wurde die Festungsanlage, welche mit einer Länge von 130 Metern und einer Breite von 60 Metern als eindrucksvollste des gesamten Landes bekannt ist, renoviert und dient nun laufend als Kulisse

Bild: Fedja Krvavac I Fotolia

Bild: Dragoncello I Adobe Stock

für kulturelle Veranstaltungen beziehungsweise als Ausstellungsort. Die Anlage, welche im unteren Teil direkt beim frei stehenden Minarett betreten wird, kann nach einem rund fünfzehn Minuten langen Fußmarsch von Anfang April bis Ende Oktober besucht werden, in der Wintersaison jedoch ausschließlich von vorangemeldeten Gruppen.

Plava Voda

Plava Voda bedeutet Blaues Wasser, denn die hier entspringende Quelle der Šumeće weist eine auffällige blaue Färbung auf. Sie befindet

Bild: Zatletic I Fotolia

sich unterhalb der Festung von Travnik und ist vor allem in den Sommermonaten ein wahrer Touristenmagnet, welcher auch von zahlreichen, meist gut besuchten Restaurants und Souvenirgeschäften umgeben ist.

Elči-Ibrahim Pascha-Medrese

Die Elči-Ibrahim Pascha-Medrese *Elči-Ibrahim pašina-medresa* wurde im Jahr 1706 im neomaurischen Stil erbaut und dient auch heute noch als Islamschule. In Verbindung mit den nahe der Quelle Plava Voda gelegenen Gräbern des ehemaligen Muftas Muhamed und seiner Gattin fungiert sie nun als muslimische Pilgerstätte.

Jeni-Moschee

Die Jeni-Moschee *Jeni džamija* wurde im Jahr 1549 errichtet und ist somit die älteste Moschee der Stadt Travnik. Sie musste im Laufe der Jahre einige Male rekonstruiert beziehungsweise restauriert werden, beeindruckt aber trotzdem durch ihr 27 Meter hohes Minarett. Die Moschee wird von einem Friedhof umgeben, dessen älteste Grabsteine teilweise noch aus dem 16. Jahrhundert stammen.

Bunte Moschee

Die Bunte Moschee *Šarena džamija*, welche auch als Sulejman-Moschee *Sulejmanija* bezeichnet wird, erreicht man, sobald man von der Festung kommend den Torbogen zum Stadtviertel Unterer Markt *Donja čaršija* durchquert hat. Sie wurde im Jahr 1757, also zur Zeit der

Bild: Dragoncello I Fotolia

Bild: Ivo Andrić-Museum

osmanischen Herrschaft, errichtet und ist eines der imposantesten Gotteshäuser der gesamten Stadt. Durch ein Feuer im Jahr 1815 wurde sie sehr stark in Mitleidenschaft gezogen, jedoch in weiterer Folge anhand der Originalpläne rekonstruiert und mit bunten floralen Verzierungen bemalt. Der Gebetsraum befindet sich ungewöhnlicherweise im ersten Stock des Gebäudes, denn in den Arkaden des Erdgeschoßes sind einige kleine Geschäftslokale untergebracht.

Ivo Andrić-Museum

Das rekonstruierte Geburtshaus des berühmten Ivo Andrić *Rodna kuća Ive Andrića*, in welchem der Träger des Literaturnobelpreises im Jahr 1892 das Licht der Welt erblickte, zählt zu jenen Gebäuden, die sich in einem ausgezeichneten Zustand präsentieren. Seit 1974 beherbergt das Haus mit einem typischen bosnischen Innenhof ein Museum, in dem vor allem Bücher, Schriftstücke und Fotos ausgestellt sind. Von Anfang April bis Ende Oktober hat das Museum täglich geöffnet, danach allerdings nur mehr gegen Voranmeldung.

Konaturska-Moschee

Die Konaturska-Moschee *Konaturska džamija* befindet sich direkt hinter dem kleinen Stadtpark, in der Nähe des Rathauses von Travnik. Sie stammt aus dem 17. Jahrhundert und ist vor allem aufgrund ihres bemerkenswerten Holzminaretts sehenswert, denn auf dem Balkan findet man sonst fast ausschließlich steinerne Minarette.

Heimatmuseum

Im Heimatmuseum von Travnik *Zavičajni muzej Travnik*, vor dessen Eingang sich eine historische Dampflok befindet, kann man eine Reise in längst vergangene Zeiten unternehmen, denn die Sammlung umfasst rund 80 000 Exponate von archäologischer, historischer sowie kultureller Bedeutung. Zu sehen sind neben präparierten Tieren auch ein traditionelles bosnisches Wohnzimmer sowie Haushaltsgeräte und Waffen aus osmanischer Zeit. Neben der Dauerausstellung werden oft interessante Sonderausstellungen zu verschiedenen Themenbereichen organisiert. Das Museum bietet für Gruppen auch Führungen an.

Mausoleen

An der Straße Bosanska trifft man auf mehrere Mausoleen bedeutender Muslime. Eines der interessantesten ist das 1799 errichtete, hexagonale Wesir-Mausoleum *Vezirska turbeta*, das mit schönen floralen Ornamenten bemalt ist und das Grab des Perišan Mustafa-Pascha umgibt. Unmittelbar daneben befindet sich ein viereckiges Mausoleum, welches für zwei bedeutende Wesire errichtet wurde.

Hadži-Ali-Beg-Moschee

Die Hadži-Ali-Beg-Moschee *Hadži Ali-Begova džamija* im Stadtviertel Oberer Markt *Gornja čaršija* gilt als besonderes Beispiel osmanischer Architektur. Sie wurde im Jahr 1865 mit einem zweistöckigen Gebetshaus errichtet und ist die einzige Moschee im ganzen Land, die von einer Sonnenuhr geschmückt wird. Unmittelbar neben der Moschee befindet sich ein kleiner Friedhof, wobei nur noch wenige Grabsteine erhalten sind.

Bild: Julian Nitzsche I PIXELIO

Kirche Mariä Himmelfahrt

Die orthodoxe Kirche Mariä Himmelfahrt *Crkva Uspenja Presvete Bogorodice* befindet sich am gegenüberliegenden Flussufer der Lašva. Sie wurde im Jahr 1854 errichtet und beherbergt schöne Ikonen, welche aus dem 17. sowie dem 18. Jahrhundert stammen. Neben der Kirche erhebt sich das erzbischöfliche Gymnasium, welches ab dem Jahr 1882 unter der Leitung der Jesuiten errichtet wurde.

Vlašić

Obwohl der nördlich von Travnik gelegene, 1 943 Meter hohe Vlašić

Bild: TVB der Föderation Bosnien und Herzegowina

Bild: Visit Jajce

eher an einen Hügel als an einen Berg erinnert, dominiert er die zentralbosnische Region. Im Sommer lädt er zum Wandern, Radfahren und Reiten ein, in der kalten Jahreszeit zu diversen Wintersportarten, wobei das Skizentrum während des Krieges schwer beschädigt wurde und derzeit noch nicht in vollem Umfang genutzt werden kann. Der Ort Babanovac, welcher für Touristen mehrere Restaurants, Hotels und Ferienhäuser bietet, gilt als bester Ausgangspunkt für sämtliche Aktivitäten, für welche hier auch Bergführer gebucht werden können. Die schönsten Ausflugsziele sind neben dem Gipfel Paljenik der 15 Meter hohe Ugrić-Wasserfall sowie die schwarzen Wasserfälle *Crni virovi* am Ende einer engen Schlucht. Der Berg ist namensgebend für den Vlašić-Schafkäse *Vlašići sir*, der traditionell aus nicht pasteurisierter Schafs- oder Kuhmilch hergestellt wird und zwei bis drei Monate reift. Die Region um den Vlašić ist außerdem für den kräftigen Tornjak-Hund bekannt. Er gilt als gutmütiges Tier mit schneeweißem Fell, das auch schwarze Flecken aufweisen kann.

⌖ 44°17'10.44"N, 17°38'10.55"E

www.vlasic-bih.com

Podmilačje

Der Wallfahrtsort Podmilačje befindet sich etwa sieben Kilometer nördlich der Stadt Jajce. Die dem heiligen Johannes geweihte Kirche *Crkva sv. Ivana* stammt aus dem Jahr 1410 und konnte die Zeit der osmanischen Herrschaft im Gegensatz zu vielen anderen Kirchen Bosnien-Herzegowinas vollkommen unbeschadet überdauern. Im Jahr 1992 wurde sie allerdings zerstört, doch bald nach dem Ende des Bürgerkrieges wurde bereits ihr Wiederaufbau beschlossen. Seit dem Jahr 2000 erstrahlen die originalgetreu rekonstruierten, ältesten Teile der Kirche wieder in neuem Glanz. Sie bildet heute gemeinsam mit der neu errichteten, modernen Kirche ein interessantes Ensemble. Am 24. Juni pilgern alljährlich Angehörige so gut wie aller Religionsgruppen nach Podmilačje, da sie fest davon überzeugt sind, an diesem bedeutenden Ort von all ihren Krankheiten geheilt zu werden.

⌖ 44°22'09.06"N, 17°18'14.10"E

70101 Jajce, H. V. Hrvatinića bb
www.visitjajce.com

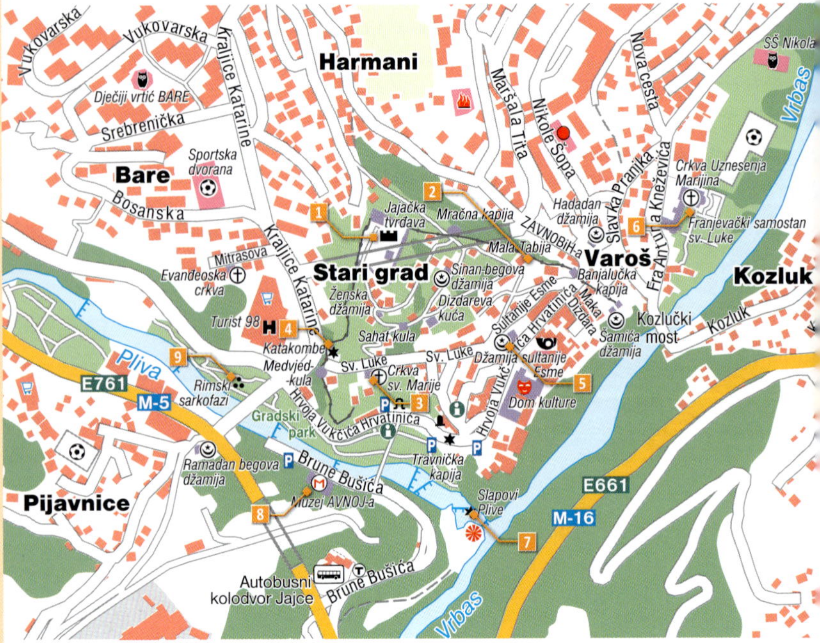

1 Festung
2 Stadtmauern und -türme
3 Kirche der heiligen Maria
4 Katakomben
5 Esma Sultanija-Moschee
6 Franziskanerkloster
7 Pliva-Wasserfall
8 AVNOJ-Museum
9 Mithras-Tempel

Jajce

Das Stadtgebiet von Jajce war bereits während der Bronze- und Eisenzeit besiedelt, wobei das älteste erhaltene Denkmal der römische Mithras-Tempel aus dem 4. Jahrhundert ist. Die eigentliche Gründung der Stadt geht auf das Jahr 1396 zurück, wobei sie damals über dem heutigen Zentrum lag. Im frühen 15. Jahrhundert wurde Jajce zum Sitz des Königs von Bosnien, was der Stadt sowohl in politischer als auch in wirtschaftlicher Hinsicht zu enormem Ansehen verhalf. 1463 wurde sie erstmals von den Osmanen eingenommen, ab 1526 gehörte sie dem Osmanischen Reich an, bis sie 1878 von österreichisch-ungarischen Truppen besetzt wurde. Diese beiden Kulturkreise prägen noch heute das Aussehen der Stadt, denn es sind zahlreiche Gebäude von großer historischer Bedeutung erhalten, wobei die osmanischen eindeutig dominieren. Nennenswert sind zum Beispiel das Kršlak-Haus *Kršlakova kuća*, das Omer-Beys-Haus *Omer-begova kuća* oder das Dizdar-Haus *Dizdareva kuća*. Diese Gebäude sind im unteren Geschoß traditionell aus Stein erbaut, im oberen, darüber hinausragenden hingegen aus einer verputzten Holzkonstruktion. Aufgrund dieser besonderen Architektur wird die gesamte Stadt gerne als einzigartiges Freilichtmuseum bezeichnet. Auffällig ist auch das

Bild: Visit Jajce

strahlende Weiß der Häuser, welches angeblich daher stammt, dass dem Verputz pulverisierte Eierschalen beigemengt wurden. Im Zweiten Weltkrieg war Jajce erneut Schauplatz historischer Ereignisse, denn es gilt als Gründungsort der Sozialistischen Föderativen Republik Jugoslawien. Jajce zeichnet sich jedoch besonders durch seine malerische Lage über einem herrlichen Wasserfall aus. Die Altstadt bemüht sich außerdem um die Aufnahme in die Liste des UNESCO-Weltkulturerbes, doch ist bis jetzt noch keine Entscheidung gefallen. Das moderne Jajce bietet hingegen ein reges Nachtleben, wobei viele der im Zentrum gelegenen Lokale ihre Gäste an den Wochenenden und Abenden sogar mit Livemusik unterhalten.

⌖ 44°20'28.88"N, 17°16'09.77"E

Touristeninformation Jajce
70101 Jajce, ul. Kralja Tvrtka 5/1
www.visitjajce.com

Festung

Um die Festung *Tvrđava* am höchsten Punkt der Stadt gruppieren sich alte Häuser im bosnischen Stil. Die Anlage stammt in ihrem Kern aus dem 13. Jahrhundert, wurde jedoch im 14. Jahrhundert durch die Osmanen erweitert. Damals wurde auch der Eingang der Festung verlegt. Über dem ursprünglichen Zugangstor ist ein graviertes Wappen aus dem 15. Jahrhundert zu erkennen, welches als einziges erhaltenes Wappensymbol der königlichen Familie Kotromanić gilt. Von jenen herrschaftlichen Gebäuden, die zuvor von den bosnischen Königen errichtet wurden, sind jedoch leider nur Reste erhalten. Auf dem Hügel innerhalb des Festungsareals entspringt eine Quelle, welche bis in die heutige Zeit hinein die Trinkwasserversorgung der Stadt gewährleistet. Folgt man der Gasse vom Festungsberg hinab ins moderne Jajce, passiert man die Frauenmoschee *Ženska džamija* aus dem Jahr 1812 und den Uhrturm *Sahat kula*.

Bild: Visit Jajce

Bild: Visit Jajce

Stadtmauern und -türme

Zwei massive Verteidigungsmauern, die von der nördlichen und der westlichen Seite der Festung bis an die Flüsse Pliva und Vrbas reichen, sowie mehrere Türme sollten der Stadt zusätzlichen Schutz vor Angreifern bieten. Am unteren Ende des Altstadthügels befindet sich das gut erhaltene Travnik Tor *Travnička kapija*, welches im Mittelalter gemeinsam mit dem Banja Luka Tor *Banjalučka kapija* die einzigen Zugänge zur Stadt bildete. Beide Tore werden von massiven Türmen geschützt, wobei der nördlich gelegene Große Turm *Velika tabija* neben dem Banja Luka Tor aufgrund seiner Position als bedeutendster Verteidigungsturm gilt. Obwohl er mehrere Male verstärkt und erneuert wurde, gelang es ihm, sein mittelalterliches Erscheinungsbild beizubehalten. Im Westen befindet sich neben dem Travnik Tor der sogenannte Bärenturm *Medvjed kula*, welcher seinen Namen der legendären Stärke seiner bis zu sechs Meter dicken Außenmauern zu verdanken hat.

Kirche der heiligen Maria

Von der Kirche der heiligen Maria *Crkva sv. Marija* sind leider nur Ruinen erhalten, doch der steinerne Glockenturm des heiligen Lukas *Toranj sv. Luke* ist noch gut erhalten. Das Gebäude wurde bereits im 12. Jahrhundert im romanischen Stil errichtet, später allerdings gotisiert. Im Jahr 1461 wurde der letzte König Bosniens hier gekrönt, doch nach der Eingliederung Jajces ins Osmanische Reich wurde die Kirche ab 1528 als Moschee Sultan Süleyman II. genutzt, indem der Glockenturm zum Minarett umfunktioniert wurde. Nach mehreren verheerenden Feuersbrünsten erfolgte kein Wiederaufbau des Gebäudes.

Bild: Visit Jajce

Unmittelbar neben dem Turm befinden sich zwei aus der Zeit der österreichisch-ungarischen Herrschaft stammende Gebäude, nämlich das Finanzgebäude sowie die alte Volksschule von Jajce.

Katakomben

Unweit der Kirche befinden sich gut erhaltene, bis zu neun Meter tief in

Bild: Visit Jajce

den Felsen gehauene Katakomben *Katakombe* mit Gräbern von Adeligen und bedeutenden kirchlichen Würdenträgern. Sie wurden im 14. Jahrhundert vom Stadtgründer Hrvoje Vukčić Hrvatinić für sich und seine Familie angelegt. Angeschlossen ist eine kleine unterirdische Kirche, wobei die zur Kirche führenden Stiegen und das Eingangsportal erst im 19. Jahrhundert erbaut wurden.

Esma Sultanija-Moschee

Die größte Moschee von Jajce ist die Esma Sultanija-Moschee *Džamija Esme-sultanije*, welche 1750 erbaut und nach der Frau des damaligen osmanischen Gouverneurs benannt wurde, was vor allem in Europa eine Besonderheit darstellt. Sie verkaufte der Legende nach ihren gesamten Schmuck, um den Bau der Moschee zu finanzieren und dadurch von ihrer schweren Krankheit geheilt zu werden. Im Bürgerkrieg während der 1990er Jahre wurde die Moschee fast zur Gänze zerstört, jedoch wurde ihr Wiederaufbau im Jahr 2002 in Angriff genommen. Direkt gegenüber befindet sich Jajces Einkaufszentrum, dessen Vorplatz von einem Denkmal für die kroatischen Opfer des Bürgerkrieges geziert wird.

Bild: Visit Jajce

Franziskanerkloster

Das Franziskanerkloster *Franjevački samostan* am Ufer des Vrbas wurde 1885 errichtet und beherbergt seit dem Jahr 1888 die sterblichen Überreste des letzten bosnischen Königs Stjepan Tomašević, der im Zuge der osmanischen Machtübernahme gefangen genommen und später hingerichtet wurde. Sein Grab, in dem er der Überlieferung nach 1463 beigesetzt wurde, befindet sich allerdings auf der Borovi-Hochebene am nahe gelegenen Berg Hum.

Pliva-Wasserfall

Der circa 27 Meter hohe Pliva-Wasserfall *Plivski vodopad* am Fuße

Bild: Visit Jajce

des Altstadthügels von Jajce liegt quasi mitten im Stadtzentrum und zwar an jener Stelle, wo die Pliva in den Vrbas mündet. Unterhalb des Wasserfalls wurde eine künstliche Insel angelegt, von welcher aus man den hervorragenden Ausblick auf die idyllische Szene genießen kann. Diese stellt nicht ohne Grund eines der beliebtesten Fotomotive der gesamten Stadt dar.

AVNOJ-Museum

Das ehemalige Sokol-Haus, also jenes Gebäude, in welchem einst der sogenannte zweite Gründungsakt Jugoslawiens unterzeichnet wurde, beherbergt nach einer umfassenden Beseitigung der aus dem Bürgerkrieg resultierenden Schäden nun das AVNOJ-Museum *Muzej II zasjedanja AVNOJ-a*. Dabei handelt es sich um das meistbesuchte Museum des gesamten Landes, denn hier sind neben Fotos und verschiedenen anderen Ausstellungsobjekten auch die Gründungsdokumente des sozialistischen jugoslawischen Staates aus dem Jahr 1943 ausgestellt. Außerdem beherbergt das Gebäude eine Fachbibliothek mit rund 3 000 verschiedenen Büchern und Zeitschriften.

Bild: Visit Jajce

Mithras-Tempel

Der aus dem 4. Jahrhundert stammende Mithras-Tempel ist dem römischen Sonnengott geweiht. Dieser ist die Personifizierung der Sonne und verkörpert soziale Gerechtigkeit sowie ein Leben im Jenseits, weshalb der Glaube an diese Gottheit damals sehr verbreitet war. Der Tempel befindet sich in einer Bodensenke und ist daher leicht zu übersehen, doch wird er mittlerweile von einem schützenden Glasverbau umgeben. Im Inneren zeigt ein steinernes Relief auf dem Altar Mithras beim Schlachten eines Stiers.

Bild: Visit Jajce

Pliva-Seen

Die etwa fünf Kilometer von Jajce entfernten, von dichten Wäldern umgebenen Pliva-Seen *Plivsko jezero* sind vor allem aufgrund ihrer hölzernen, auf Stelzen stehenden Wassermühlen *Mlinčići* interessant, denn nirgendwo sonst in Bosnien-Herzegowina sind diese so zahlreich erhalten. Die Mühlen befinden sich jedoch nicht direkt an den Stauseen sondern an einem kleinen Abfluss zwischen den Seen, wodurch ein guter Eindruck von ihrem ursprünglichen Aussehen vermittelt wird. Die meisten Mühlen stammen aus osmanischer Zeit und beeindrucken durch ihren ausgezeichneten Zustand, wobei

Bild: Visit Jajce

einige sogar noch voll funktionsfähig sind. Heute dienen die Seen jedoch in erster Linie der Stromerzeugung durch Wasserkraftwerke sowie dem Wassersport, wobei Rudern, Kajakfahren und Baden zu den beliebtesten Aktivitäten zählen.

44°51'55.09"N, 15°34'57.80"E

70101 Jajce
www.visitjajce.com

Ajvatovica

Ende Juni findet das muslimische Fest Ajvatovica statt und verwandelt das Dorf Prusac drei Tage lang in einen überlaufenen Ort. Der Legende nach soll hier einst ein Einwohner während einer Dürreperiode vierzig Tage lang um Wasser gebetet haben, als sich plötzlich ein Stein spaltete und eine Quelle freigab. Die alte Tradition der Ajvatovica gilt als größte Wallfahrt der europäischen Muslime und beinhaltet ein Morgengebet, eine Reiterprozession durch die Felsschlucht sowie diverse Vorträge, wobei die meisten Teilnehmer alte osmanische Trachten tragen.

44°05'40.01"N, 17°22'45.70"E

70223 Prusac
www.bhtourism.ba/ger/prusac.wbsp

Bugojno

Die Stadt Bugojno entwickelte sich während der österreichisch-ungarischen Herrschaft zum Hauptort dieser Region und präsentiert sich heute wieder als multinationales Zentrum, denn vor allem in den letzten Jahren kehrten viele Vertriebene zurück. So leben nun wieder Bosniaken, Kroaten und Serben zusammen, doch handelt es sich in wirtschaftlicher Hinsicht um eine relativ arme Region. Direkt im Stadtzentrum befindet sich eine der ältesten Moscheen des ganzen Landes, nämlich die 1693 erbaute Sultan Ahmed-Moschee *Sultan Ahmedova džamija*, das Wahrzeichen von Bugojno. Folgt man der nahegelegenen Fußgängerzone, erreicht man den Marktplatz *Pijaca*, auf welchem frische Waren aus

Bild: Marijan I Wikipedia

der Region angeboten werden, und gelangt in weiterer Folge zum Gymnasium *Gimnazija*, welches 1901 im pseudomaurischen Stil errichtet wurde und durch seine bunte Fassade auffällt. Die 1886 fertiggestellte, katholische Kirche des heiligen Anton *Crkva sv. Ante* liegt ebenso wie die bedeutende Moschee im Zentrum und zählt zu den größten Kirchen Bosnien-Herzegowinas. Während des Bürgerkrieges wurde sie stark beschädigt, doch ist sie mittlerweile restauriert. Schließlich befindet sich in Bugojno jene Villa des langjährigen Staatsoberhauptes Tito, welche von ihm am häufigsten genutzt wurde.

⌖ 44°03′22.04″N, 17°26′58.80″E

70230 Bugojno
www.bhtourism.ba/ger/bugojno.wbsp

Fojnica

In Fojnica wandelt man quasi auf den Spuren des mittelalterlichen bosnischen Königreiches. Die Region war allerdings bereits zur Zeit der Illyrer besiedelt und von den Römern wurde hier Gold abgebaut.

Bild: Foton I Fotolia

Erstmals urkundlich erwähnt wurde die Stadt im Jahr 1365. Besonders interessant ist ein Besuch des Franziskanerklosters Heiliger Geist *Samostan sv. Duha*, welches 1502 errichtet wurde, jedoch auf einen Vorgängerbau aus dem Jahr 1339 zurückgeht. Neben dem Museum mit einer eigenen Schatzkammer kann auch die Bibliothek, welche unter anderem dreizehn Inkunabeln sowie den berühmten Vertrag Ahdnama beherbergt, besichtigt werden. Dabei handelt es sich um ein wertvolles Schriftstück, in welchem der Eroberer Sultan Mehmed Fatih den bosnischen Christen Religionsfreiheit garantiert. Sehenswert ist neben der 1551 errichteten Alten Moschee *Atik džamija* vor allem die Tekke *Tekija*, also das Zentrum der Derwische, aus dem 17. Jahrhundert. Berühmter sind allerdings die Tekken der nahen Orte Vukeljići und Oglavak, welche auf das 18. Jahrhundert zurückgehen. Außerdem gibt es in Fojnica nicht weniger als drei Moscheen. Bekannt ist die Stadt allerdings eher aufgrund ihrer Heilwasserquellen, denn diese ermöglichten es Fojnica, sich bereits vor dem Ersten Weltkrieg als Kurort zu etablieren. Heute verfügt die Stadt über neunzehn Heilbäder, die teilweise mit einem sehr modernen Ambiente sowie ausgezeichneten Wellnessangeboten locken. In der Umgebung von Fojnica sind außerdem drei mittelalterliche Festungen erhalten, nämlich Kozovgrad, Zvonigrad und Kaštel.

⌖ 43°57'51.38"N, 17°53'49.96"E

www.bhtourism.ba/ger/fojnica.wbsp

Prokoško-See

Dem westlich von Fojnica gelegenen Prokoško-See *Prokoško jezero* wird nachgesagt, er sei der schönste Bergsee in ganz Bosnien-Herzegowina. Es handelt sich um einen 426 Meter langen, 191 Meter breiten und bis zu dreizehn Meter

Bild: bhtourism.ba

Bild: bhtourism.ba

tiefen Gletschersee im Vranica-Gebirge. Der 1 635 Meter hoch gelegene See ist von Fojnica aus über eine Schotterstraße erreichbar und in seiner näheren Umgebung laden malerische Holzhütten zum Essen beziehungsweise Übernachten ein. Vor allem den hausgemachten Schafkäse sollte man sich bei einem Besuch keinesfalls entgehen lassen.

⌖ 43°57'27.09"N, 17°45'17.30"E

Ilidža

Ilidža wirkt beinahe wie ein Stadtteil Sarajevos, ist jedoch eine eigenständige Gemeinde im Westen der Hauptstadt und mit dieser sogar durch eine Straßenbahnlinie verbunden. Die Region war bereits in der Jungsteinzeit besiedelt und die Römer errichteten hier eine erste Badeanlage. Vor allem unter der Herrschaft der Habsburger setzte in Ilidža eine rege Bautätigkeit ein, wovon zahlreiche Bäder, Villen, Hotels und Parks zeugen. Folgt man der Großen Allee *Velika aleja*, welche 1892 gepflanzt wurde, erreicht man nach 3,2 Kilometern die Quelle des Flusses Bosna *Vrelo Bosne* am Fuße des Berges Igman. Diese wird von einem weitläufigen Park mit Teichen, Brücken, Bänken, Grill- und Picknickplätzen umgeben, welcher ein beliebtes Ausflugsziel darstellt. Die hier lebenden Schwäne gelten als Symbol für die Region. Erreichbar ist die Quelle, welche auch Sarajevo mit Trinkwasser versorgt, übrigens nicht nur zu Fuß oder mit dem Fahrrad sondern auch mit der Pferdekutsche. Unweit der Quelle liegt die 52 Meter lange Römische Brücke *Rimski* mit sieben Bögen, welche genau genommen allerdings aus osmanischer Zeit stammt.
Zum Baden lädt aber eher das moderne Thermalbad Termalna Rivijera ein. Der große Komplex bietet Innen- und Außenpools, Rutschen, Whirlpools, Wasserfälle sowie ein Restaurant und garantiert Vergnügen für die ganze Familie. Eines der Pools verfügt sogar über einen flach abfallenden Eingangsbereich, der optimal zum Planschen und Relaxen

Bild: Termalna Rivijera Ilidža

Bild: bhtourism.ba

geeignet ist und natürlich werden auch diverse Wellnessbehandlungen wie Massagen angeboten.

⌖ 43°50'05.21"N, 18°18'08.05"E

Touristeninformation Ilidža
71000 Sarajevo, Sarači 58
www.bhtourism.ba/ger/ilidza.wbsp

Bjelašnica-Gebirge

Das Bjelašnica-Gebirge südlich der Hauptstadt ist dicht bewaldet und erreicht eine Höhe von bis zu 2 067 Metern. Der Name leitet sich vom bosnischen Wort für die Farbe Weiß ab, was auf die hier zahlreich vertretenen weißen Steine beziehungsweise die gute Schneelage im Winter hindeutet. Eine Vielzahl

Bild: bhtourism.ba

an Wanderwegen, die von lokalen Vereinen gewartet werden, laden zum Erklimmen der kahlen Gipfel ein, doch auch mit einem Skigebiet lockt das Gebirge Sportbegeisterte an. Im Jahr 1984 wurden hier die Olympischen Winterspiele ausgetragen. Heute umfasst das Gebiet elf Pisten in unterschiedlichen Schwierigkeitsgraden und verfügt über Schlepp- und Sessellifte sowie mehrere Hotels und Restaurants. Eine der beliebtesten Wanderrouten der Region führt vom Dorf Umoljani, welches mit dem Auto erreichbar ist, zum Bergdorf Lukomir. Die etwa sechs Kilometer lange Strecke folgt dem Studeni Potok-Tal und der schönen, tief eingeschnittenen Schlucht des Flusses Rakitnica. Sobald man Lukomir erreicht hat, befindet man sich direkt im höchsten und authentischsten Dorf des gesamten Landes, welches im Winter oft sogar von der Umwelt abgeschnitten ist.

⌖ 43°41'49.83"N, 18°12'26.92"E

www.bjelasnica.ba

Nationalpark Trebević

Der Nationalpark Trebević umfasst einen Teil des gleichnamigen

Bild: Erich Westendarp I PIXELIO

Gebirges, von welchem aus man die Hauptstadt Sarajevo nach einem rund einstündigen Marsch perfekt überblicken kann. So zieht es vor allem an den Wochenenden tausende Stadtbewohner in das beliebte Naherholungsgebiet, welches gerne als grüne Lunge Sarajevos bezeichnet wird. Im Rahmen der Olympischen Winterspiele wurde hier eine Bob- und Rodelbahn errichtet. Der als Alpinetum bezeichnete botanische Garten wurde im Jahre 1948 gegründet. Er umfasst eine Fläche von rund vierzehn Hektar und beherbergt zahlreiche endemische Arten, die hier auch gezüchtet werden. Generell gedeihen wilde Äpfel, Birnen, Kirschen und Haselnüsse im Park ausgezeichnet, weshalb viele Wanderer mit vollen Taschen zu ihrem Ausgangspunkt zurückkehren. Das Gebirge gilt außerdem als eines der letzten Vorkommen der gefährdeten Schneemaus.

43°47‘53.04“N, 18°28‘45.00“E

www.sarajevo-mountains.com

Skakavac-Wasserfall

Der Skakavac-Wasserfall *Vodopad Skakavac* zwölf Kilometer nördlich

Bild: bhtourism.ba

der Hauptstadt Sarajevo ist mit einer Fallhöhe von 98 Metern einer der höchsten und schönsten des Landes. Der gleichnamige Bach entspringt nur wenige Meter von der Kaskade entfernt inmitten eines Naturschutzgebietes, in welchem zahlreiche endemische Arten gedeihen. Man erreicht den Wasserfall vom Ort Nahorevo aus über eine Schotterstraße und folgt schließlich einem markierten Waldweg. Unter dem beeindruckenden Naturschauspiel wurde eine Holzbrücke angelegt, von welcher aus man einen perfekten Blick auf das herabstürzende Wasser genießen kann.

43°56‘55.01“N, 18°26‘55.90“E

www.sarajevo-tourism.com/skakavac-waterfall

Pyramiden von Visoko

Die Industrie- und Handelsstadt Visoko bietet abgesehen von der serbisch-orthodoxen Kirche, welche zahlreiche historische Ikonen beherbergt, so gut wie keine Sehenswürdigkeiten. Im Jahr 2005 entdeckte der Archäologe Semir Osmanagić hier allerdings Hinweise auf die erste und einzige Pyramide

Europas. Seiner Ansicht nach soll die sogenannte Pyramide der Sonne mit einer Höhe von 220 Metern von den Illyrern errichtet worden sein und es sollen noch weitere Pyramiden in der unmittelbaren Umgebung existieren. Diese Theorien konnten bis jetzt zwar nicht wissenschaftlich untermauert werden, doch erfreuen sich die Pyramiden von Visoko bei Touristen großer Beliebtheit. Auffällig ist auf jeden Fall, dass die Hügel eine regelmäßige Pyramidenform aufweisen und ihre Eckpunkte genau mit den Himmelsrichtungen übereinstimmen. In der Umgebung wurden außerdem Tunnel entdeckt, von welchen angenommen wird, dass sie zu den Pyramiden führen. Dort

Bild: Farik Hodzić

wurden bis zu fünf Tonnen schwere Steinblöcke gefunden, die von Menschenhand geformt worden sein könnten. Die Altstadt *Stari grad* von Visoko befindet sich heute auf der Spitze einer der Pyramiden.

⌖ 43°59'19.71"N, 18°10'49.13"E

www.piramidasunca.ba

Corridor 100

In der Nähe des Dorfes Vruci bietet das Projekt Corridor 100 – die erste bosnische Safari *Koridor 100 – prvi bosanski safari*, im Sommer Ausflüge mit Quads und im Winter mit Ski-Doos. Die adrenalingeladenen Touren

Bild: Oliver Gysin I PIXELIO

führen durch das naturbelassene Waldgebiet, hinein in die Geschichte und Kultur längst vergangener Zeiten. Angeboten werden Fahrten in verschiedenen Schwierigkeitsgraden, die sowohl für Anfänger als auch für wagemutigere Könner geeignet sind und zehn beziehungsweise vierundzwanzig Kilometer lang sind. Besichtigt werden dabei die hügelige Nišići-Hochebene, eine Nekropole mit schönen Stećak-Grabsteinen, deren Entstehung bis ins 14. Jahrhundert zurückreicht, sowie die Quelle des Flusses Blatnice und bei der ausgedehnteren Tour gelangt man außerdem zur bekannten Bijambare-Höhle.

⌖ 43°53'57.10"N, 18°21'10.90"E

71320 Sarajevo-Vogošća
www.100.ba

Muška voda

Die Quelle Muška voda, was übersetzt etwa männliches Wasser bedeutet, liegt nahe der Stadt Kladanj, die jedoch nur wenige nennenswerte Sehenswürdigkeiten zu bieten hat. Wissenschaftliche Analysen bestätigen die positive Wirkung des Wassers auf Blutdruck und Blutzucker sowie die Durchblutung. Außerdem werden ihm potenzsteigernde Eigenschaften nachgesagt, weshalb es zwischen 1968 und 1992 sogar in Flaschen abgefüllt und bis in die USA exportiert wurde. Nun wird erneut darüber nachgedacht, den Export des wundersamen Wassers zu forcieren.

44°13'30.20"N, 18°41'30.40"E

www.bhtourism.ba/ger/kladanj.wbsp

Bijambare-Höhle

Die Bijambare-Höhle liegt inmitten eines 370 Hektar großen Naturschutzgebietes, welches sich durch Karsterscheinungen wie Talsenkungen, Klüfte und Höhlen auszeichnet. Weite Teile des rund 420 Meter langen Hauptganges der Mittleren Bijambare-Höhle *Srednja bijambarska pećina* sind für Besucher geöffnet, beleuchtet und gut begehbar, wobei man insgesamt vier Hallen mit reichen Tropfsteinformationen besichtigen kann. Die größte weist einen Durchmesser von sechzig Metern auf und ist bis zu dreißig Meter hoch, was zur Bezeichnung Konzerthalle führte, denn die Akustik ist einzigartig. Die Höhle bietet außerdem zahlreichen Fledermäusen einen optimalen Lebensraum.

44°04'47.50"N, 18°30'54.00"E

www.bhtourism.ba/ger/bijambare.wbsp

Kraljeva Sutjeska

Die kleine Stadt Kraljeva Sutjeska im Tal des Flusses Trstionica zählt zum Kernland des mittelalterlichen bosnischen Staates. Damals war die Region ein Vorort der königlichen Stadt Bobovac und neben dem Franziskanerkloster kann man noch Reste jenes Hofes sehen, welcher aus der Herrschaftsperiode von Ban Stjepan II. Kotromanić stammt. Dieser verfügte über keinerlei Befestigungsanlagen und diente als Herrschaftssitz, wo beispielsweise Urkunden unterzeichnet wurden. Außerdem war er der Sitz der letzten bosnischen Königin, Katarina Kosača-Kotromanić, an deren Tod die schwarzen Kopftücher vieler Frauen, die oft noch im traditionellen Stil gekleidet sind, erinnern sollen. Heute wird Kraljeva Sutjeska vom Franziskanerkloster, welches aus dem 14. Jahrhundert stammt und Johannes dem Täufer geweiht ist,

Bild: Gaiarama I PIXELIO

Bild: Fra Stjepan Duvnjak

Bild: Fra Stjepan Duvnjak

dominiert. Die als spirituelles und kulturelles Zentrum der Region bekannte Anlage wurde mehrmals zerstört und wieder aufgebaut, wobei der heutige Bau 1890 fertiggestellt wurde. Er präsentiert sich schön renoviert und lädt zu einem Besuch des Museums mit einer Kreuz-, Kleidungs- und Handwerkssammlung sowie der Bibliothek ein. Diese beherbergt mehr als 11 000 Bücher, darunter 31 Inkunabeln sowie seltene Werke, welche in der im Mittelalter hier gebräuchlichen Schrift Bosančica verfasst sind. Sehenswert sind außerdem das Ivo Dusper-Haus *Kuća Ive Dusper*, eines der ältesten Häuser in Zentralbosnien, sowie die Alte Moschee *Stara džamija* mit einem hölzernen Minarett, welche vermutlich im Jahr 1463 von Sultan Mehmed II. nach dem Sieg über Bobovac erbaut wurde. Beide sind für Besucher geöffnet.

⌖ 44°07'04.88"N, 18°12'01.35"E

Touristeninformation Kraljeva Sutjeska
72244 Kraljeva Sutjeska,
ul. Kraljice Katarine br.7
www.bhtourism.ba/ger/kraljevasutjeska.wbsp

Bobovac

Die Königsstadt Bobovac war einst das Zentrum des mittelalterlichen bosnischen Staates. Sie entstand im 14. Jahrhundert unter der Herrschaft des Ban Stjepan II. Kotromanić und etablierte sich als administratives und militärisches Zenturm. Aus diesem Grund wurde die Stadt von nicht weniger als elf Burgen sowie einer mächtigen Festungsmauer geschützt. Der Zerfall des Königreiches wurde allerdings bereits im Jahr 1463 eingeleitet, als der osmanische Sultan Mehmed II. Bobovac erobern konnte. So sind heute leider nur mehr Ruinen zu sehen, doch die königliche Grabkapelle wurde rekonstruiert und beherbergt das Mausoleum der Kotromanić-Familie. Erreichbar sind die geschichtsträchtigen Ruinen über

Bild: Randy PS I Wikipedia

der heutigen Stadt Kraljeva Sutjeska im Rahmen einer rund einstündigen Wanderung auf einem markierten Waldweg entlang des Bukovica-Flusses, wobei der Weg auf dem letzten Stück ziemlich steil ansteigt.

⌖ 44°08'16.47"N, 18°14'19.70"E

www.bobovac.org

Zenica

Zenica, eine der größten Städte des Landes, welche oft als industrielles

Herz Bosnien-Herzegowinas bezeichnet wird, ist mehrheitlich von Bosniaken bewohnt. Die Region war bereits um 3 000 vor Christus besiedelt und wurde ab dem ersten Jahrhundert nach Christus von den Römern bewohnt. Die erste namentliche Erwähnung Zenicas erfolgte im Jahr 1436, als es dem Fürstentum Bosnien angehörte. Nach der Eroberung durch die Osmanen verlor die Stadt an Bedeutung, doch unter der österreichisch-ungarischen Herrschaft erlebte Zenica einen Aufschwung, welcher mit dem Bau von Industrieanlagen und der Gründung von Schulen einherging. Während des Bosnienkrieges fanden in Zenica besonders viele Flüchtlinge aus dem ganzen Land Zuflucht, wobei die serbische Bevölkerung die Stadt nach dem Kriegsende großteils wieder verließ. Das Stadtrecht bekam Zenica allerdings erst im Juli 2014 zuerkannt. In der Peripherie begegnet man vielen Plattenbauten aus der sozialistischen Ära, was die Stadt wenig attraktiv wirken lässt, doch sobald man die Altstadt erreicht, verändert sich das Erscheinungsbild. Die wichtigsten Verwaltungsgebäude gruppieren sich um den zentral gelegenen Platz Bosnien und Herzegowina *Trg Bosne i Hercegovine*, nämlich das Rathaus *Zgrada opštine*, das Gericht *Sud*, das Verwaltungsgebäude der riesigen Stahlfirma ArcelorMittal sowie der Ratskeller. Auch das im Jahr 1950 errichtete Bosnische Nationaltheater *Bosansko narodno pozorište* ist hier zu finden. Folgt man dem Uferboulevard *Obalni bulevar*, welcher sich in Form einer schönen Allee mit vielen Kaffeehäusern präsentiert, gelangt man direkt in die Altstadt. Die Julianische Brücke *Julijanski most* führt ans gegenüberliegende Ufer der Bosna, wo die größte Grünfläche der Stadt, das sogenannte Kamberovića Polje *Kamberovića polje* liegt. Dieses Naherholungsgebiet lockt mit Bänken ebenso wie mit Sport- und Spielplätzen. Gegenüber der Brücke befindet sich die beeindruckende Sultan Ahmed-Moschee *Sultan Ahmedova džamija*, welche 1676 errichtet wurde und heute unter Denkmalschutz steht. Am westlichen Ende der Altstadt befindet sich die 1906 erbaute Synagoge *Sinagoga*, die als eines der prachtvollsten Gebäude der Stadt bekannt ist und heute das Stadtmuseum *Muzej grada* mit einer archäologischen, einer historischen sowie einer Kunstsammlung beherbergt. Überquert man die Jevrejska und

Bild: Wikipedia I Public Domain

folgt der Fußgängerzone Marschall Tito *Maršala Tita*, liegt auf der linken Seite der Markt *Pijaca*, auf welchem frisches Obst und Gemüse ebenso wie Fleisch angeboten werden. In weiterer Folge erreicht man die Kočevska-Moschee *Kočevska džamija*, eine der ältesten Moscheen Zenicas, und schließlich die Universität *Univerzitet*, die zwar erst im Jahr 2000 gegründet wurde, jedoch bereits zu den wichtigsten akademischen Einrichtungen des Landes zählt. Geboten werden neben technischen und industriellen Studienrichtungen auch wirtschaftliche sowie Medizin und Jura.

Bild: Aktron I Wikimedia Commons

44°11'60.00"N, 17°54'25.20"E

Touristeninformation Zenica
72000 Zenica,
ul. Maršala Tita (Novi tržni centar)
www.zedoturizam.ba

Naturpark Tajan

Der kleine, im Jahr 2011 gegründete Naturpark Tajan *Spomenik prirode Tajan* wird von dichten Kiefernwäldern, sanften Gipfeln und grandiosen Schluchten geprägt. Eine der bekanntesten ist die bis zu 350 Meter tiefe, aber stellenweise nur drei Meter breite Mašica-Schlucht. Für Besucher des Naturparks stehen vor allem schöne Waldwege zur

Bild: Michael Ottersbach I PIXELIO

Verfügung, welche zum Wandern und Mountainbiken einladen. Besonders vom 1 297 Meter hohen Gipfel des Berges Tajan aus bietet sich ein herrlicher Blick über die Umgebung. Fahrräder und Wanderausrüstung kann man sich im Informationsbüro im kleinen Ort Kamenica ausborgen. Von hier aus erreicht man auch den Mašnica-See *Mašnica jezero*, der an heißen Tagen zum Sprung ins kühle Nass einlädt. In der oberhalb des Sees gelegenen Lukashöhle *Lukina pećina* lebten einst Höhlenbären, wie Knochenfunde bestätigen. Für Besucher steht nach der Anmeldung im Informationsbüro die sogenannte Mittlere Höhle *Srednja pećina* mit wunderbaren Stalagmiten und Stalaktiten offen. In den Höhlen leben Fledermäuse, doch der Naturpark bietet außerdem Schwarzbären, Wölfen, Hirschen und Rehen, Wildschweinen, Füchsen, Hasen, Wildkatzen sowie Fischen und Krebsen ein perfektes Rückzugsgebiet. Im Bereich der Flora gedeihen hier die einzigartige Bosnische Lilie sowie die als gefährdet eingestufte Wolfsmilch.

43°32'34.30"N, 18°15'57.40"E

www.tajan.ba

Steinkugelpark

Östlich der Ortschaft Kamenica hat man die Möglichkeit, jene Stelle zu besichtigen, wo sich die meisten Steinkugeln Bosnien-Herzegowinas befinden, den Steinkugelpark *Park kamene kugle*. Hier kann man zwanzig nahezu perfekt geformte, steinerne Kugeln bewundern, wobei die größten einen Durchmesser von über 1,5 Metern aufweisen. Die Entstehung dieser Kugeln gibt Forschern nach wie vor Rätsel auf. Während einige davon ausgehen, dass sie vor rund 150 Millionen Jahren als Folge eines bislang unentdeckten Naturphänomens entstanden sind, behaupten andere,

Bild: Kamene Kugle Zavidovići

die Kugeln wären auf unerklärliche Weise von Menschenhand erschaffen worden.

44°27'16.30"N, 18°10'29.80"E

72220 Zavidovići, Kamenica
www.kamenekugle.com

Festung Vranduk

Vranduk ist ein kleiner Ort, der sich um die gleichnamige mittelalterliche Festung aus dem 14. Jahrhundert gruppiert. Diese entstand an einer strategisch wichtigen Stelle an den Steilhängen der Bosna und hatte die Aufgabe, das Königreich Bosnien vor Angreifern zu beschützen. Ihrer Lage verdankt die Festung auch den Beinamen Tor Bosniens. Die Anlage, welche 1410 erstmals urkundlich erwähnt wurde, und damals bereits als autark und praktisch uneinnehmbar galt, ist sehr gut erhalten und wurde außerdem restauriert. Die Festung beherbergte eines der Zentren des mittelalterlichen bosnischen Staates, konnte jedoch im 15. Jahrhundert von den Osmanen eingenommen werden. Im Laufe der Zeit wurde Vranduk erweitert und umfasste seit 1463 auch die Sultana Gariha Moschee sowie ein Gefängnis. Nach der Machtübernahme der Habsburger im 19. Jahrhundert wurde die Anlage jedoch nicht mehr zu militärischen Zwecken genutzt. Heute beherbergt sie eine Ausstellung des Museums der nahegelegenen Stadt Zenica. Zu sehen sind unter anderem die mittelalterliche Tafel des Königs, eine kleine Schmiede sowie das Büro eines Notars, aber auch Münzen, Werkzeuge, Schmuck und Waffen. Im Innenhof finden Ritterspiele statt und Kinder können an Workshops teilnehmen, um traditionelle Näh- beziehungsweise Kunsttechniken zu erlernen.

44°17'35.88"N, 17°54'14.40"E

Vranduk

Bild: Amro | Fotolia

Bild: TVB der Föderation Bosnien und Herzegowina

Nord-westbosnien

Die im Nordwesten gelegene Bosnische Krajina, welche an das benachbarte Kroatien grenzt, wird stark von den Flüssen Una, Sana und Vrbas geprägt. Ihre vielfältigen Uferlandschaften machen den Nordwesten Bosniens zu einem unverwechselbaren Naturparadies, das unter anderem im Nationalpark Una unter Schutz gestellt wurde. In der gesamten Region erfreuen sich Aktivitäten wie zum Beispiel Wandern, Skifahren und Baden, aber auch die Besichtigung von Höhlen und Wasserfällen großer Beliebtheit. Außerdem handelt es sich um ein historisch bemerkenswertes Gebiet, da hier über mehrere Jahrhunderte hinweg das christlich dominierte Habsburgerreich auf das muslimisch geprägte Osmanische Reich traf. Dies spiegelt sich bis heute in der Bezeichnung Krajina, was so viel wie Grenzland bedeutet, wider. So ist der Nordwesten Bosniens reich an mitunter ausgezeichnet erhaltenen Grenzfesten, aber auch malerischen Ruinen, die einst der Verteidigung des jeweiligen Territoriums dienten. Die meisten Einwohner leben in der nördlichen Region der Krajina, wobei Banja Luka die zweitgrößte Stadt des gesamten Landes darstellt.

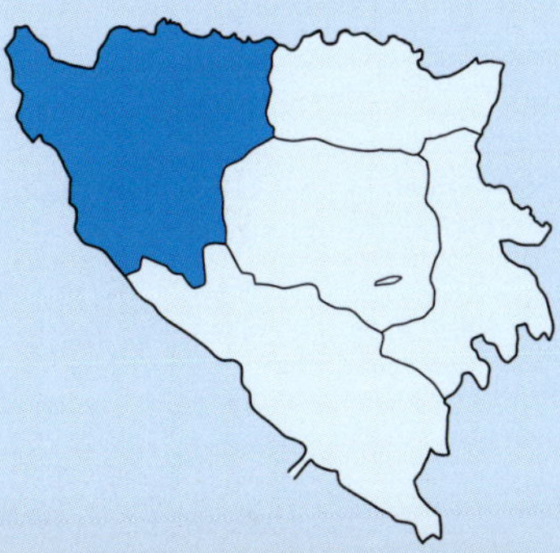

Velika Kladuša
Bosanska Bojna
Čava-Svetinja • 112
Bužim • 112
Cazin • 113
Cazin
NOVI GRAD
Hrvatska Kostajnica
Kostajnica
Ostrožac • 113
Bosanska Krupa
Bosanska Krupa • 111
Krušnica-Quelle • 112
Brekovica
Bihać • 114
BIHAĆ
Sokolac • 117
Ripač
Sanski Most • 122
Nationalpark Una • 118
Sanica-Quelle • 121
Rafting auf der Una • 119
Bosanski Petrovac
Kulen Vakuf
Martin Brod
Drvar
Tito-Höhle • 119
Gračac
Bosansko Grahovo
Osječenica
Klekovača
Grmeč
Plješevica
Una

Kozarska Dubica • 110
Nationalpark Kozara • 109
Nacionalni park Kozara
Prijedor • 109
Banja Luka • 102
Kloster Maria Stern • 107
Banj Brdo • 107
Hrustovačka-Höhle • 121
Kloster des heiligen Ägidius • 108
Krupa-Wasserfälle • 107
Ključ • 120
Šipovo-Region • 122
BANJA LUKA
Gradiška
Srbac
Laktaši
Prnjavor
Kozarac
Ivanjska
Dragočaj
Čelinac
Kotor Varoš
Maslovare
Kneževo Skender Vakuf
Krupa na Vrbasu
Bočac
Mrkonjić Grad
Jajce
Šipovo
Donji Vakuf
Bugojno
Glamoč
Nova Topola
Dubrave
Razboj
Orahova
Vrbanja
Jošavka
Zvečajska klisura
Tijesno

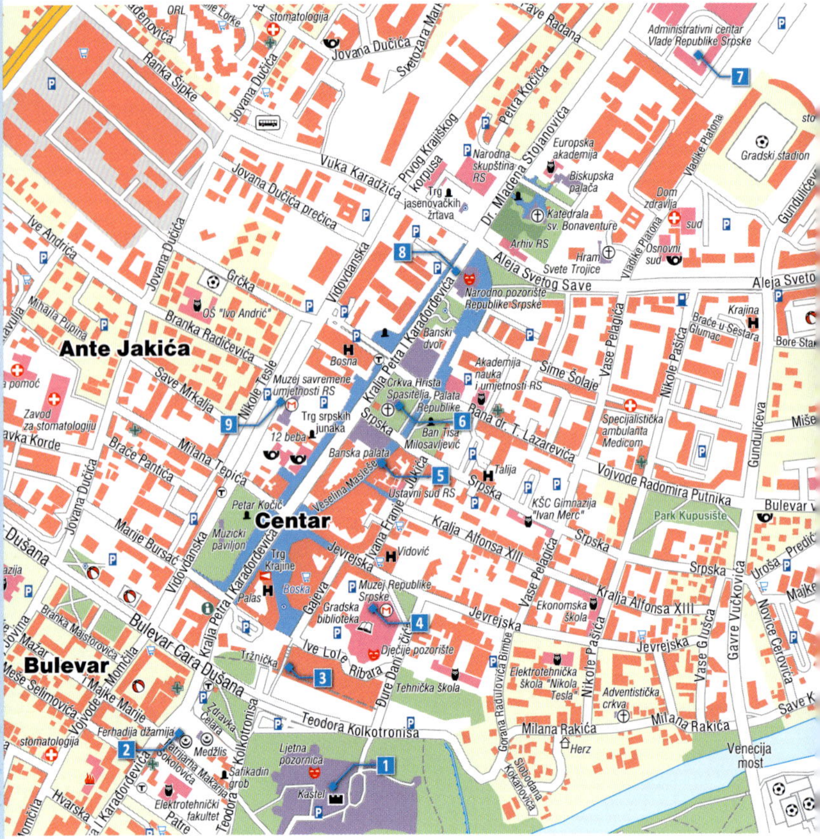

1 Festung
2 Ferhadija-Moschee
3 Markthalle
4 Museum der Serbischen Republik
5 Gospodska
6 Christus-Erlöserkirche
7 Regierungsgebäude
8 Kralja Petra I Karađorđevića
9 Museum zeitgenössischer Kunst

Banja Luka

Das Gebiet um Banja Luka war bereits von Illyrern und Römern besiedelt, doch wurde die Stadt erst 1494 erstmals namentlich erwähnt. Nach der Eroberung durch die Osmanen im Jahr 1528 wurde mit der Errichtung zahlreicher Brücken und Moscheen sowie des südlichen Stadtteiles begonnen. Bereits ab 1554 fungierte die Banja Luka als regionales Zentrum, wo auch die Anführer residierten. Einer von ihnen, nämlich Mehmed-Paša Sokolović, trieb während seiner Herrschaftszeit den Ausbau der Stadt wesentlich voran. Während der folgenden Jahrhunderte nahm der Aufschwung Banja Lukas allerdings ein Ende, denn es wurde im 17. und 18. Jahrhundert mehrmals geplündert und von Seuchen heimgesucht. Im 19. Jahrhundert war die Stadt vierzig Jahre lang Österreich-Ungarn unterstellt, wovon das Parlament

Bild: Banja Luka Tourist Board

Bild: Banja Luka Tourist Board

sowie das Museumsgebäude zeugen. Nach dem Ersten Weltkrieg etablierte sich Banja Luka als Zentrum einer Banschaft des neuen Königreiches Jugoslawien, welchem es nach 1918 angehörte. Vor allem der erste Ban, Svetislav Tisa Milosavljević, leitete ab 1929 einen regelrechten Bau- und Modernisierungsboom ein, wodurch Banja Luka zum wirtschaftlichen und kulturellen Zentrum des sozialistisch geprägten Jugoslawiens avancierte. Die Bombardierungen während des Zweiten Weltkrieges sowie das starke Erdbeben von 1969 hinterließen schwere Schäden, doch konnten diese relativ rasch beseitigt werden. 1993, also ein Jahr nach dem Beginn des Bürgerkrieges, wurden in der einst beinahe multikulturellen Stadt Moscheen und Kirchen gesprengt. Obwohl diese seit dem Ende des Krieges weitgehend wiedererrichtet wurden, ist die Stadt nun vorwiegend serbisch geprägt, da einerseits die meisten nicht-serbischen Bewohner flohen oder vertrieben wurden und andererseits serbische Flüchtlinge aus anderen Landesteilen aufgenommen wurden. Seit dem Jahr 2008 ist das etwa 225 000 Einwohner zählende Banja Luka Hauptstadt der Republika Srpska, einer eigenständigen Teilrepublik. Die weitläufige Stadt verfügt über ein ausgezeichnetes Busnetz und präsentiert sich heute als schöne Metropole mit einladenden Parks und Alleen sowie einem pulsierenden Nachtleben. Außerdem gibt es während der Sommermonate zahlreiche kulturelle Angebote, welche vom Rockmusikmonat Juni über den sogenannten Sommer am Vrbas im Juli bis hin zu den Sommerspielen im August reichen. Im Juli und im August finden außerdem jeden Donnerstag Folkloretage statt.

⌖ 44°46'17.00"N, 17°11'29.40"E

Touristeninformation
78000 Banja Luka
Kralja Petra I Karađorđevića 87
www.banjaluka-tourism.com

Festung

Die Festung *Kastel* am Ufer des Vrbas gilt als historisches Highlight Banja Lukas und als besterhaltenes Kastell Bosnien-Herzegowinas. Die aufgrund archäologischer Funde aller Wahrscheinlichkeit nach aus der Römerzeit stammende Anlage erstreckt sich nach einer Vergrößerung durch die Osmanen über eine Fläche von mehr als 50 000 Quadratmetern, ist gut erhalten und kann besichtigt werden. Dabei ist es sogar möglich, die dicke Steinmauer zu erklimmen und die Aussicht zu genießen. Im Inneren der Festung

Bild: Banja Luka Tourist Board

befindet sich heute auch ein Park mit einem schönen Freilufttheater, in welchem im Sommer verschiedene Veranstaltungen stattfinden.

Ferhadija-Moschee

Die ursprünglich 1579 erbaute Ferhadija-Moschee *Ferhadija džamija* galt als eines der schönsten Beispiele osmanisch-islamischer Architektur Bosnien-Herzegowinas und zählte zum UNESCO-Weltkulturerbe. Sie wurde allerdings 1993 vollkommen zerstört und konnte erst ab dem Jahr 2001 rekonstruiert werden, wobei teilweise Originalsteine verwendet wurden. Heute gilt die Moschee aber trotzdem als Nationaldenkmal.

Bild: Banja Luka Tourist Board I Saša Knežić

Markthalle

Wer auf der Suche nach Schnäppchen oder günstigen Souvenirs ist, wird in der direkt gegenüber der Festung gelegenen Markthalle *Tržnica*, in welcher außerdem frisches Obst und Gemüse angeboten werden, mit Sicherheit fündig.

Museum der Serbischen Republik

Das täglich geöffnete Museum der Serbischen Republik *Muzej Republike Srpske* mit einer Ausstellungsfläche von rund 1 500 Quadratmetern verfügt über eine historische, eine archäologische, eine ethnographische sowie eine Natursammlung und präsentiert regelmäßig interessante Sonderausstellungen.

Gospodska

In Banja Luka wird die typische Flaniermeile meist als Gospodska bezeichnet, obwohl die offizielle Bezeichnung Veselina Masleše lautet. Die Fußgängerzone beginnt beim 1930 eröffneten Nationaltheater *Narodna pozorište*, welches heute auch als Bibliothek fungiert. Direkt gegenüber, jedoch bereits außerhalb des verkehrsberuhigten Bereiches, liegt die 1972 errichtete, moderne Kathedrale des heiligen Bonaventura *Katedrala sv. Bonaventure* mit einem sehenswerten bunten Fenster. Die Straße, in der heute Bankinstitute residieren, gemütliche Kaffeehäuser zum Verweilen einladen und Boutiquen teure Markenkleidung anbieten, wird von mittlerweile

Bild: Banja Luka Tourist Board

großteils renovierten Jugendstil-Gebäuden aus der Zwischenkriegszeit gesäumt. Auf dem sozialistisch anmutenden Platz der Krajina *Trg Krajine*, wo die Gospodska schließlich endet, sind vor allem das Hotel Palas mit seiner schönen Fassade sowie das Einkaufszentrum Boska erwähnenswert.

Christus-Erlöserkirche

Die orthodoxe Christus-Erlöserkirche *Crkva Hrista Spasitelja* ist eines der monumentalsten Gebäude der Stadt

Bild: Banja Luka Tourist Board

und von enormer Bedeutung für den serbisch orthodoxen Glauben. Sie wurde aus dem eigens importierten roten beziehungsweise gelben Vulkangestein Travertin errichtet und konnte im Jahr 2004 fertiggestellt werden, nachdem der Vorgängerbau bereits 1941 durch Luftangriffe der Deutschen Wehrmacht zerstört worden war. Ihre Fassade zieren Rosetten, Säulen, Kreuze und Archivolte aus weißem Carrara-Marmor, die für serbisch-orthodoxe Kirchen eher ungewöhnliche, goldene Kuppel weist eine Grundfläche von 22,5 Quadratmetern auf und der Innenraum wird von einem gigantischen goldenen Kronleuchter dominiert. Die Glocken der Dreifaltigkeitskirche wurden übrigens in Innsbruck angefertigt.

Regierungsgebäude

Das nicht weniger als siebzehn Stockwerke hohe Regierungsgebäude der Republika Srpska *Zgrada vlade RS* wurde im Jahr 2007 im Stadtteil Nova Varoš als modernes Gebäude mit Glasfronten fertiggestellt, wobei es ursprünglich für einen Mobilfunkbetreiber geplant war. Es handelt sich um das höchste

Bild: Banja Luka Tourist Board

Gebäude der gesamten Stadt und es weist eine Fläche von rund 50 000 Quadratmetern auf. Im Anschluss befindet sich die größte Parkanlage von Banja Luka, welche nicht nur Touristen zum Erholen einlädt.

Kralja Petra I Karađorđevića

Die Hauptstraße Banja Lukas, die Kaiserstraße *ulica Kralja Petra I Karađorđevića* wird von einer Vielzahl repräsentativer Gebäude, zumeist Wohnhäusern, gesäumt. Bedeutende Bauwerke sind das Rathaus *Gradska palata* im sogenannten Palast des Ban *Banska palata*, die orthodoxe Christus-Erlöserkirche *Crkva Hrista Spasitelja* sowie das Denkmal von Ban Milosavjević am Platz der serbischen

Bild: Banja Luka Tourist Board

Führer *Trg srpskih vladara*, der im Jahr 1936 errichtete Präsidentenpalast *Palata Republike* und das 1932 fertiggestellte Kulturzentrum *Banski Dvor*, wo regelmäßig Konzerte, Lesungen und Ausstellungen stattfinden. Interessant ist außerdem das auf der anderen Straßenseite gelegene Hotel Bosna, welches einst als beste Adresse der Stadt galt. Besonders einladend wirkt weiter südlich der Stadtpark *Park Mladena Stojanovića*. Dort befindet sich der Musikpavillon *Muzicki paviljon* und ein Denkmal erinnert an den 1877 in Banja Luka geborenen Literaten Petar Kočić, welcher zu den bedeutendsten Persönlichkeiten der Stadt zählt.

Museum zeitgenössischer Kunst

Das Museum für zeitgenössische Kunst der Serbischen Republik *Muzej savremene umjetnosti Republike Srpske* ist im ehemaligen Bahnhof von Banja Luka untergebracht. Das Gebäude wurde im Jahr 1892 im Stil der Neorenaissance fertiggestellt und dient heute außerdem als Veranstaltungsort für Vorträge von Künstlern und Kunsthistorikern. Die tagsüber frei zugängliche Ausstellung umfasst Bilder, Grafiken und Skulpturen aus dem 20. Jahrhundert.

Bild: Banja Luka Tourist Board

Banj Brdo

Die auch als Šehitluci bekannte Anhöhe Banj Brdo, welche nur rund fünf Kilometer südlich des Stadtzentrums von Banja Luka liegt, bietet mit einer Seehöhe von 431 Metern einen wunderbaren Ausblick über die Stadt und erfreut sich daher großer Beliebtheit als Ausflugsort. Im Jahr 1961 wurde hier ein Mausoleum mit einem Denkmal

Bild: Banja Luka Tourist Board

für die in den Jahren 1941 bis 1945 gefallenen Bewohner von Krajina *Krajišnici* errichtet. Geschaffen wurde dieses von Antun Augustinčić, einem der bedeutendsten Bildhauer des ehemaligen Jugoslawiens. Betrachtet man das Monument aus weißem, in Brač gebrochenen Stein aus weiter Ferne, erinnert es an eine in Richtung Krajina fliegende Kugel.

44°44'37.80"N, 17°09'46.60"E

78000 Banja Luka
www.banjaluka-tourism.com

Bild: Banja Luka Tourist Board

Kloster Maria Stern

Das Kloster Maria Stern *Samostan Marija Zvijezda* wurde 1925 vom Trappistenorden gegründet. Die dreischiffige Kirche zeichnet sich durch ihre großflächigen Reliefs aus, welche biblische Szenen darstellen. Die Mönche errichteten außerdem eine Brauerei, ein Wasserkraftwerk sowie handwerkliche Schulen, doch wurde ihr Besitz während des Zweiten Weltkrieges enteignet. Die Brauerei hat aber auch heute noch Bestand und exportiert mittlerweile sogar in die Nachbarländer.
Trapist, das heute für Halbhartkäse gebräuchliche Wort, stammt ursprünglich vom hier hergestellten Käse, welcher von den Mönchen nach einer geheimen Rezeptur zubereitet wurde. Mittlerweile ist im ehemaligen Kloster eine Ausstellung über dessen Geschichte sowie den Orden der Trappisten untergebracht.

44°48'21.60"N, 17°13'29.87"E

78000 Banja Luka, Slatinska 1
www.banjaluka-tourism.com

Krupa-Wasserfälle

Krupa na Vrbasu ist in erster Linie für seine Wasserfälle mit kristallklarem

Bild: Banja Luka Tourist Board

Wasser bekannt, welche als besonders schönes Naturschauspiel gelten. In der Nähe befinden sich entlang des Flusses Krupa, einem Nebenfluss des Vrbas, auch einige ausgezeichnet erhaltene, traditionelle Wassermühlen *Mlinčići*. Diese sind großteils sogar noch in Betrieb, weshalb hier frisch gemahlenes Mehl verkauft wird. Folgt man einem Wanderweg, so gelangt man direkt zur Quelle der Krupa. Am Ortsrand von Krupa na Vrbasu werden außerdem verschiedene Raftingtouren am Vrbas angeboten, welche meist etwa drei Stunden lang dauern und im rund fünfzehn Kilometer entfernten Raftingzentrum von Karanovac enden.

⌖ 44°37'01.60"N, 17°08'10.20"E

78206 Krupa na Vrbasu
www.banjaluka-tourism.com

Kloster des heiligen Ägidius

Einige Kilometer südlich von Banja Luka, ebenfalls in der Ortschaft Krupa na Vrbasu, befindet sich das Kloster des heiligen Ägidius *Manastir sv. Ilija*. Ursprünglich wurde es im 12. und 13. Jahrhundert erbaut, stand jedoch ab dem 16. Jahrhundert leer und wurde schließlich zerstört. Erst im Jahr 1989 entstand schließlich die heutige Kirche, welche jedoch im Allgemeinen nach wie vor als Kloster bezeichnet wird. In der näheren Umgebung kann man noch die Grundmauern der Vorgängerbauten erkennen und auch die Ruinen der mittelalterlichen Festung Greben, welche auf das Jahr 1192 zurückgeht, sind in einiger Entfernung auszumachen.

⌖ 44°36'49.30"N, 17°08'11.60"E

78206 Krupa na Vrbasu
www.bhtourism.ba/ger/banjaluka.wbsp

Bild: Banja Luka Tourist Board

Prijedor

Die an den Flüssen Sana und Gomjenica gelegene Stadt Prijedor mit rund 97 000 Einwohnern ist als Zentrum der umliegenden Region bekannt. Sie wurde erstmals in der zweiten Hälfte des 17. Jahrhunderts erwähnt, doch war das Gebiet bereits in der Römerzeit besiedelt. Durch seine günstige Lage wuchs Prijedor in weiterer Folge rasch und erlebte vor allem ab 1873 einen enormen Aufschwung, da die Stadt damals als eine der ersten des Landes ans Eisenbahnnetz angeschlossen wurde. Sie entwickelte sich somit zu einem Verkehrsknotenpunkt, weshalb sie auch heute noch einen optimalen Ausgangspunkt für Ausflüge in die Umgebung darstellt. Während des Bürgerkrieges fanden in Prijedor ethnische Säuberungen statt, die zur Vertreibung sowie Internierung der muslimischen und kroatischen Bevölkerung führten, während gleichzeitig zahlreiche serbische Flüchtlinge aus anderen Landesteilen hier Unterschlupf fanden. Die bedeutendste Sehenswürdigkeit der Stadt ist die inmitten einer Einkaufsstraße gelegene Čaršijska-Moschee *Čaršijska džamija*, welche auf der Liste der Nationaldenkmäler Bosnien-Herzegowinas steht. Sie wurde 1992 zerstört, jedoch unter Einbeziehung der Originalpläne genau rekonstruiert. Unweit der Moschee befindet sich der Hauptplatz *Trg majora Zorana Karlice* mit einem ehemaligen Einkaufszentrum aus sozialistischer Zeit. Interessanter sind allerdings das an der Straße Branislava Nušića gelegene städtische Theater *Pozorište Prijedor* sowie die rekonstruierte katholische Kirche des heiligen Josip *Crkva sv. Josipa*.
Im Verwaltungsviertel, an der Allee Akademika Jovana Raškovića befindet sich neben dem Tourismusbüro auch das sehenswerte Kozara-Museum *Muzej Kozare*, welches sich dem gleichnamigen Nationalpark widmet. Das außerhalb der Stadt gelegene Ufer der Sana bietet schließlich einen Freizeit- und Sportpark mit einem Bad und einigen Lokalen.

Bild: Pavel Trojan

⌖ 44°58‘51.52“N, 16°42‘48.18“E

Touristeninformation
79101 Prijedor
Akademika Jovana Raškovića 18
www.visitprijedor.com

Nationalpark Kozara

Der inmitten des gleichnamigen Nationalparks gelegene Berg Kozara ist 878 Meter hoch und dominiert die Landschaft des nordwestlichen Bosniens gemeinsam mit mehreren anderen Erhebungen. Im Jahr 1967 wurde das umliegende Gebiet mit einer Fläche von rund 3 500 Hektar zum Nationalpark erklärt. Dieser zeichnet sich durch seinen besonderen Artenreichtum aus, da er nicht weniger als 865 verschiedene Pflanzenarten beherbergt, darunter 19 als selten beziehungsweise gefährdet eingestufte. Auch zahlreiche Tiere leben auf dem Areal, beispielsweise Rotwild, Füchse,

Wildschweine, Wölfe, Wildkatzen, Hasen, Enten oder Eulen.
Der Nationalpark stellt heute eines der beliebtesten Ausflugsziele des gesamten Landes dar, denn das dicht bewaldete Gebiet lädt zum Wandern, Radfahren, Skifahren und in eigenen Zonen auch zum

Bild: NP Kozara

Jagen ein und es lockt mit einem Klettergarten. Insgesamt stehen etwa dreihundert Kilometer an markierten Wegen zur Verfügung, wobei etwa dreißig Kilometer davon regelmäßig gewartet werden. Einer dieser Wanderwege führt beispielsweise in rund einer Stunde um die Mrakovica-Hochebene, über einen ebenfalls markierten Radweg gelangt man nach etwa fünfzehn Kilometern zum orthodoxen Moštanica-Kloster *Manastir Moštanica*, das 1579 erstmals erwähnt wurde, jedoch auf das 12. Jahrhundert zurückgeht.
Ein 33 Meter hohes Denkmal auf dem Gipfel der Hochebene erinnert an die sogenannte Kozaraschlacht, welche während des Zweiten Weltkrieges beim Kampf gegen faschistische Einheiten zahlreiche Opfer forderte. Insgesamt 9 921 eingravierte Namen zieren die Gedenkwand und in einer kleinen Ausstellung sind außerdem Fotos und Dokumente zu sehen.

⌖ 44°59'26.70"N, 16°59'18.80"E

www.npkozara.com

Kozarska Dubica

Das an der Una gelegene Kozarska Dubica ist die nördlichste Stadt der Krajina, welche über eine Brücke direkt mit der kroatischen Nachbarstadt Hrvatska Dubica verbunden ist. Die Gründung der Stadt geht auf das Jahr 930 zurück, wobei diese später sowohl als Grenzstadt zwischen dem Osmanischen Reich und dem Habsburgerreich in heftige Kämpfe verwickelt war, als auch während des Zweiten Weltkrieges, denn 1942 fand hier ein Entscheidungskampf zwischen deutschen und kroatischen Truppen statt. Vor dem Bosnienkrieg lebten in der damals als Bosanska Dubica bekannten Stadt mehrheitlich Bosniaken, heute sind es Serben. Sehenswert sind in erster Linie

Bild: NP Kozara

Bild: Wikipedia CCA-SA 3.0

Bild: Pavel Trojan

historische, aber auch neu erbaute Kirchen und Moscheen wie beispielsweise die wiedererrichtete, ursprünglich aus dem 17. Jahrhundert stammende Čaršijska-Moschee *Čaršijska džamija* mit einem sehr beeindruckenden Holzminarett sowie der gemütliche Stadtpark *Gradski park*. Der Name Philip Zepter ist in Kozarska Dubica quasi allgegenwärtig. Er gilt als einer der reichsten Serben und unterstützt die Stadt seiner Kindheit mit großem Engagement. So erinnern zum Beispiel der moderne, zentral gelegene Zepter Platz *Zepter Plato* mit zahlreichen Kaffeehäusern, einem Einkaufszentrum und einem modernen Hotel ebenso wie diverse Vereine und soziale Einrichtungen an ihn. Entlang der Uferpromenade der Una befinden sich mehrere Strände, die vor allem von den Jugendlichen der Stadt geschätzt werden und auch das Schiffsrestaurant zum heiligen Nikola *Splav sv. Nikola* erfreut sich großer Beliebtheit.

⌖ 5°11’03.80“N, 16°48’27.40“E

79240 Kozarska Dubica

Bosanska Krupa

Ebenfalls an der Una liegt inmitten einer besonders schönen Landschaft die Stadt Bosanska Krupa, welche meist kurz als Krupa bezeichnet wird. Das heutige Stadtgebiet war bereits zur Zeit der Römer besiedelt, doch die erste urkundliche Erwähnung erfolgte erst im 13. Jahrhundert. Damals wurde auch die auf einem Felssporn gelegene, großzügige Festung *Pset* mit drei Wehrtürmen errichtet. Sie blickt auf eine sehr wechselvolle Geschichte zurück, denn im Mittelalter wurde sie von kroatischen sowie ungarischen Herrschern erobert und im 16. Jahrhundert befand sie sich in den Händen der Osmanen, welche schließlich ihren Ausbau veranlassten. Von der restaurierten Anlage aus kann man den einzigartigen Ausblick über die gesamte Stadt, die bewaldeten Bergrücken der Umgebung sowie die an der Una gelegenen, hölzernen Wassermühlen *Mlinčići* genießen. Obwohl in Bosanska Krupa, welches während des Bosnienkrieges extrem umkämpft war, noch vereinzelt Spuren aus dieser Zeit zu sehen sind, präsentiert es sich heute sehr lebhaft. Am Fuße der Festung befinden sich inmitten der historischen Altstadt eine katholische und eine orthodoxe Kirche sowie eine Moschee, welche wieder aufgebaut beziehungsweise renoviert wurden. Unweit des Zentrums liegt der bemerkenswerte Park Mala Ada, was kleine Flussinsel bedeutet. Er erstreckt sich über mehrere, durch

Holzbrücken verbundene Inseln der Una, die aufgrund ihrer Breite hier fast an einen See erinnert, und bietet neben einer schönen Sonnenterrasse auch einen Spielplatz und einen Beachvolleyballplatz. Zum Baden lädt nahe der hölzernen Fußgängerbrücke *Međumostovi* der städtische Strand, wo man auch Kanus mieten kann, ein. Möchte man bis zur rund einen Kilometer entfernten Mündung der Krušnica paddeln, empfiehlt es sich, einen Bootsführer zu engagieren. Wer im Juli nach Bosanska Krupa kommt, sollte sich außerdem das spektakuläre Rennen der sogenannten Una-Bootsfahrer *unski lađari* keinesfalls entgehen lassen.

⌖ 44°52'55.76"N, 16°09'11.47"E

77240 Bosanska Krupa
www.bhtourism.ba/ger/boskrupa.wbsp

Quelle der Krušnica

Die Quelle der Krušnica, welche auf einem schmalen Spazierweg auch zu Fuß erreicht werden kann, gilt als Hauptattraktion in der Nähe der Stadt Bosanska Krupa. Sie liegt etwa sechs Kilometer außerhalb in einer sagenumwobenen Höhle am Fuße eines hohen Felsens. Am schönsten ist die Anfahrt jedoch mit dem Holzboot, welches unmittelbar hinter dem städtischen Krankenhaus ablegt. Internationalen Tauchern gelang es im Jahr 2008 bis in eine Tiefe von 112 Metern vorzudringen, doch konnten sie den tiefsten Punkt der Höhle nicht erreichen. Der saubere, ruhige Fluss Krušnica ist bei Fischern sehr beliebt und dient auch als Austragungsort für Fliegenfischer-Wettbewerbe.

⌖ 44°50'41.00"N, 16°10'10.60"E

77240 Bosanska Krupa

Bild: Wikipedia GNU

Bužim

Über der von sanften Hügeln umgebenen Stadt Bužim thront die Ruine einer aus dem 14. Jahrhundert stammenden Altstadt, welche von einer inneren sowie einer äußeren Festung mit mehreren Türmen umgeben ist. Die Burganlage wurde später noch zusätzlich gesichert und mehrmals erneuert, da sie eine bedeutende Rolle bei der Grenzverteidigung spielte. Besonders sehenswert ist in der Stadt selbst die aus dem Jahr 1838 stammende Holzmoschee, welche ein hölzernes Minarett und eine besonders schöne Innenausstattung aufweist.

⌖ 45°03'42.33"N, 16°01'56.50"E

77245 Bužim

Čava-Svetinja

Das beliebteste Ausflugsziel in der Nähe von Bužim ist das sogenannte Heiligtum *Čava-Svetinja*, eine Quelle, die nur einmal am Tag etwa eine Stunde lang sprudelt und dann einen rund sechzehn Meter hohen Wasserfall entstehen lässt. Jeweils am 6. Mai geschieht dies genau zu Mittag, weshalb an diesem Tag immer besonders viele Besucher diesem außergewöhnlichen Spektakel beiwohnen.

⌖ 45°03'39.70"N, 16°01'57.70"E

77245 Bužim

Cazin

Cazin ist eine ruhige, von sanften Hügeln umgebene Stadt, die durch einen Bach geteilt wird und deren Umgebung bereits während der Eisenzeit bewohnt war. Im 14. Jahrhundert spielte die Stadt jedoch aufgrund seiner strategisch wichtigen Lage eine bedeutende Rolle in der Geschichte des Landes. Davon zeugen die Überreste einer Festung, auf deren Gelände sich eine 1876

Bild: Wikimedia Commons

erweiterte Moschee aus dem 16. Jahrhundert befindet. Interessant ist auch das rund zweihundert Jahre alte Geburtshaus von Nurija Pozderac, einem bekannten Politiker der Zwischenkriegszeit. Dieses gilt als Paradebeispiel eines reich geschmückten bosnischen Bauwerkes aus dem frühen 19. Jahrhundert. Heute zählt Cazin zu den größten Milchproduzenten des Landes, aber auch Obst, Gemüse, Kräuter und Beeren werden hier verarbeitet.

⌖ 44°57'58.12"N, 15°56'22.99"E

77220 Cazin
www.bhtourism.ba/ger/cazin.wbsp

Ostrožac

Die Burg Ostrožac, welche als eines der imposantesten historischen Bauwerke des Landes gilt, liegt über dem Tal der Una und bietet einen traumhaften Ausblick auf die Krajina. Sie wurde 1286 erstmals urkundlich erwähnt und im Laufe der Zeit von den Osmanen ebenso wie von den Habsburgern geprägt. Der gewaltige Turm, durch welchen die Festung betreten wird, stammt aus dem 13. Jahrhundert, doch dürfte der strategisch günstig gelegene Ort bereits wesentlich früher bebaut gewesen sein. Insgesamt ist der von einer aus osmanischer Zeit stammenden, bis zu acht Meter hohen Mauer umgebene Innenhof 175 Meter lang und über 50 Meter breit. Das gleichnamige neugotische Schloss innerhalb der Festungsanlage wurde um 1900 errichtet, da die Habsburger die Burganlage ihrem Stadthalter von Bihać überließen, der dort seine Vorstellungen umsetzen konnte. Seine Familie bewohnte das Gebäude bis zum Zweiten Weltkrieg. Heute ist Ostrožac in staatlichem Besitz und wird im Rahmen eines künstlerischen Wettbewerbes jedes Jahr um eine Steinskulptur im Innenhof erweitert.

⌖ 44°54'19.45"N, 15°56'12.44"E

77228 Ostrožac

Bild: Rafting Center Discover Bihać

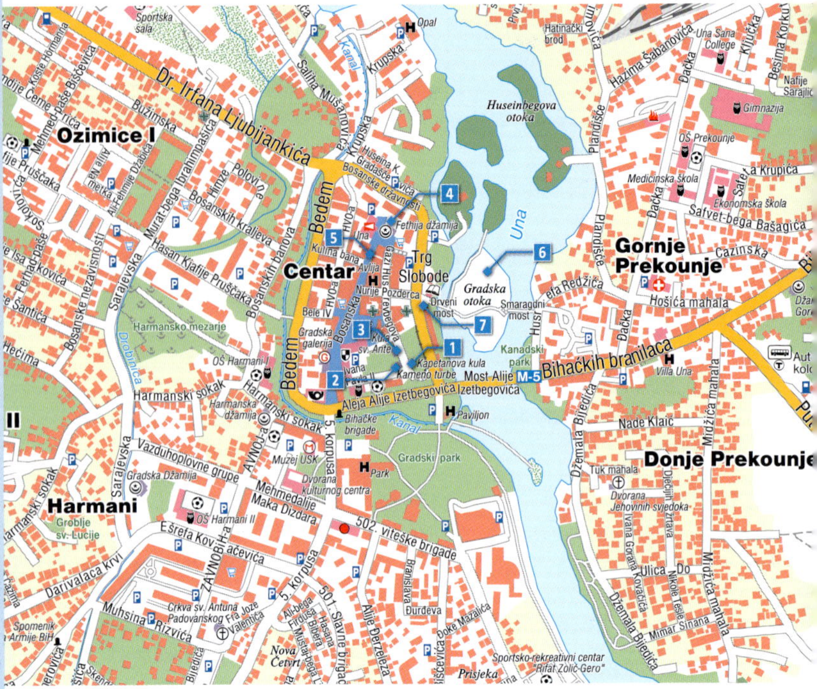

- **1** Kapitänsturm
- **2** Mausoleum
- **3** Kirche des heiligen Antonius
- **4** Fethija-Moschee
- **5** Bosanska
- **6** Stadtinsel
- **7** Marschall Tito Platz

Bihać

Bihać, die westlichste Stadt Bosnien-Herzegowinas, liegt heute an der Grenze zu Kroatien im Tal der blaugrünen Una zwischen den Gebirgszügen Plješevica und Grmeš und zählt rund 61 000 Einwohner, fast ausschließlich muslimische Bosniaken. Die einstige Stadt Castrum Bichiciense war bereits von den Römern besiedelt und im Mittelalter fungierte Bihać als Grenzstadt zwischen dem Osmanischen Reich und Österreich-Ungarn, wobei die erste urkundliche Erwähnung auf das Jahr 1260 zurückgeht. Im 13. Jahrhundert war die Stadt von einem massiven Verteidigungsring umgeben, an dessen Stelle heute die Ringstraße verläuft. Seine Überreste erinnern aber noch an jene Zeit, zu welcher Bihać als uneinnehmbar galt, obwohl die Mauern 1888 weitgehend abgetragen wurden. Ende des 16.

Bild: Rafting Center Discover Bihać

Bild: Rafting Center Discover Bihać

Jahrhunderts eroberten die Osmanen die Stadt, welche bis 1878 Teil des Osmanischen Reiches blieb. Während des Zweiten Weltkrieges war Bihać kurze Zeit eine eigenständige Republik, doch konnte die Deutsche Wehrmacht die Stadt von Titos Partisanen zurückerobern. Als es in weiterer Folge dem sozialistischen Jugoslawien angehörte, kam Bihać eine Sonderstellung zu, denn die Ansiedlung von Industrie und Militär wurde hier besonders vorangetrieben. Während des Bosnienkrieges von 1992 bis 1995 bildete Bihać eine umkämpfte Enklave unter bosnischer Führung, welche schließlich zur UN-Schutzzone erklärt wurde. Am 24. Juli 2014 wurde Bihać offiziell der Status einer Stadt verliehen. Dieser kommt heute große Bedeutung zu, da sie als regionales Zentrum über diverse Verwaltungseinrichtungen und Krankenhauser sowie eine Universität verfügt. Touristen lockt die Stadt, die sich auch perfekt als Ausgangsort für Ausflüge in die Umgebung eignet, durch ein interessantes Zusammentreffen von Geschichte und Moderne. Sowohl im Stadtzentrum als auch in der Umgebung laden zahlreiche Restaurants und Kaffeehäuser zum Verweilen ein.

⊕ 44°48'53.56"N, 15°52'08.49"E

Touristeninformation
77000 Bihać, Dr. Irfana Ljubijankića 13
www.bhtourism.ba/ger/bihac.wbsp

Kapitänsturm

Die auf einem kleinen Hügel gelegene, parkartige Altstadt *Stari grad* ist über einige Stufen zu erreichen und stellt einen beliebten Rückzugsort für Ruhesuchende dar. Eines der interessantesten Gebäude ist der Kapitänsturm *Kapetanova kula*. Der ursprünglich aus dem 13. Jahrhundert stammende und im 16. Jahrhundert erneuerte Turm weist eine quadratische Grundfläche mit einer Seitenlänge von zehn Metern auf. Er war einst Teil der Befestigungsanlage und diente als Sitz des Herrschers der Grenzeinheiten und später als Gefängnis. Seit 1959 beherbergt der Turm ein Museum, welches die Stadtgeschichte von Bihać thematisiert, aber auch Exponate aus illyrischer beziehungsweise römischer Zeit präsentiert.

Bild: bhtourism.ba

Mausoleum

Das ebenfalls auf dem Altstadthügel gelegene Mausoleum *Kameno turbe* stammt aus der osmanischen Herrschaftszeit und wird von zahlreichen Legenden umrankt. Unter der österreichisch-ungarischen Herrschaft wurde das ursprünglich hölzerne Grabmal 1898 um einige Meter versetzt und durch ein oktagonales Bauwerk aus Stein ersetzt. Im Inneren des Mausoleums befinden sich die Sarkophage zweier unbekannter Muslime, welche meist als Paschas bezeichnet werden. Während des Bosnienkrieges wurde das Mausoleum stark zerstört, danach jedoch wieder restauriert.

Bild: Rafting Center Discover Bihać

Kirche des heiligen Antonius

Auch die 1894 fertiggestellte Kirche des heiligen Antonius *Crkva sv. Antuna* befindet sich auf dem Altstadthügel, wobei seit dem Zweiten Weltkrieg lediglich der Kirchturm und einige Grundmauern der einst rund neunhundert Quadratmeter großen Kirche erhalten sind. Das riesige Bauwerk sollte nach der Machtübernahme der Habsburger als Symbol für die Rückkehr des Christentums fungieren. Der mächtige, rechteckige Kirchturm, welcher die Silhouette der Stadt gemeinsam mit dem Minarett der Moschee stark dominiert, wird von den Einwohnern meistens allerdings schlicht als Bihaćer Turm *Bihaćka kula* bezeichnet. Nach dem Krieg wurde übrigens eine neue, moderne Kirche des heiligen Antonius von Padua *Crkva sv. Antuna Padovanskog* südlich des Zentrums errichtet.

Fethija-Moschee

Die Fethija-Moschee *Fethija džamija* ist als eine der besterhaltenen Moscheen des gesamten Landes bekannt. Nach der Übernahme Bihaćs durch die Osmanen im Jahr 1592 wurden alle existierenden Kirchen sofort in Moscheen umgewandelt. Im Falle der Fethija-Moschee wurde der oktagonale Kirchturm einer gotischen Dominikanerkirche aus dem 13. Jahrhundert durch ein Minarett ersetzt. An der übrigen Bausubstanz wurden hingegen nur wenige Veränderungen vorgenommen, weshalb man noch heute den christlichen Ursprung des Gotteshauses erkennen kann, beispielsweise an den Fenstern und der gotischen Rosette über dem Eingangsportal.

Bild: Julian Nitzsche I PIXELIO

Bild: Rafting Center Discover Bihać

Bosanska

Gegenüber der Moschee beginnt die Fußgängerzone Bosanska, welche von vielen Kaffeehäusern, Boutiquen und Geschäften flankiert wird. Sie führt vom renovierten Kino Una am Rathaus *Opština* vorbei zur Alija Izetbegović-Allee *Aleja Alije Izetbegovića* und schließlich weiter zum Stadtpark *Gradski park*. Bei diesem handelt es sich um die größte innerstädtische Parkanlage von Bosnien-Herzegowina, welche quasi an den Nationalpark Una grenzt.

Stadtinsel

Von der Alija Izetbegović-Brücke *Most Alije Izetbegovića* aus kann man einen ausgezeichneten Blick über die Una und ihre zahlreichen Inseln werfen. Die größte ist als Stadtinsel *Gradski otok* bekannt und kann über eine Brücke beziehungsweise einen Steg von beiden Ufern aus erreicht werden.

Marschall Tito Platz

Der Marschall Tito Platz *Trg Maršala Tita*, der Platz mit dem größten Verkehrsaufkommen der gesamten Stadt, befindet sich unmittelbar neben dem Ufer der Una. Hier sind sowohl der städtische Busbahnhof als auch die Universitätsbibliothek *Univerzitetska biblioteka* und der Marktplatz, auf welchem täglich frische Waren angeboten werden, anzutreffen.

Sokolac

In unmittelbarer Nähe von Bihać, jedoch bereits außerhalb der südlichen Stadtgrenze, liegt Sokolac, eine ausgezeichnet erhaltene Burg aus dem Jahr 1395, welche später auch von den Osmanen als

Bild: Rafting Center Discover Bihać

Verteidigungsanlage genutzt wurde. Sie wird von einem 16 Meter hohen Rundturm mit einem Durchmesser von zehn Metern dominiert und kann nach einem rund fünfzehnminütigen Fußmarsch erreicht werden, wobei der Pfad relativ steil ansteigt. Der schöne Ausblick entschädigt jedoch für die vorangegangenen Mühen.

⌖ 44°47'08.20"N, 15°53'42.40"E

Touristeninformation
77000 Bihać, Dr. Irfana Ljubijankića 13
www.bhtourism.ba/ger/bihac.wbsp

Nationalpark Una

Der seit dem Jahr 2008 bestehende Nationalpark Una *Nacionalni park Una* umfasst eine Fläche von rund 19 800 Hektar und zählt zu einem der schönsten und naturbelassensten Landstriche Südosteuropas. Als Symbol des Nationalparks gilt der besonders beeindruckende, 24 Meter hohe Štrbački Buk-Wasserfall. Wassersportarten stehen im Park definitiv an erster Stelle, denn die Flüsse Una und Unac bieten die perfekten Voraussetzungen zum Raften, Rudern, Schwimmen, Tauchen und Angeln. Inmitten des Nationalparks liegt der kleine Ort Kulen Vakuf, welcher als Paradies für Fliegenfischer gilt, da sich die blaugrüne Una hier breit und seicht präsentiert. Insgesamt sind in der Una 15 Fischarten heimisch, wobei der Huchen oft bis zu dreißig Kilogramm wiegen kann. In kultureller Hinsicht ist vor allem die Königsstadt Ostrovica *Stari grad Ostrovica*, welche 1407 erstmals erwähnt wurde und die man heute als Teil von Kulen Vakuf bezeichnen kann, interessant.
Weiter flussaufwärts befindet sich die Ortschaft Martin Brod, welche abgesehen vom ursprünglich 1443 errichteten, serbisch-orthodoxen Kloster Rmanj aufgrund ihrer schönen Wasserfälle bekannt ist. Es handelt sich um die flächenmäßig größten an der Una, wobei der höchste und beeindruckendste, der Große Fall *Veliki Buk*, lediglich acht Meter hoch ist. Folgt man dem Spazierweg entlang der Una, kann man eine schöne Aussicht auf dieses einzigartige Naturschauspiel genießen. Empfehlenswert ist auch ein Besuch der im Nationalpark gelegenen Unac-Schlucht, welche

Bild: Nacionalni Park Una

Bild: Nacionalni Park Una

durch ihre landschaftliche Schönheit fasziniert. In heißen Sommern trocknet der gleichnamige Fluss hier an einigen Stellen ganz aus, besteht allerdings unterirdisch als Karstfluss weiter. Außerdem stehen teilweise anspruchsvolle Wanderungen und Mountainbiketouren in den umliegenden, kahl wirkenden Gebirgszügen Osječenica, Grmeč und Plješevica hoch im Kurs.
Das offizielle Informationszentrum des Nationalparks befindet sich in Bihać, gegenüber des Hotels Park, ein weiteres existiert in Martin Brod, wo man auch die Möglichkeit hat, sich Mountainbikes auszuborgen.
Im Nationalpark gelten strenge Regeln, welchen sowohl Besucher als auch die Einwohner Folge zu leisten haben, um die einzigartige Flora und Fauna nicht zu gefährden. Hier gedeihen 1 900 seltene beziehungsweise vom Aussterben bedrohte Pflanzenarten wie gelber Enzian, Bergkiefer oder Una-Glockenblume. Zu den tierischen Bewohnern zählen neben Fischen 120 Vogel-, 21 Reptilien- und 60 Säugetierarten wie Fledermäuse, Otter und Hermeline, aber auch Wölfe, Bären und Luchse, wobei letztere lediglich in den für Menschen unzugänglichen Arealen leben.

⌖ 44°34'24.40"N, 16°03'56.39"E

www.nationalpark-una.ba

Bild: Rafting Center Discover Bihać

Rafting auf der Una

Im Zentrum der Stadt Bihać sowie direkt in Kulen Vakuf bieten diverse Raftingclubs verschiedenste Touren auf der Una an. Die Strecke zwischen Štrbački Buk und Lohovo weist zahlreiche Wasserfälle und Stromschnellen auf und zählt daher zu den Favoriten der meisten Touristen. Vorkenntnisse müssen nicht unbedingt mitgebracht werden und natürlich wird auch die Ausrüstung vor Ort zur Verfügung gestellt. Die etwa fünfzehn Kilometer lange Tour führt durch die unberührte Landschaft der Una-Schlucht und dauert je nach Wasserstand zwischen vier und fünf Stunden, wobei ein aufregendes Abenteuer auf jeden Fall garantiert ist.

⌖ 44°39'21.10"N, 16°00'34.80"E

77000 Bihać, Klokot- Pecikovići bb
www.una-rafting.ba
77000 Bihać, Račić bb
www.una-aqua.com/de
77206 Kulen Vakuf
www.raftinguna.com

Tito-Höhle

Das verschlafene Städtchen Drvar südwestlich von Banja Luka wird von zahlreichen Touristen besucht,

Bild: Wikipedia CC BY-SA 3.0

deren Ziel die Tito-Höhle *Titova pećina* am Ortsausgang in Richtung Bosansko Petrovac ist. Im Rahmen des sogenannten Unternehmens Rösselsprung, einer deutschen Offensive, sollte Josip Broz Tito als Leiter der jugoslawischen Partisanen an seinem Geburtstag, dem 25. Mai 1944, gefangen genommen und sein Hauptquartier zerstört werden. Zu diesem Zweck wurde Drvar massiv bombardiert und schließlich landeten auch Fallschirmjäger, doch konnte sich Tito gemeinsam mit seinem Führungsstab in der nunmehr legendären Höhle verstecken und in weiterer Folge erfolgreich entkommen. Nach dem Krieg wurde die Höhle Bestandteil des Museums 25. Mai 1944 und entwickelte sich rasch zur Touristenattraktion. Im Jahr 1992 wurde dieses zerstört, jedoch später restauriert und 2006 wieder für die Öffentlichkeit zugänglich gemacht. Ausgestellt sind Fotos, Dokumente und Waffen, aber auch die Nachbildung von Titos Uniform.

⌖ 44°22'15.49"N, 16°22'35.39"E

80260 Drvar

Ključ

Ključ bedeutet Schlüssel, denn die unmittelbar an der tief eingeschnittenen Sana-Schlucht, welche das Bergmassiv in zwei Hälften spaltet, gelegene Stadt galt lange Zeit als Schlüsselposition der lokalen Handelswege beziehungsweise als Schlüssel zu ganz Bosnien. Bekannt ist Ključ vor allem aufgrund seiner aus der ersten Hälfte des 14. Jahrhunderts stammenden Burganlage, in welcher 1463 Stjepan Tomašević, der letzte bosnische König, von den Osmanen

Bild: Ključ Municipality

Bild: Ključ Municipality

gefangen genommen wurde. Der Weg zur heute hoch über der Stadt thronenden Festung ist sehr gut beschildert und durchgehend asphaltiert, jedoch ziemlich steil ansteigend, weshalb man mit dem Auto fahren oder ein gewisses Maß an Kondition mitbringen sollte. Die Stadt Ključ, welche schon lange als Paradies für Fliegenfischer bekannt ist, etabliert sich außerdem in zunehmendem Maße als Ziel für Wanderer, da die Umgebung von nahezu unberührter Natur geprägt ist. Wer auf der Suche nach Abkühlung ist, hat außerdem am städtischen Strand die Möglichkeit, schwimmen zu gehen oder ein Kanu zu mieten.

⌖ 44°32‘02.60“N, 16°46‘28.30“E

79280 Ključ

Quelle der Sanica

Die Quelle der Sanica, des größten Nebenflusses der Sana, liegt unweit des gleichnamigen Dorfes und kann fast direkt mit dem Auto angesteuert werden. Nach einem kurzen Fußmarsch, der bei der Brücke hinter einem Sägewerk beginnt, erreicht man die Quelle am Fuße des Berges Grmeč. Sie

Bild: Ključ Municipality

wirkt besonders spektakulär, da das glasklare, türkisblau schimmernde Wasser aus einer engen Klamm hervortritt und nur wenige Meter weiter bereits einen großen Fluss bildet. In der Umgebung von Sanica befinden sich außerdem zahlreiche landwirtschaftliche Betriebe, die sich beispielsweise der Zucht von Kampfstieren, Rindern, Schafen oder Hunden widmen, aber auch Imker und ein hervorragendes Fischrestaurant sorgt überdies für das leibliche Wohl.

⌖ 44°´36‘22.10“N, 16°36‘47.90“E

79285 Sanica

Hrustovačka-Höhle

Die in einem Waldstück nahe des Dorfes Hrustovo gelegene Karsthöhle weist einen großen Eingang auf. Dieser lässt bereits erste Rückschlüsse auf die Höhle selbst zu, denn er ist reich mit Stalagmiten und Stalaktiten geschmückt. Nach etwa vierhundert Metern teilt sich die Höhle, wobei vor allem der rechte Gang gewaltige Hallen und schöne Tropfsteine aufweist. Er ist bis auf eine Engstelle relativ einfach zu begehen, jedoch mit nur rund achthundert Metern

Bild: Ključ Municipality

vergleichsweise kurz. Der linke Teil der Höhle sollte hingegen ausschließlich mit entsprechender Ausrüstung erkundet werden, da mitunter Wasseransammlungen und Felsbrocken den Weg versperren. Entdeckt wurden bisher zwei Seen, doch wird davon ausgegangen, dass die Höhle noch über mindestens einen weiteren Eingang verfügt, da im Inneren ein kontinuierlicher Luftstrom zu verspüren ist. Entdeckt wurden hier übrigens auch Steinwerkzeuge, Keramikgefäße und Reste von Feuerstellen der sogenannten Vučedol-Kultur, welche zwischen 3 000 und 2 200 vor Christus in dieser Region verbreitet war.

⌖ 44°40'21.90"N, 16°42'02.00"E

79265 Hrustovo

Sanski Most

Sanski Most wird auch als Stadt an neun Flüssen bezeichnet, denn es liegt an nicht weniger als neun Zuflüssen der Sana. Unmittelbar am Ufer laden zahlreiche Kaffeehäuser und Restaurants zum Bleiben ein, doch die Stadt hat auch historisch bemerkenswerte Sehenswürdigkeiten zu bieten. Zu den Hauptattraktionen zählen die Alte Brücke *Stari most* über die Sana, nach welcher Sanski Most benannt ist, und die 1557 errichtete Hamzi-Beg-Moschee *Hamzibegova džamija*, die nach dem Bürgerkrieg mit vier Minaretten neu errichtet wurde. Außerdem erinnert ein Denkmal *Logoraš* an das Schicksal jener Gefangenen aus Sanski Most, welche im Jahr 1992 in Konzentrationslagern interniert waren. Der sogenannte Wasserpark *Vodini park*, ein modernes Freibad mit schönen Becken und Rutschen lädt hingegen zum Schwimmen beziehungsweise Entspannen ein.

⌖ 44°45'53.00"N, 16°39'53.00"E

79260 Sanski Most
www.bhtourism.ba/ger/sanskimost.wbsp

Šipovo-Region

Die Region um die Kleinstadt Šipovo zählt zu den schönsten Landstrichen Bosnien-Herzegowinas und hat für kulturinteressierte Besucher außerdem sehenswerte historische Stätten zu bieten, denn das Gebiet war bereits um 1500 vor Christus besiedelt. Dazu zählen die Überreste eines römischen Militärlagers ebenso wie jene einer frühchristlichen Basilika und diverse Statuen, zum Beispiel von den Gottheiten Minerva beziehungsweise Jupiter. Heute gilt das Gebiet um Šipovo als Paradies für Jäger und Fliegenfischer, aber auch für Radfahrer und Wanderer sowie Naturliebhaber und Fotografen, denn mit etwas Glück kann man in der Umgebung Bilder von Bibern oder sogar Ottern in ihrem natürlichen Lebensraum schießen. Zu den Hauptattraktionen zählen die Quellen der Pliva *Desni izvor Plive* südwestlich der Stadt, welche von zahlreichen hölzernen Wassermühlen *Mlinčići* umgeben sind, sowie die Inseln von Janj *Janjske ostrve*, bei welchen es sich genau genommen um ein üppiges Waldgebiet mit Stromschnellen und zahlreichen kleinen Wasserfällen handelt. Die Vaganska-Höhle *Vaganska pećina* südlich von Šipovo zählt neben der Orlovača-Höhle eindeutig zu den schönsten von ganz Bosnien-Herzegowina. Die Karsthöhle zeichnet sich durch ihre Fülle an Stalagmiten und Stalaktiten aus, wobei bisher lediglich 420 Meter des gesamten Systems erforscht sind. Außerdem bietet sie vielen, teilweise bereits selten anzutreffenden FlederSanmausarten einen perfekten Lebensraum. Das südlich von Šipovo gelegene Vitorog-Gebirge, welches am Übergang zwischen kontinentaler und mediterraner Klimazone liegt, ist nicht nur bei der einheimischen Bevölkerung ein sehr beliebter Ort zum Wandern. Die Region zeichnet sich außerdem durch ihren enormen Pflanzenreichtum aus, denn man begegnet farbenfrohen Blumen ebenso wie altbekannten Heilkräutern, darunter auch zahlreichen endemischen Arten. Weiters ist das Vitorog-Gebirge für seinen Artenreichtum im Bereich der Tierwelt bekannt, denn hier sind unter anderem Braunbären, Wölfe und Wildschweine sowie mehrere seltene Vogelarten heimisch. Wer den 1 906 Meter hohen Gipfel erklimmt, wird mit einer wahrhaft grandiosen Aussicht für alle vorangegangenen Anstrengungen entschädigt.

44°16'53.20"N, 17°05'10.20"E

Touristeninformation
70270 Šipovo, Gavrila Principa 7a
www.sipovo-tourism.com

Bild: Draganica I Fotolia

Nord-
ostbosnien

Das an Kroatien und Serbien grenzende Nordostbosnien gliedert sich in das Territorium der Republika Srpska, jenes der Föderation Bosnien und Herzegowina sowie den Distrikt Brčko, welcher als eigenständige Region keiner der beiden Entitäten unterstellt ist. Dieses Gebiet war während des Bürgerkrieges in den 1990er Jahren heftig umkämpft, doch präsentiert es sich heute wieder von seiner schönsten Seite. Die im Nordosten des Landes gelegenen Städte werden in erster Linie vom Handel geprägt, wobei vor allem Tuzla, die größte Stadt der Region, sowie Brčko und Bijeljina einen lebhaften Charakter aufweisen. In landschaftlicher Hinsicht wird das Gebiet von den fruchtbaren Ebenen Posavina und Semberija, welche auch zahlreiche Arbeitsplätze im landwirtschaftlichen Bereich bieten, dominiert. Letztere ist Teil der einst von Meer bedeckten Pannonischen Tiefebene, die sich von Ungarn bis nach Bosnien-Herzegowina erstreckt, und wird etwa zur Hälfte als Ackerbaugebiet genutzt. Außerdem spielt die Industrie hier eine große Rolle, besonders in Tuzla, der sogenannten Stadt auf dem Salzkorn.

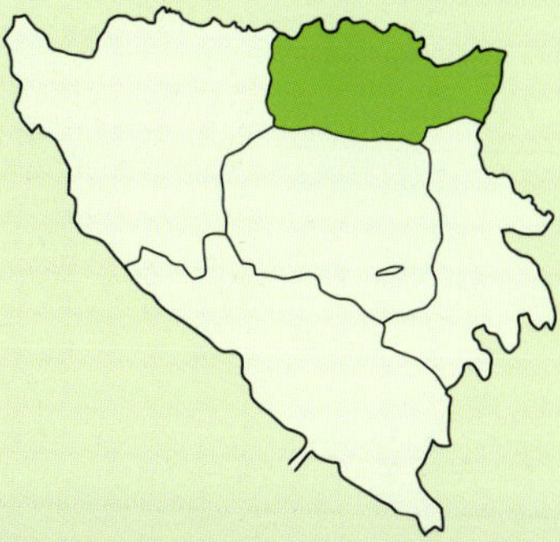

Požega
Jakšić
Pleternica
Slavonski Brod
Brod
Brodski Varoš
Sibinj
Podvinje
Oriovac
Sava
Sijekovac
Novo Selo
Korače
Bosanski Dubočac
Derventa
Odžak
Modriča
Posavina • 139
Gradačac • 140
Freilichtmuseum Kotromanićevo • 138
Prnjavor
Kotorsko
D. Grapska
Doboj • 137
Doboj
Klokotnica
Velika Brijesnica
Stjepan Polje
Gračanica
Gračanica • 138
Miljanovci
Ularice
Jelen-See • 136
Tešanj • 136
Tešanj
Teslić
Ozren • 133
Kloster des heiligen Nikolaus • 134
Kloster Liplje • 135
Banja Vrućica
Banja Vrućica • 134
Komušina • 135
Maglaj
Zavidovići
Žepče
Gostovići
Bosna
Trebava
Borja planina
Maslovare
Sjenina
Malešići
Džakule
Đakovo
Donji Andrijevci
Pridražići
D. Gračanica
Turbe

Vukovar
Vinkovci
Nuštar
Jarmina
Ivankovo
Mirkovci
Rokovci
Andrijaševci
Cerna
Privlaka
Otok
Gradište
Babina Greda
Županja
Štitar
Bošnjaci
Domaljevac
Grebnice
Tolisa
Orašje
Šamac
Tovarnik
Šid Шид
Bačka Palanka Бачка Паланка
Ilok
Lipovac
Morović Моровић
Višnjićevo Вишњићево
Sremska Rača Сремска Рача
Drenovci
Vrbanja
Posavski Podgajci
Rajevo Selo
Gunja
Brčko
Brčko • 142
Drinska ruža • 145
Jamena
Donje Crnjelovo
Banja Dvorovi • 142
Dvorovi
Arizona Market • 141
Freilichtmuseum Stanišići • 143
Bijeljina
Bijeljina • 143
Donja Mionica
Bos. Bijela
Maoča
Burg Srebrenik • 140
G. Srebrenik
Čelić
Koraj
Kloster Tavna • 145
Janja
Lopare
Krstac
Priboj
Lozničko Polje Лозничко Поље
Loznica Лозница
Banja Koviljača Бања Ковиљача
Tuzla
Tuzla • 128
Lukavac
Husino
Tojšići
G. Dubrave
Modrac-See • 132
Živinice
Kalesija
Zvornik
Mali Zvornik Мали Зворник
Banovići
Đurđevik
Tupkovići
Kladanj
Sava
Drina

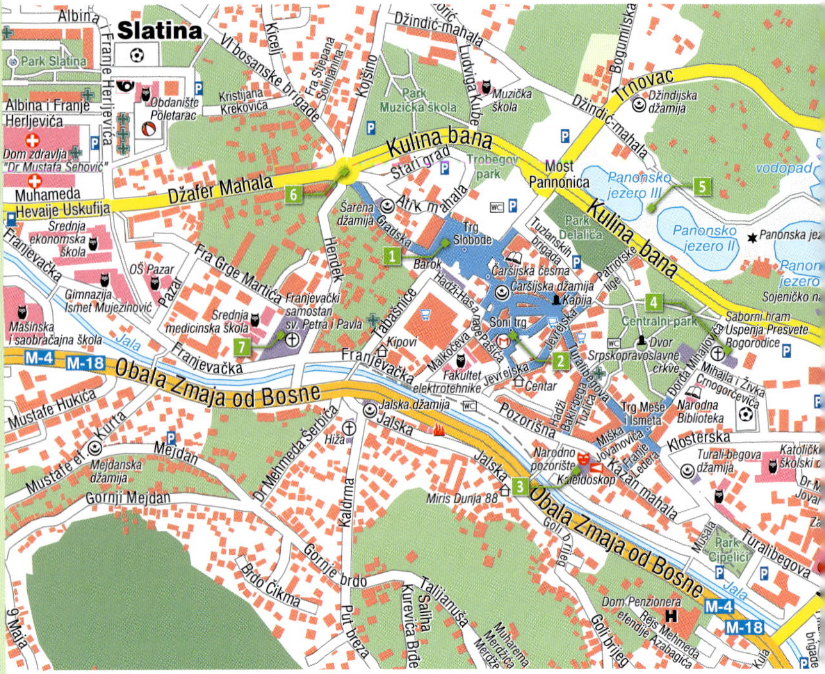

- **1** Platz der Freiheit
- **2** Salzplatz
- **3** Nationaltheater
- **4** Kirche der heiligen Maria
- **5** Pannonica-Salzseen
- **6** Behram-Beg-Medrese
- **7** Franziskanerkloster

Tuzla

Archäologische Funde belegen, dass die Region um die Industriestadt Tuzla bereits während der Jungsteinzeit besiedelt war, wobei die erhaltenen Gefäße nahelegen, dass die Salzvorkommen schon damals eine große Rolle spielten. Diese stammen aus jener Zeit, als hier das Pannonische Meer noch die gesamte Region überflutete und gaben der heute rund 120 000 Einwohner zählenden Stadt auch ihren Namen. Einst wurde sie als Sali bezeichnet, was dem slawischen Wort für Salz entspricht, ab 1460 als Tuz, was dem türkischen Begriff gleichkommt. Während der osmanischen Herrschaft im 15. Jahrhundert gewann der Salzabbau zunehmend an Bedeutung. Sogar der französische König Ludwig XIV. wusste das Salz aus Tuzla zu schätzen und ließ es sich an seinen Hof liefern. Die erste Salzfabrik entstand schließlich 1885 in einer Vorstadt von Tuzla. Ab 1878 war Tuzla Teil Österreich-Ungarns, nach dem Ersten Weltkrieg zählte es schließlich zu Jugoslawien. Während des Bosnienkrieges diente die von der bosnischen Armee kontrollierte Stadt vielen Flüchtlingen als Zufluchtsort, denn es gelang den nationalistischen Partisanen nie, hier die Oberhand zu gewinnen. Alle Kirchen und Moscheen konnten den Krieg unbeschadet überstehen, doch im Mai 1995 detonierte eine serbische Granate in der Innenstadt, was 71

Bild: Turisticka Zajednica Tuzlanskog Kantona

Menschen das Leben kostete und zahlreiche Verletzte zur Folge hatte. Das Salz der Region wird auch heute wieder exportiert und stellt somit eine wichtige Einnahmequelle dar. Der Abbau im industriellen Ausmaß führte allerdings zur Auslaugung des Bodens und zu dessen Setzung um bis zu zwanzig Meter, wovon neben vielen unebenen Straßen auch künstliche Salzseen inmitten der Stadt zeugen. Aus diesem Grund gibt es hier nur wenige alte Häuser, doch wird großer Wert auf Folklore und Kultur gelegt. So ist Tuzla seit 1976 Universitätsstadt, verfügt aber auch über ein Nationaltheater, ein Stadtmuseum, eine Kunstgalerie sowie ein Kultur- und Sportzentrum. In der Stadt begegnet man neben zahlreichen sakralen Bauwerken auch den Skulpturen bedeutender Persönlichkeiten, nämlich jener des Schriftstellers Mehmed Meša Selimović, des Bildhauers Ismet Mujezinović sowie des ersten Königs Tvrtko I. Kotromanić.

⌖ 44°32'21.60"N, 18°40'30.20"E

Touristeninformation
Muftije eg. Kurta Nr. 1
www.bhtourism.ba/ger/tuzla.wbsp

Platz der Freiheit

Am historischen Marktplatz der Stadt, dem Platz der Freiheit *Trg Slobode*, erkennt man die aus der Auslaugung des Bodens resultierenden Höhenunterschiede besonders gut. Sein Zentrum wird von einem schönen Springbrunnen mit Ornamenten geziert und auch das einstige Salzhandelszentrum befindet sich hier. Das rekonstruierte Bauwerk aus dem 19. Jahrhundert wird schlicht als Barok bezeichnet. Auch bei den meisten anderen

Bild: Turisticka Zajednica Tuzlanskog Kantona

Bild: Turisticka Zajednica Tuzlanskog Kantona

Bild: Turisticka Zajednica Tuzlanskog Kantona

Gebäuden, die den Platz flankieren, handelt es sich um rekonstruierte Barockbauten aus der österreichisch-ungarischen Zeit. Die quadratische Stadtmoschee *Čaršijska džamija*, welche auch als Hadži Hasan-Moschee bekannt ist, befindet sich ebenfalls auf dem Platz. Sie wurde ursprünglich bereits im Jahr 1548 erbaut, jedoch mehrfach zerstört und wieder aufgebaut, wobei ihr heutiges Erscheinungsbild auf das Jahr 1871 zurückgeht. Folgt man der Fußgängerzone ein kurzes Stück in Richtung Nordwesten, gelangt man zur Bunten Moschee *Šarena džamija*, der wohl bekanntesten Moschee Tuzlas, welche im 17. Jahrhundert errichtet wurde und deren Innenraum sich durch schöne Verzierungen auszeichnet.

Salzplatz

Der Salzplatz *Soni trg* entstand in seiner heutigen Form erst 2004, als eine Salzausstellung eingerichtet wurde. Dort wird die Geschichte der Salzgewinnung anhand zahlreicher Exponate wie zum Beispiel Gefäße, welche zur Verdunstung der Salzlake herangezogen wurden, beleuchtet. Bereits seit dem Jahr 1476 ziert ein Brunnen, der von einer Salzquelle gespeist wird, den Platz, wobei auch dieser erneuert wurde. Außerdem finden hier laufend Kultur- und Folkloreveranstaltungen statt. In unmittelbarer Nähe des Salzplatzes befinden sich das Stadttor *Kapija*, welches heute in der Fußgängerzone liegt, sowie ein Denkmal als Erinnerung an die im Mai 1995 im sogenannten Massaker von Kapija umgekommenen Menschen.

Nationaltheater

Das 1898 errichtete Nationaltheater *Narodno pozorište* ist sowohl eines der ältesten Gebäude Tuzlas als auch eines der ältesten Theater Bosnien-Herzegowinas. Es wurde während der österreichisch-ungarischen Herrschaftszeit errichtet und trug maßgeblich dazu bei, dass Tuzla zum kulturellen Zentrum der Region aufsteigen konnte. Die Aufführungen sind hervorragend und es gibt auch einige in englischer Sprache.

Kirche der heiligen Maria

Die serbisch-orthodoxe Kirche der heiligen Maria *Crkva Uspenja Presvete Bogorodice* wurde 1882 errichtet und gilt als eine der

Bild: Turisticka Zajednica Tuzlanskog Kantona

schönsten und ältesten der Stadt. Auch sie wurde nach dem Abzug der Osmanen errichtet und zwar in unmittelbarer Nachbarschaft zum Bischofssitz der Diözese Zvornik-Tuzla. Zahlreiche Erhaltungs- und Sanierungsmaßnahmen konnten die Gebäude bis heute vor dem durch Bodenerosion bedingten Einsturz bewahren.

Pannonica-Salzseen

Die ab dem Jahr 2003 künstlich angelegten, bis zu 1,8 Meter tiefen Pannonica-Salzseen *Panonska jezera* von Tuzla, sind einzigartig in ganz Europa. Nach dem Einbruch einiger Salzstollen wurde das Areal als innerstädtisches Freizeitzentrum mit schönen Badestränden und künstlichen Wasserfällen geschaffen. Die Sportanlage Slana Banja und diverse Lokale runden das Angebot perfekt ab und ziehen jeden Sommer mehrere tausend Besucher an. Dem Wasser wird durch seinen Salz- und Mineralgehalt eine heilende Wirkung nachgesagt und das Ambiente erinnert an einen Urlaub am Meer, wobei die Anlage im Hochsommer meist sehr stark frequentiert ist. Wer einen Abstecher in den unweit gelegenen Archäologischen Park macht, kann überdies eine rekonstruierte steinzeitliche Pfahlbausiedlung bewundern.

Behram-Beg Medrese

Von der schönen Behram-Beg Medrese *Behram-begova medresa* aus dem Jahr 1926 ist heute aufgrund der Erdsenkungen lediglich das Portal erhalten. Das Gebäude wurde ursprünglich im arabisch-maurischen Stil errichtet und im Laufe der Jahrhunderte restauriert und erweitert, bis es schließlich 1974 abgerissen werden musste. So präsentiert sich das renovierte

Bild: Turisticka Zajednica Tuzlanskog Kantona

Bild: Turisticka Zajednica Tuzlanskog Kantona

Monument nun freistehend auf dem sogenannten Skver, während die Koranschule selbst in neue Räumlichkeiten übersiedeln musste.

Franziskanerkloster

Das Franziskanerkloster *Franjevački samostan* wurde im Jahr 1988 errichtet, die angeschlossene Kirche erst ein Jahr später. Sie ist den Heiligen Petrus und Paulus geweiht. Ursprünglich befand sich die katholische Kirche der Stadt an einer anderen Stelle, wo sie allerdings stark einsturzgefährdet war, weshalb ein Neubau notwendig wurde. Interessant ist auch die unweit des Klosters gelegene Brücke über die Jala, da diese schöne Verzierungen aufweist.

Modrac-See

Der etwa zehn Kilometer südwestlich von Tuzla gelegene Modrac-See *Modraćko jezero* gilt als größtes Naherholungsgebiet der Stadt. Er entstand im Jahr 1964 als Stausee mit einer Wasseroberfläche von etwa 17 Quadratkilometern und sollte als Wasserspeicher für die umliegenden Industriebetriebe dienen. Heute übt er auf Touristen allerdings keine besondere Anziehungskraft aus, da er nicht unbedingt zum Baden geeignet ist. Am Ufer gibt es einige Restaurants, welche oft als Veranstaltungsort für Feste oder Konzerte genutzt werden, weshalb der See vor allem von Jugendlichen gerne besucht wird. Es wird allerdings daran gearbeitet, die Wasserqualität des Stausees zu verbessern und ihn so für Touristen attraktiver zu machen. Derzeit erfreut sich der kleinere, nördlich von Lukavac gelegene Bistarac-See *Bistaraćko jezero* definitiv größerer Beliebtheit.

44°29′57.40″N, 18°30′53.70″E

75300 Lukavac

Bild: TVB der Föderation Bosnien und Herzegowina

Bild: Ozren.org

Ozren

Das zwischen den Städten Doboj und Tuzla verlaufende Ozren-Gebirge, welches von Kiefern- und Eichenwäldern dominiert wird, verfügt über ausgezeichnete Bedingungen für Touristen. Hier findet man Privatquartiere und Hotels ebenso wie eine Vielzahl an Sportmöglichkeiten, wobei die Angebote vom Wandern, Klettern und Mountainbiken übers Angeln und Jagen bis hin zum Paragleiten reichen. Wer einen Gleitschirmflug wagen möchte, kann sowohl an einem Kurs teilnehmen als auch einen Tandemflug buchen. Für interessierte Besucher wurde außerdem ein rund 1,8 Kilometer langer Lehrpfad eingerichtet, welcher entlang einer bewaldeten Schlucht dem Fluss Jošavka folgt und anhand zahlreicher Schautafeln über die Region informiert, wobei die Bereiche Geografie, Geschichte, Flora, Fauna, Ökologie, Freizeitmöglichkeiten, Kultur und Brauchtum abgedeckt sind. Am Ozren findet übrigens immer in der ersten Juniwoche der sogenannte Ozren Berg-Marathon statt, welcher Gäste aus ganz Europa anzieht und ein schönes Rahmenprogramm bietet. Auch das kulinarische Angebot dieser Region lässt keine Wünsche offen und wer an heißen Sommertagen Abkühlung sucht, kann sich in einem der beiden Seen im Bereich des Ozren, nämlich dem künstlich angelegten Goransko-See *Goransko jezero* oder dem Adler-See *Orlovo jezero* erfrischen. Ersterer kann von Doboj aus gut mit dem Fahrrad erreicht werden und bietet neben Bademöglichkeiten auch Wasserrutschen, einen Sprungturm, einen Spielplatz sowie Grillplätze. Der von idyllischen Felsen umgebene Adler-See befindet sich zwischen dem Ort Petrovo und dem Kloster des heiligen Nikolaus. Er lädt zum Baden ein, wobei kleine Schilfdächer Schatten spenden, doch stört ein großes Gebäude am Ufer nun den

Bild: Ozren.org

Bild: Ozren.org

Blick auf die sonst unberührte Natur. Die im Tal gelegenen Thermalquellen Ozren *Terme Ozren* erfreuen sich bei den Einheimischen großer Beliebtheit, obwohl sie nicht unbedingt neuesten Standards entsprechen. Der Ausblick auf das Gebirge ist allerdings sehr schön und die Anlage ist bis spät in die Nacht geöffnet. Sie bietet etwa vierzig Grad warmes Thermalwasser, welches eine Reihe von Beschwerden wie zum Beispiel Rheuma lindern kann.

⌖ 44°36′55.63″N, 18°15′24.36″E

www.ozren.org

Kloster des heiligen Nikolaus

Bei einem Ausflug ins Ozren-Gebirge sollte man unbedingt auch dem serbisch-orthodoxen Kloster des heiligen Nikolaus *Manastir sv. Nikole* einen Besuch abstatten. Die weitläufige, rund zwanzig Kilometer südwestlich von Petrovo, unmittelbar neben dem Dorf Kaludjerica gelegene Anlage, welche heute unter Denkmalschutz steht, wurde vermutlich vom serbischen König Stefan Nemanjić in der zweiten Hälfte des 13. Jahrhunderts gegründet.

Bild: Ozren.org

Ende des 17. Jahrhunderts wurde das Kloster von den Türken beschädigt, doch während einer Renovierung im 19. Jahrhundert wurden diese Schäden beseitigt und die Anlage erhielt ihr heutiges Aussehen. Um die steinerne Hauptkirche gruppieren sich Verwaltungs- und Wohngebäude inmitten eines vorbildlich gepflegten Blumengartens und das Kloster verfügt auf einer Lichtung sogar über eine eigene Obstplantage.

⌖ 45°29′16.20″N, 17°52′40.40″E

74317 Petrovo

Banja Vrućica

Im nahe der Stadt Teslić gelegenen Kurort Banja Vrućica, welcher sogar ein Vier-Sterne-Hotel aufweist, stehen Gesundheit und Wellness an erster Stelle. Die modernen, mit warmem Thermalwasser gefüllten Becken, welche über Wasserfälle und Geysire sowie Massagedüsen und Unterwasserbeleuchtung verfügen, ermöglichen es, Körper und Seele wieder in Einklang zu bringen. Außerdem sollen die gelösten Mineralien eine positive Wirkung bei diversen Erkrankungen zeigen, beispielsweise Gefäß-, Gelenks- oder

Muskelerkrankungen. Noch mehr Entspannung bietet die herrliche Saunawelt, welche mit Dampfbädern, Infrarotkabinen, einer finnischen und einer römischen Sauna aufwartet. Außerdem werden Massagen und Beauty-Anwendungen geboten. Innerhalb der Anlage laden diverse Sportplätze zu Aktivitäten wie Basketball, Volleyball, Handball, Tennis und Fußball ein, doch auch die bewaldete Umgebung eignet sich hervorragend zum Wandern und Radfahren. Geboten werden außerdem verschiedenste

Bild: Zdravstveno Turistički Centar Banja Vrućica

Fitnessprogramme, welche von Aerobic bis hin zu Krafttraining reichen und auch für Tagungen, Seminare und Kongresse ist die Anlage bestens geeignet.

⌖ 44°35′05.70″N, 17°53′12.20″E

74273 Banja Vrućica
www.banja-vrucica.com

Komušina

In der kleinen Ortschaft Komušina stellt die katholische Kirche aus den 1980er Jahren eine Besonderheit dar. Seit rund zweihundert Jahren wird nämlich alljährlich im August das sogenannte wundersame Bild der Gottesmutter von Kondžilo aus der Kirche auf die gleichnamige Anhöhe getragen. Früher schlossen sich dieser feierlichen Prozession häufig sogar orthodoxe und muslimische Gläubige an und auch heute noch ist sie für viele im Ausland lebende Menschen ein Anlass, wenigstens für einige Tage in ihre alte Heimatstadt zurückzukehren.

⌖ 44°31′04.70″N, 17°52′13.40″E

Komušina

Kloster Liplje

Rund 25 Kilometer westlich von Teslić, am Fuße des Berges Borje, befindet sich im gleichnamigen Dorf das Kloster Liplje *Manastir Liplje*, dessen Kirche der Verkündigung Marias geweiht ist. Es liegt direkt an der Mündung des Baches Mliječnica in die Bistrica und wurde erstmals Ende des 15. Jahrhunderts urkundlich erwähnt. Im 17. Jahrhundert wurde das Kloster durch eine Überschwemmung in Mitleidenschaft

Bild: Wikipedia CC BY 3.0

gezogen und während des Zweiten Weltkrieges bombardiert, doch im Jahr 1965 erstrahlte es nach einer umfassenden Renovierung wieder in neuem Glanz. Die Kirche beeindruckt vor allem durch ihre hohe Kuppel sowie die schöne Ikonostase. Das Kloster öffnet seine Pforten für Besucher und man kann hier sogar übernachten.

44°37'31.80"N, 17°34'14.10"E

78222 Liplje

Jelen-See

Der Jelen-See *Jezero Jelen*, was soviel wie Hirschsee bedeutet, liegt ganz in der Nähe der Ortschaft Jelah inmitten einer ländlichen Umgebung. Auf einer Wasserfläche von etwa zwanzig Hektar finden vor allem Fischer ein wahres Paradies vor, doch auch auf Kinder übt der See eine magische Anziehungskraft aus, denn am Ufer befindet sich ein kleiner Zoo mit einer Hirschherde, Ponys, verschiedenen Vögeln und anderen heimischen Tieren.

44°40'03.00"N, 17°57'59.50"E

74264 Jelah

Tešanj

Die Stadt Tešanj wird urkundlich erstmals 1461 erwähnt, dürfte jedoch bereits früher unter einer anderen Bezeichnung bestanden haben.
Als Wahrzeichen gilt die Festung *Gradina*, welche als eine der größten und bedeutendsten ihrer Art in ganz Bosnien-Herzegowina gilt. Sie wurde bereits im 10. Jahrhundert erwähnt, jedoch später von den Osmanen deutlich ausgebaut und wird heute gerne für Veranstaltungen genutzt. In zwei Türmen wurde außerdem ein Museum eingerichtet. Der etwas unterhalb der Festung gelegene, über 18 Meter hohe Uhrturm *Sahat kula* stammt aus dem 17. Jahrhundert und zeigte einst die Zeit nach dem Mondkalender an, mittlerweile jedoch die allgemein übliche Uhrzeit. Sehenswert ist außerdem die im 16. Jahrhundert errichtete Ferhadija-Moschee *Ferhadija džamija*, welche von Ferhad-Beg, einem Neffen des Sultans Süleyman I., erbaut wurde. Als schönstes Wohnhaus der Stadt ist der sogenannte Eminagić-Konak bekannt. Das Gebäude stammt aus der Mitte des 19. Jahrhunderts, wurde aber renoviert und präsentiert sich nun in einem gut gepflegten Zustand. Bekanntheit erlangte Tešanj

Bild: Petra Bork I PIXELIO

Bild: Wikipedia CCA-SA 4.0

übrigens erst im Jahr 2002 als der hier gedrehte Film Feuer brennt *Gori Vatra* als bester ausländischer Film für den Oscar nominiert wurde.

44°36'49.50"N, 17°59'15.20"E

Touristeninformation
74260 Tešanj, Maršala Tita
www.zedoturizam.ba

Doboj

Doboj mit rund 35 000 Einwohnern, überwiegend Serben, ist einer der wichtigsten Verkehrsknotenpunkte Bosnien-Herzegowinas, weshalb auch die Eisenbahngesellschaft hier ihren Hauptsitz hat. Außerdem verfügt die Stadt über eine Privatuniversität, staatliche Fakultäten sowie Studios des staatlichen Rundfunksenders RTRS der Republika Srpska. Leider kam es im Frühjahr 2014 durch eine katastrophale Überschwemmung zu großen Schäden in der Stadt, deren Beseitigung teilweise noch andauert. Da Doboj strategisch günstig an einer Wegkreuzung gelegen ist, errichteten die Römer hier bereits im 1. Jahrhundert ein Kastell, welches bald von einer großen Siedlung umgeben war. Auf den Überresten dieser Anlage wurde im 13. Jahrhundert die Burg Doboj *Dobojska tvrđava* erbaut, welche im Laufe der Zeit Ziel zahlreicher Angriffe war, jedoch auch heute noch hoch über der Stadt thront und vor allem durch ihren markanten Turm mit einer Oberkonstruktion aus Holz auffällt. Im 15. Jahrhundert wurde die Festung von den Osmanen erobert, später befand sie sich kurz unter österreichisch-ungarischer Herrschaft, wurde dann allerdings wieder in den Besitz der Osmanen gebracht und verstärkt. Im Sommer finden in einer integrierten Freiluftarena verschiedene Aufführungen statt und auch sonst lockt die Burg mit vielen Veranstaltungen und Ausstellungen und präsentiert beispielsweise Nachbildungen historischer Waffen. Der gegenüber gelegene Stadtpark *Gradski park* lädt im Gegensatz zum verkehrsreichen Stadtzentrum zum Verweilen ein. Um den Park gruppieren sich die bedeutendsten Verwaltungsgebäude der Stadt und auch das Zentrum für Kultur und Bildung *Centar za kulturu i obrazovanje* befindet sich in unmittelbarer Nähe. Weiters ist das Regionalmuseum *Regionalni muzej* interessant, denn es präsentiert eine Ausstellung zur Geschichte

Bild: Turistička organizacija Doboj

Bild: Turistička organizacija Doboj

Dobojs, welche auch in englischer Sprache über die Region informiert. Die Stadt verfügt außerdem über mehrere Sakralbauten, darunter die 2004 wiederaufgebaute, jedoch bis ins frühe 16. Jahrhundert zurückreichende Selim-Moschee *Selimija džamija*, die katholische Herz Jesu-Kirche *Crkva Presvetog Srca Isusova* aus dem Jahr 2001 und die orthodoxe Kirche der heiligen Apostel Peter und Paul *Hram Svetih Apostola Petra i Pavla* im serbisch-byzantinischen Stil aus dem Jahr 1936. Sie zeichnet sich besonders durch ihre schönen Holzschnitzereien an der Ikonostase aus. Außerdem besteht in Doboj ein jüdisches Kulturzentrum mit einer Synagoge. Eisenbahnfreunde können schließlich noch dem Hauptgebäude der Eisenbahn *Željeznice Republike Srpske* einen Besuch abstatten, denn vor dem Eingang befindet sich eine alte Dampflok. In die Geschichte der Eisenbahn kann man auch hinter dem Bahnhof eintauchen, denn einige der ungenutzten Gleise wurden in einen Abstellplatz für ausrangierte Loks und Waggons umfunktioniert.

⌖ 44°44'09.53"N, 18°05'12.79"E

74101 Doboj, ul. Svetog Save br. 26
www.bhtourism.ba/ger/doboj.wbsp

Bild: Turistička organizacija Doboj

Gračanica

Die kleine Stadt Gračanica dürfte im Mittelalter gegründet worden sein, doch existieren keine gesicherten Angaben über ihre Entstehungsgeschichte. Seit dem Jahr 1580 entwickelte sich die am gleichnamigen Fluss gelegene Stadt zu einem regionalen Kulturzentrum. In der Altstadt begegnet man vielen schönen Häusern und sehenswerten Handwerksbetrieben, in welchen alte Traditionen noch geschätzt werden. Besonders interessant ist die weiße Altstadtmoschee *Čaršijska džamija*,

Bild: Wikipedia CC BY 3.0

welche auch als Ahmed-Paša-Moschee bezeichnet wird. Sie wurde im Jahr 1914 umfassend renoviert und befindet sich in unmittelbarer Nachbarschaft einer katholischen sowie einer serbisch-orthodoxen Kirche. Folgt man der Fußgängerzone, erreicht man bald den quadratischen Uhrturm *Sahat kula* sowie die nun als Bürofläche genutzte Medrese.

⌖ 44°42'31.10"N, 18°18'34.90"E

75320 Gračanica
www.opcina-gracanica.ba

Freilichtmuseum Kotromanićevo

Rund zwanzig Kilometer nordwestlich von Doboj erstreckt sich das

Bild: Kotromanićevo

Bild: Martin Jäger | PIXELIO

Freilichtmuseum Kotromanićevo *Etnoselo Kotromanićevo* auf einer Fläche von einem Hektar an den Ufern des Flusses Veličanka. Im sogenannten Königsdorf hat man noch die Gelegenheit, Holzblockbauten aus der Zeit der bosnischen Könige zu bewundern. Außerdem kann man in einigen der Holzhäuser übernachten, traditionelle Produkte sowie Kunsthandwerk erstehen, die unberührte Natur genießen oder im Restaurant, welches Gerichte nach traditionellen Rezepten der Region zubereitet, genüsslich speisen.

⌖ 44°51'54.93"N, 18°03'15.45"E

74000 Doboj
www.kotromanicevo.com

Posavina

Posavina bedeutet Savetal und bezeichnet jenes Gebiet, welches beiderseits der Save liegt, wobei sich dieses nicht ausschließlich über Bosnien-Herzegowina sondern auch über das benachbarte Kroatien erstreckt. Der gleichnamige Verwaltungsbezirk Posavina, welcher mehrheitlich von Kroaten bewohnt ist, umfasst jedoch nur einen kleinen Teil der gesamten Region. Dieses Gebiet zwischen den Städten Odžak und Brčko wurde während des Bosnienkrieges schwer in Mitleidenschaft gezogen, denn sämtliche Ethnien machten Ansprüche geltend. Auch heute noch fällt der ständige Wechsel der Zugehörigkeit zur Republika Srpska sowie der bosnisch-kroatischen Föderation auf. Vor allem während der Sommermonate erkennt man, dass während des Krieges viele Menschen die Flucht ergreifen mussten, denn sie kehren dann mit ausländischen Autokennzeichen in ihre Heimat zurück, beispielsweise ins Verwaltungszentrum Orašje. Dieses bietet für Touristen jedoch ähnlich wie die beiden größeren Städte Moričia und Bosanski Šamac kaum Sehenswürdigkeiten. Letztere ist allerdings sehr bekannt, da hier sowohl Bosnien-Herzegowinas ehemaliger Präsident Alija Izetbegović als auch der ehemalige serbische Ministerpräsident Zoran Đinđić geboren wurden. Die Region zeichnet sich durch ihre landschaftlichen Reize aus und ist bei Jägern und Fischern sehr beliebt, wobei die Save kaum touristisch erschlossen ist.

⌖ 45°00'38.40"N, 18°19'32.70"E

Touristeninformation Posavina
76290 Odžak, ul. Titova bb.
www.bhtourism.ba/ger/eastposavina.wbsp

Gradačac

Die wunderschöne Stadt Gradačac im Norden Bosnien-Herzegowinas sollte man sich bei einer Reise durch das Land auf keinen Fall entgehen lassen, denn ihr kommt große

Bild: bhtourism.ba

geschichtliche Bedeutung zu. Sogar heute noch erweckt sie den Eindruck, vom sogenannten Drachen von Bosnien, dem Hauptmann Husein Gradaščević dominiert zu werden, denn sein Name ist in der Umgebung allgegenwärtig. Er fungierte während der osmanischen Herrschaftsperiode als sogenannter Kapitän und wurde von den Türken aufgrund seines erbitterten Widerstandes und seines Strebens nach Autonomie gefürchtet. Gradaščević residierte im 19. Jahrhundert auf dem Festungsberg *Gradina*, welcher sich inmitten des Stadtzentrums erhebt, und schuf zahlreiche kulturelle und militärische Institutionen, die großteils heute noch bestehen. Die gesamte Altstadt wird von einer Mauer umringt, welche über ein imposantes Eingangsportal sowie zwei weitere Tore verfügt. Während man den höchsten Punkt der Altstadt anstrebt, passiert man drei von Gradaščević erbaute Gebäude, nämlich ein Museum, eine Galerie sowie eine Bücherei. Der aus dem Jahr 1824 stammende, weiß leuchtende Uhrturm *Sahat kula*, der oft auch als Kapitänsturm bezeichnet wird, fungierte einerseits als Wohnung andererseits als strategischer Aussichtspunkt. Heute befinden sich in dem 22 Meter hohen Gebäude, das nach dem Zweiten Weltkrieg rekonstruiert werden musste, ein kleines Hotel sowie ein Restaurant, von dem aus man einen guten Blick über die Stadt und die umliegenden Gebiete genießen kann.
Direkt neben dem Haupttor der Stadtmauer erhebt sich die 1826 errichtete, schön verzierte Husein-Moschee *Husejinja džamija*, ein einräumiger Kuppelbau mit einem schlanken, zwanzig Meter hohen Minarett. Außerdem wird der schöne Stadtpark von zahlreichen Denkmälern und Statuen geschmückt. Bekanntheit erlangte Gradačac neben seiner Schönheit auch durch die hier stattfindende Zwetschkenmesse und den damit eng verbundenen Schnaps Šlivovic sowie die alljährliche Buchmesse.

⌖ 44°52′44.80"N, 18°25′29.30"E

76250 Gradačac
www.bhtourism.ba/ger/gradacac.wbsp

Burg Srebrenik

Wann genau die Burg Srebrenik errichtet wurde, ist nicht bekannt. Sie wurde allerdings in der sogenannten Srebrenik-Urkunde bereits im Jahr 1333 erstmals erwähnt. Zu diesem Zeitpunkt wurde Srebrenik, die damalige Hauptstadt Bosniens, an Ungarn übergeben. Der Name der Burg sowie jener der in touristischer Hinsicht eher unbedeutenden Stadt stammt vom slawischen

Wort für Silber ab, da selbiges in der Umgebung abgebaut wurde. Der Legende nach leitet er sich jedoch vom einst silbernen Dach der Festung ab, welches aufgrund seines Glanzes bereits aus weiter Ferne ausgemacht werden konnte. Während der osmanischen Zeit wurde der Burg eine Moschee hinzugefügt, doch ab der Mitte des 19. Jahrhunderts begann die Anlage zu verfallen, da sie den Habsburgern nicht von Nutzen war. Mittlerweile ist die hoch über dem heutigen Stadtzentrum thronende Burgruine schön renoviert und kann über eine einladend wirkende, hölzerne Zugbrücke betreten werden, sobald man die circa zehn Kilometer lange Zufahrtsstraße, welche sich leider in einem relativ schlechten Zustand befindet, überwunden hat. Entlang dieser kann man die Burg auch zu Fuß erreichen, doch lädt das angrenzende Majevica-Gebirge eher zum Wandern ein. Von der Anlage aus eröffnet sich auf jeden Fall ein wunderbarer Blick über die umliegenden Felder und Dörfer der Posavina-Ebene.

⌖ 44°42'12.50"N, 18°31'54.02"E

75350 Srebrenik
www.bhtourism.ba/ger/srebrenik.whsp

Bild: bhtourism.ba

Arizona Market

Nahe der Stadt Dubrave befindet sich der in ganz Südosteuropa bekannte Arizona Market. Dieser erstreckt sich über ein rund zwei Hektar großes Areal und bietet so gut wie alles zum Verkauf an, denn das Sortiment reicht von Obst und Gemüse über Textilien bis hin zu Autoersatzteilen. Einst florierte hier der Schwarzmarkt, doch nach und nach entstehen immer mehr feste Bauten und der Markt, der nun eher an einen Bazar erinnert, kann das Image, Europas größter Schwarzmarkt zu sein, langsam aber sicher ablegen. Sein Name ist darauf zurückzuführen, dass die während des Bürgerkrieges in dem Gebiet stationierten SFOR-Truppen die von Tuzla nach Orašje führende Straße meist als Arizona-Road bezeichneten. Der Markt selbst wurde schließlich im Jahr 1997 eröffnet, vor allem, um der hohen Arbeitslosigkeit und den katastrophalen wirtschaftlichen Zuständen entgegenzuwirken, aber er verfolgte überdies das Ziel, die verfeindeten Volksgruppen wieder zu einer Annäherung zu bewegen.

⌖ 44°49'12.00"N, 18°34'48.00"E

Dubrave

Bild: Katharina Wieland Müller | PIXELIO

Brčko

Das am rechten Ufer der Save gelegene Brčko ist die größte Stadt der Region Posavina. Sie wurde einst als Handelsstadt gegründet, denn sowohl der Salzexport aus Tuzla als auch der Transport von Waren in Richtung Süden liefen hier zusammen. Nach dem Ende der osmanischen Herrschaft wurde von den Habsburgern zu Beginn des 19. Jahrhunderts in Brčko schließlich ein Hafen errichtet. Heute kommen der strategisch wichtigen Stadt sowie dem umgebenden Distrikt eine einzigartige Stellung zu, denn die Region gilt als autonomes Sonderverwaltungsgebiet und zählt somit weder zur Republika Srpska noch zur Bosnischen Föderation. Die Grenze zum Nachbarland Kroatien beginnt übrigens direkt hinter dem Platz der Jugend *Trg mladih* und kann zu Fuß problemlos überquert werden. Für Besucher ist das nun wieder multiethnisch besiedelte Brčko in erster Linie aufgrund seines neomaurischen Zentrums interessant. Besonders beeindruckend sind das 1891 errichtete Grand Hotel Posavina, auf dessen Vorplatz Denkmäler an die Opfer des Bosnienkrieges erinnern, sowie das Rathaus aus dem Jahr 1892, aber auch die Kunstgalerie mit rund tausend Exponaten. Sämtliche Moscheen der Stadt wurden im Bürgerkrieg zerstört, doch sind die Atik-Savska-Moschee *Atik-Savska džamija* sowie die Weiße Moschee *Bijela džamija* bereits wieder aufgebaut. Außerdem gibt es hier eine orthodoxe Kirche mit zahlreichen Ikonen und Fresken sowie eine katholische Kirche.

Folgt man der Bosane Srbrene, welche zuerst als Fußgängerzone mit einer Vielzahl an Geschäften und kleinen Restaurants sowie Gebäuden verschiedenster Baustile aufwarten kann, erreicht man schließlich den Stadtpark *Gradski park* mit Bänken und einem Spielplatz. Auch entlang der Vuka Karadžića trifft man auf historische Gebäude, doch ist die Straße kein Teil der Fußgängerzone und wirkt daher nicht besonders ansprechend. Das angrenzende Ufer der Save wird von zahlreichen Booten gesäumt, welche mitunter von ihren Besitzern selbst gebaut wurden.

44°52'22.31"N, 18°48'25.57"E

76100 Brčko
www.bdturizam.net

Banja Dvorovi

Der Kurort Banja Dvorovi, eine der wichtigsten Tourismusanlagen

Bild: Pavel Trojan

Bild: Turistička organizacija Bijeljina

Bild: bhtourism.ba

Bosnien-Herzegowinas wurde während des Hochwassers im Jahr 2014 schwer in Mitleidenschaft gezogen, jedoch vorbildlich renoviert. Das an der Quelle mit 75 Grad Celsius austretende Thermalwasser, welches in den Pools von Banja Dvorovi bei unterschiedlichen Temperaturen genossen werden kann, lindert rheumatische und gynäkologische Erkrankungen sowie Ekzeme und soll sogar bei Diabetes helfen. Neben dem Wellnessbereich mit eigenen Kinderbecken stehen auch Sportanlagen für Handball, Volleyball, Basketball, Tennis sowie ein Fitnessraum und eine Sauna zur Verfügung. Das Angebot umfasst außerdem ein Restaurant, Massagen und Akupunktur.

44°48'25.10"N, 19°15'49.60"E

76311 Dvorovi

Freilichtmuseum Stanišići

Das Freilichtmuseum Stanišići *Etnoselo Stanišići* mit seinen kleinen, traditionellen Holzhäusern versteht sich als Urlaubsort, der vor allem von Familien mit Kindern gerne besucht wird. Man fühlt sich in die Zeit des 19. bis 20. Jahrhunderts zurückversetzt und hat zum Beispiel die Möglichkeit, einen der künstlich angelegten Seen, auf welchem sich Enten und Schwäne tummeln, mit einem kleinen Zug zu umrunden oder ihn direkt mit dem Ruderboot zu erkunden. Für Kinder gibt es einen Spielplatz und einen kleinen Zoo, aber auch die Kopie der Ziegenbrücke von Sarajevo, die Wassermühlen, das kleine Museum und das rekonstruierte Kloster Kumanica sind sehr interessant.
In einem der angeschlossenen, aus Stein errichteten Restaurants beziehungsweise Hotels kann man den Tag schließlich gemütlich ausklingen lassen. Was dieses Ethno-Dorf so faszinierend macht, ist neben der schönen Holzarchitektur vor allem die einzigartige Harmonie mit der umliegenden Landschaft.

44°47'05.62"N, 19°16'41.66"E

76300 Bijeljina, Pavlovića put, br. 32
www.etno-selo.com

Bijeljina

Die zwischen den Flüssen Drina und Save im Dreiländereck von Kroatien, Serbien und Bosnien-Herzegowina gelegene Stadt Bijeljina ist das administrative Zentrum der Semberija-Region. Das Gebiet war nachweislich bereits von den Kelten besiedelt und erlangte 1992 als einer der ersten Schauplätze des Bosnienkrieges traurige Berühmtheit. Heute erfreut sich die überwiegend von Serben bewohnte Stadt wieder größter Beliebtheit, was sich leider auch im starken Verkehrsaufkommen widerspiegelt. In architektonischer Hinsicht ist Bijeljina deutlich vom Einfluss der Habsburger geprägt, welcher sich vor allem am Rathaus *Opština*, einem typischen Jugendstilgebäude aus dem Jahr 1910 an der Vuka Karađžića bemerkbar

Bild: Turistička organizacija Bijeljina

macht. Vor dem Rathaus erinnert ein Denkmal an den serbischen König Peter I. Gegenüber befindet sich die nach dem Schriftsteller Filip Višnjic benannte Nationalbibliothek *Narodna biblioteka Filip Višnjic*, welche rund 100 000 Bände beherbergt. Direkt vor dem Eingang des modernen Gebäudes richtet ein steinernes Denkmal den Blick auf das Semberija-Museum *Muzej Semberije*. Dieses residiert in einem der ältesten Gebäude Bijeljinas und verfügt über eine der besten ethnografischen Sammlungen der Region. Bei der nahegelegenen Atik-Moschee *Atik džamija*, welche ursprünglich im 16. Jahrhundert errichtet wurde, handelt es sich um die größte Moschee der Stadt. Sie wurde 1993 gesprengt, jedoch nach dem Krieg wiedererrichtet. Weiter südlich liegt auch in Bijeljina der für bosnische Städte typische Stadtpark *Gradski park* mit zahlreichen Bäumen und sehr gepflegten Blumenbeeten. Überquert man die Nikole Tesle und wendet sich wieder gen Nordwesten, liegt auf der linken Straßenseite der städtische Marktplatz *Gradska pijaca* mit einer großen Markthalle sowie einem Gemüsemarkt. Außerhalb des Zentrums, im Nordosten der Stadt, wurde im Jahr 2004 der Grundstein für die beeindruckende serbisch-orthodoxe Klosteranlage des heiligen Petka *Manastir Svete Petke* gelegt. Die im russischen Stil erbaute Kirche wird von mehreren goldenen Kuppeln gekrönt, wobei die zentrale 25 Meter hoch und somit weithin sichtbar ist. Die Anlage ist noch nicht ganz fertiggestellt, denn sie soll in Zukunft auch ein Pflegeheim sowie einen Kindergarten beherbergen, um als Ort für mehrere Generationen zu fungieren. Auch innerhalb des Stadtzentrums werden zahlreiche Sakralbauten renoviert beziehungsweise neu errichtet. Erwähnenswert sind vor allem das Kloster des heiligen Basilius von Ostrog *Manastir Svetog Vasilija Ostroškog* mit einem dreißig Meter hohen Glockenturm, einer Bibliothek und schönen Fresken, sowie die russisch-byzantinische Sankt-Georg-Kirche *Crkva Svetog Georgija* mit einem großen Kuppeldach und sehenswerten Ikonen beziehungsweise Wandmalereien. Im August findet zu Ehren des heiligen Pantaleon, des Stadtpatrons von Bijeljina, ein Fest mit Konzerten und Kulturveranstaltungen statt.

⌖ 44°45'29.52"N, 19°12'52.77"E

Touristeninformation
76300 Bjeljina,
ul. Kralja Petra I Karađorđevića br. 9
www.bhtourism.ba/ger/bjeljina.wbsp

Bild: Turistička organizacija Bijeljina

Drinska ruža

Das Restaurant Drinska ruža, was übersetzt Drina-Rose bedeutet, ist Teil eines touristischen Komplexes, welcher sich am Ufer der Drina über eine Fläche von rund vier Hektar erstreckt. Hier murmeln kleine Bäche, sprudeln Quellen und die alte Mühle mahlt noch Mehl, das in weiterer Folge im Restaurant zu knusprigem Brot verarbeitet wird. Außerdem werden verschiedenste regionale Köstlichkeiten serviert und auch die Auswahl an lokalen Weinen ist sehr groß. Bekannt ist Drinska ruža weiters für seinen Brandy, die herzliche Atmosphäre und die Livemusik.

44°46'24.53"N, 19°19'43.62"E

76300 Bijeljina
Drina BB, Popovi 2

Kloster Tavna

Das am gleichnamigen Fluss gelegene Kloster Tavna *Manastir Tavna* zählt zu den ältesten Bauwerken der Semberija-Region, denn es soll bereits zur Wende des 13. und 14. Jahrhunderts erbaut worden sein, und zwar vom damaligen König Dragutin beziehungsweise dessen Söhnen. Erstmals urkundlich erwähnt wurde das Kloster allerdings erst im Jahr 1533. Zur Zeit der osmanischen Besatzung und während des Zweiten Weltkrieges, als hier ein Partisanenlazarett untergebracht war, wurde die Anlage stark beschädigt, doch erfolgten später umfangreiche Sanierungsmaßnahmen beziehungsweise der Wiederaufbau. Einer der bedeutendsten Schätze des Klosters ist eine historische Bibel von kulturellem und spirituellem Wert, denn sie überdauerte einen großen Klosterbrand ohne jeglichen Schaden. Heute fungiert das Kloster als Nonnenkloster und ist einerseits als Zentrum der serbisch-orthodoxen Christen der Region bekannt, andererseits als Touristenattraktion. Besonders schön sind die vermutlich aus dem 17. Jahrhundert stammenden, jedoch während des Zweiten Weltkrieges großteils zerstörten Fresken in der Klosterkirche, welche der Heiligen Dreifaltigkeit geweiht ist.

44°36'51.01"N, 19°06'23.44"E

76300 Bijeljina, Banjica

Bild: Turistička organizacija Bijeljina

Bild: Rafting Centar Drina Tara

Ostbosnien

Der an Serbien beziehungsweise Montenegro grenzende Osten Bosnien-Herzegowinas sticht weder durch übermäßig beeindruckende Städte noch durch herausragende historische Ereignisse besonders hervor. Der Reiz dieser Region liegt ganz im Gegenteil in den oft unberührten Landstrichen, die zum Beispiel im Nationalpark Sutjeska unter Schutz gestellt wurden. Charakteristisch sind hügelige Landschaften, die von der Drina durchzogen werden, welche ihrerseits von malerischen Brücken überspannt wird. In dieser Hinsicht ist vor allem die Brücke in Višegrad von Bedeutung, denn sie ist das Ziel von Touristen aus aller Welt.
Die meisten Städte der Region sind vergleichsweise klein und man kann generell sagen, dass hier noch die Landwirtschaft dominiert. So fungiert der Agrarsektor auch als Hauptarbeitgeber Ostbosniens.
Außerdem befinden sich die höchstgelegenen Gebiete des gesamten Landes, nämlich jene der Dinarischen Gebirgsregion, der sogenannten Bosnischen Dinariden, unmittelbar an der historischen Grenze zur Herzegowina.
Das Straßennetz ist hier leider nicht gut ausgebaut, doch bieten sich immer wieder spektakuläre Ausblicke, die für vieles entschädigen.

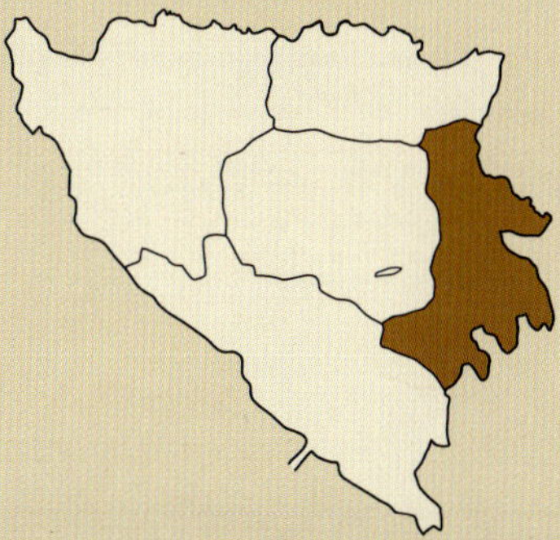

Tuzla
Lukavac
Živinice
Kalesija
Zvornik
Mali Zvornik
Мали Зворник
Banja Koviljača
Бања Ковиљача
Loznica
Лозница
Lozničko Polje
Лозничко Поље
Ljubovija Љубовија
Bratunac
Srebrenica
Bajina Bašta
Бајина Башта
Valjevo
Ваљево
Krupanj
Крупањ
Osečina
Осечина
Vlasenica
Han Pijesak
Kladanj
Olovo
Vareš
Breza
Banovići
Đurdevik
Tupkovići
Kozluk
Vitinka • 152
Dardagani • 150
Zvornik • 150
Kloster Lovnica • 152
Gedenkzentrum Srebrenica-Potočari • 154
Srebrenica • 152
Skelani • 155
Nacionalni park
Tara
Drina
Perućačko jez.
Zvorničko jez.

SARAJEVO
Rogatica
Višegrad
Goražde
Ustiprača
Čajniče
Foča
Kalinovik
Rudo
Priboj
Прибој
Dobrun
Rijeka
Pljevlja
Prijepolje
Пријепоље
Zlatibor
Čajetina
Чајетина
Romanija • 166
Višegradska Banja • 155
Višegrad • 156
Schmalspurbahn • 157
Kloster Dobrun • 158
Goražde • 159
Nekropole Gornić Polje • 160
Floßfahrt auf der Drina • 161
Foča • 161
Sandpyramiden • 162
Rafting auf der Tara • 163
Nationalpark Sutjeska • 164
Jahorina • 165
Treskavica • 165
Nacionalni park
Trebević
Sutjeska
Nevesinje

Dardagani

Der kleine Ort Dardagani ist in erster Linie aufgrund des Römischen Steinbruches bekannt, denn dieser war einst der größte auf dem gesamten Balkan. Hier wurden vom zweiten bis fünften Jahrhundert Kalksteinblöcke für das nahegelegene Sirmium gebrochen. Dabei handelt es sich um die Hauptstadt der Römischen Provinz Pannonia inferior beziehungsweise später Pannonia secunda, welche heute in der Stadt Sremska Mitrovica im benachbarten Serbien liegt. Die oberirdisch gelegenen Teile des Steinbruches können besichtigt werden, doch wer auch die unterirdischen Stollen erforschen möchte, muss sich noch gedulden, denn an deren touristischer Erschließung wird erst gearbeitet.

⌖ 44°25'59.45"N, 19°05'34.96"E

Dardagani

Zvornik

Zvornik, eine von bewaldeten Bergen umgebene Stadt an der Drina, wurde um 1410 erstmals urkundlich erwähnt und galt einst als strategisch wichtiges Ziel, weshalb im Mittelalter eine Glocke auf dem Stadtberg vor herannahenden Feinden gewarnt haben soll. Der Name der Stadt leitet sich daher vom slawischen Wort für Glocke ab, wobei man Zvornik heute auch gerne als Schlüssel zu Bosnien bezeichnet. Mittlerweile präsentiert sich Zvornik als bedeutende Handelsstadt, denn es liegt direkt an der Grenze zum Nachbarland Serbien, welches seit 1929 ganz einfach über eine eiserne Fußgängerbrücke zu erreichen ist. Diese konnte durch die Unterstützung des Königs Alexander I. Karadjordjević erbaut werden und ist daher nach ihm benannt. Sie wurde zu Beginn des Zweiten Weltkrieges zerstört, 1946 jedoch wieder aufgebaut. Die auf serbischer Seite angrenzende Stadt trägt den Namen Mali Zvornik, also Klein Zvornik. Besonders schön ist die Atmosphäre bei einem Spaziergang in der Nacht, wenn sich die Lichter beider Städte im Wasser des Flusses spiegeln.
Die Ruinen der auf drei Ebenen errichteten Festung Djurdjev *Djurdjev grad* zeugen noch heute von der militärischen Bedeutung Zvorniks. Die Anlage wurde bereits vor der Zeit der osmanischen Herrschaft erbaut, vermutlich an der Wende vom 13. zum 14. Jahrhundert, doch erlebte Zvornik vor allem unter den Osmanen

Bild: Wikipedia CCA-SA 3.0

Bild: Wikipedia CC BA-SA 3.0

Bild: Wikipedia CC-SA 3.0

einen großen Aufschwung, welcher die Entstehung der heutigen Stadt am Fuße des Burgberges zur Folge hatte. Die Burg selbst wurde jedoch auch noch zu Beginn des 20. Jahrhunderts von den Habsburgern genutzt, was man an diversen deutschsprachigen Inschriften erkennen kann. Der Anstieg kann sowohl zu Fuß als auch mit dem Auto bewältigt werden und lohnt sich besonders aufgrund des herrlichen Blickes, den man von der ehemaligen Burg in der sogenannten oberen Stadt aus genießen kann.

Vor der Festung befindet sich auch eine kleine orthodoxe Kapelle.

Die heutige Innenstadt von Zvornik bietet zwei Einkaufsstraßen, nämlich die Svetog Save und die Karadjordjeva, welche an den Hauptplatz angrenzen. Dort erinnert ein Denkmal an die Opfer des Bosnienkrieges. Einladender ist allerdings der schräg gegenüber gelegene Platz vor dem Rathaus, denn dieser weist Bänke und kleine Grünflächen auf. Der nahegelegene Sportkomplex umfasst auch das Stadion des lokalen Fußballklubs FK Drina Zvornik, in welchem etwa 3 000 Personen Platz finden.

Sehenswert sind außerdem die serbisch-orthodoxe Kirche von 1817 sowie das ehemalige Offizierskasino das 1910 im Sezessionsstil errichtet wurde und heute eine Bibliothek und ein Museum beherbergt. Dort ist unter anderem den sogenannten Zvornikuše, also Booten, die für den Warentransport auf der Drina genutzt wurden, eine Ausstellung gewidmet.

Größerer Beliebtheit erfreut sich die asphaltierte Uferpromenade Zvornik, denn diese lädt zum Spazieren, Laufen, Angeln und an heißen Tagen sogar zum Baden im Fluss ein.

Folgt man der Promenade in südlicher Richtung, gelangt man schließlich zu den Überresten der Stadtmauer, welche sich einst von der Festung bis zum Flussufer erstreckte.

Auch ein aus dem Mittelalter stammendes Stadttor *Gradska kapija* ist noch erhalten, wobei heute die Hauptstraße direkt durch dieses Tor führt. Einst befanden sich in der unmittelbaren Umgebung, also in der sogenannten unteren Stadt, auch eine Kaserne mit Ställen, ein Gefängnis sowie Munitionsdepots.

Folgt man der Uferpromenade noch weiter, erreicht man schließlich den Vorort Divić, in welchem die Staumauer eines Wasserkraftwerkes den Fluss aufstaut und die Ufer von zahlreichen Bootsanlegestellen gesäumt werden. Hier wird jeweils im Mai beziehungsweise Juni ein Kanu-Wettbewerb ausgetragen.

In kultureller Hinsicht ist Zvornik außerdem für die im Juli stattfindenden Festspiele bekannt.

Eine Woche lang steht die Stadt dann ganz im Zeichen von Volksmusik, Jazz und Rockmusik.

44°23'12.46"N, 19°06'09.10"E

Touristeninformation
75400 Zvornik, ul. Svetog Save br. 56
www.zvornikturizam.org

Vitinka

Das bekannte Mineralwasser Vitinka wird nördlich des Dorfes Kozluk

Bild: Maren Beßler | PIXELIO

abgefüllt, denn hier befinden sich die sogenannten sieben Quellen von Vitinački Kiseljak. Das hier zutage tretende Wasser wird oft als das beste von Bosnien-Herzegowina bezeichnet, denn es ist reich an Calcium, Magnesium und Kalium. Entdeckt wurden die Quellen übrigens bereits Ende des 18. Jahrhunderts.

44°30'02.00"N, 19°06'52.60"E

75413 Kozluk, Drinska dva br. 30

Kloster Lovnica

Das rund zwei Kilometer nördlich der Stadt Šekovići gelegene Kloster Lovnica *Manastir Lovnica* wird durch ein hölzernes Tor betreten, welches von den hier lebenden Nonnen noch mit einem großen Bronzeschlüssel geöffnet wird. Bemerkenswert sind vor allem die Fresken des bekannten serbischen Malers Longin, welche aus dem 16. Jahrhundert stammen. Außerdem werden im Kloster zahlreiche Urkunden aufbewahrt, unter anderem eine aus dem Jahr 1578 stammende, in welcher Lovnica namentlich genannt wird. Ganz in der Nähe entspringt außerdem die Quelle des gleichnamigen Flusses Lovnica. Der Name dürfte darauf zurückgehen, dass sich hier einst ein königliches Jagdrevier befand, denn das bosnische Wort *lov* bedeutet Jagd.

44°18'42.40"N, 18°51'19.60"E

75450 Šekovići
www.zvornikturizam.org

Srebrenica

Das sogenannte Silberstädtchen Srebrenica war einst ein blühender Kurort, der heute leider auf eine traurige Vergangenheit zurückblicken muss, denn kaum jemand verbindet die Stadt noch mit ihrer langen Bergbautradition und den großen Silbervorkommen, welche für

Bild: Dans Eng

die Stadt bereits seit der Antike eine sehr große Rolle spielen. Der Genozid, der hier im Juli 1995 verübt wurde, überschattet die Stadt, die vor dem Bosnienkrieg als wichtiger Tourismusort galt. Er wurde als schwerstes Kriegsverbrechen, welches in Europa seit dem Zweiten Weltkrieg verübt wurde, eingestuft. Damals wurden mehr als 5 000 muslimische Männer und Buben inmitten einer UNO-Schutzzone unter der Führung des bosnischen Serben Ratko Mladić systematisch exekutiert. Bis heute konnten nicht alle Opfer dieses Massakers geborgen und identifiziert werden. Der Vertrag von Dayton sprach die Stadt schließlich der Republika Srpska zu, doch leben so gut wie keine Serben beziehungsweise Muslime mehr in Srebrenica und seiner Umgebung.
Sehenswert sind das Heimatmuseum im Kulturzentrum *Dom Kulture*, das römische Ausgrabungen zeigt und die Entstehung traditioneller Holzhäuser dokumentiert, sowie die Überreste der Altstadt, die auf einer Anhöhe über der heutigen Stadt thront. Von der einstigen Oberstadt aus kann man einen herrlichen Ausblick über das langgestreckte Stadtzentrum des modernen Srebrenicas genießen. Dort gibt es einige religiöse Bauwerke zu besichtigen, nämlich die serbisch-orthodoxe Kirche sowie die Hadži Skender-Moschee *Hadži Skender džamija*. Am interessantesten ist jedoch die der heiligen Maria geweihte, katholische Kapelle *Crkva Svete Marije*. Diese entstand im Jahr 1991 an jener Stelle, wo im 13. Jahrhundert das östlichste Kloster der Franziskaner erbaut wurde, welches jedoch 1688 einem verheerenden Brand zum Opfer fiel. Während des Bürgerkrieges wurde die Marienkapelle zerstört, jedoch wurde einige Zeit später der Wiederaufbau des Gebäudes beschlossen.
Auf dem Hauptplatz neben dem Markt von Srebrenica verkaufen Frauenvereine köstliche Marmeladen und Säfte, welche aus Beeren der umliegenden Regionen hergestellt sind. Diese werden auch zu einem einzigartigen Obstwein, welcher unter der Bezeichnung Berry Dreams Bekanntheit erlangte, verarbeitet.
Folgt man dem Spazierweg entlang des Baches Crvena Rijeka etwa zwei Kilometer weit, gelangt man zur einst sehr bedeutenden Guber-Thermalquelle *Crni Guber* mit den Ruinen des ehemaligen Kurhotels. Ihr Wasser, das einzige offiziell anerkannte Heilwasser des Landes, ist reich an Eisen und Mineralien und lindert Anämie, verschiedene Entzündungen sowie Haut- und Augenerkrankungen, aber auch Rheumatismus. Im 19.

Bild: Dans Eng

Bild: Jarmoluk

Jahrhundert wurde es in Flaschen abgefüllt und weltweit verkauft. Im 20. Jahrhundert zog das Kurhotel zahlreiche Gäste an, doch wurde die geplante Revitalisierung bis jetzt nicht umgesetzt. In der Umgebung befinden sich auch noch vier weitere Heilquellen namens Augenwasser *Očná voda*, Schönheit *Ljepotica*, Kleines Guber *Mali Guber* und Nebenhöhlenwasser *Sinusna voda*.

⌖ 44°06'12.85"N, 19°17'55.19"E

Touristeninformation
75430 Srebrenica,
ul. Srebreničkog odreda bb
www.bhtourism.ba/ger/srebrenica.wbsp

Bild: Julian Nitzsche I PIXELIO

Gedenkzentrum Srebrenica-Potočari

Ein sehr berührender Ort ist das Gedenkzentrum Srebrenica-Potočari *Memorijalni Centar Srebrenica-Potočari*, etwa fünf Kilometer von Srebrenica entfernt, im Dorf Potočari. Es wurde von der US-Regierung finanziert und im Jahr 2003 vom ehemaligen amerikanischen Präsidenten Bill Clinton zur Erinnerung an die Opfer sowie als Mahnmal für nachfolgende Generationen eröffnet und dient den Hinterbliebenen als Ort der Trauer. Auf dem zentralen Platz befindet sich eine überdachte, seitlich offene Gebetsstätte, welche von der sogenannten Wand der Erinnerung umgeben ist. Diese Marmormauer nennt die Namen von 8 372 identifizierten Opfern des Massakers vom 11. Juli 1995. In einer ehemaligen Akkumulatorenfabrik, in welcher das sogenannte Dutchbat, also das niederländische Kontingent der UN untergebracht war, ist heute ein Gedenkbereich eingerichtet. Hier sind persönliche Gegenstände der Opfer sowie Fotos von der Suche nach Vermissten sowie deren Identifizierung und Bestattung ausgestellt und man hat die Möglichkeit, einen halbstündigen

Bild: Azir Osmanović I Memorial Centre Srebrenica-Potočari

Dokumentarfilm über das Massaker zu sehen. Im Anschluss an die Gedenkstätte erstreckt sich ein Friedhof mit tausenden muslimischen Grabsteinen aus weißem Marmor.

⌖ 44°09'29.40"N, 19°18'05.58"E

75430 Srebrenica, Potočari bb

Skelani

Im Museum von Skelani sind zahlreiche Fundstücke aus römischer Zeit ausgestellt, wobei Inschriften

Bild: Municipiumskelani.net

und Mosaike zu den spektakulärsten Exponaten zählen. Das heutige Skelani war bereits im 1. Jahrhundert nach Christus von Kelten besiedelt und entwickelte sich danach zu einem wichtigen Zentrum der Römer.
Im Jahr 2008 wurde der größte jemals auf dem Balkan entdeckte Mosaikboden aus römischer Zeit freigelegt. Dieser stammt aus dem ersten Jahrhundert nach Christus, ist rund vierzig Quadratmeter groß und zeichnet sich durch vielfältige Farben und Ornamente sowie lebendige Darstellungen aus. Rund einen Meter unter der Erdoberfläche befinden sich außerdem weitere Reste von Gebäuden und Straßen der früheren römischen Stadt, welche jedoch bis jetzt noch nicht freigelegt werden konnten.

⌖ 43°58'20.30"N, 19°32'08.30"E

75436 Skelani-Srebrenica, Skelani bb
www.municipiumskelani.net

Višegradska Banja

Višegradska Banja ist ein Kurort rund fünf Kilometer nördlich von Višegrad, welcher inmitten eines Kiefernwaldes auf einer Seehöhe von 414 Metern liegt. Das leicht radioaktive Thermalwasser tritt hier mit einer Temperatur von 34 Grad Celsius aus und verfügt über einen natürlichen Radongehalt, welcher Schmerzen lindern kann und sich positiv auf Allergien, rheumatische, neurologische und gynäkologische Erkrankungen sowie Atemwegserkrankungen auswirken kann. Das angeschlossene Dreisternhotel verfügt über einen Innenpool mit Thermalwasser und bietet neben verschiedenen Bädern und Massagen auch zwei Hamams. Diese entstanden bereits im Jahr 1575, als hier beim Brechen der Steine für den Bau der berühmten Brücke über die Drina eine heiße

Bild: Tourist Organization of Višegrad

Quelle entdeckt wurde, deren Wasser Verletzungen schnell heilen ließ.
Wer die Hamams besuchen möchte, sollte aber unbedingt im Voraus reservieren, denn sie sind sehr beliebt und daher meistens ausgebucht.

⌖ 43°49′14.41″N, 19°18′35.39″E

73240 Višegrad, Višegrad banja bb
www.vilina-vlas.com

Višegrad

Višegrad wurde in Ivo Andrićs Roman „Die Brücke über die Drina" ein literarisches Denkmal gesetzt, denn der Schriftsteller und Nobelpreisträger verbrachte seine Kindheit hier, inmitten einer landschaftlich besonders reizvollen Umgebung. Sein Roman spannt einen weiten Bogen vom Bau der Brücke und dem Leben in der Stadt Višegrad, über den Einmarsch der Osmanen bis hin zum Zweiten Weltkrieg.
Vor dem Bürgerkrieg in den 1990er Jahren lebten in Višegrad, was Hohe Stadt beziehungsweise Hohe Burg bedeutet, mehrheitlich Bosniaken, doch kam es während des Krieges auch hier zu ethnischen Säuberungen durch serbische Einheiten. Heute gehört die Stadt der Republika Srpska an und zählt rund 8 000 Einwohner, großteils Serben. Unmittelbar vor dem Stadtgebiet befindet sich ein Wasserkraftwerk, welches die Drina zum Višegrad-See *Višegradsko jezero* aufstaut. Innerhalb der Stadtgrenzen ist der Fluß daher sehr ruhig und beschreibt einen weiten Bogen zum neuen Stadtteil Andrićgrad.
Die nach ihrem Erbauer benannte Mehmed-Paša-Sokolović-Brücke, welche meist als Brücke über die Drina *Na Drini ćuprija* bezeichnet wird, ist das Wahrzeichen von Višegrad. Sie wurde vom bekannten Architekten Kodža Mimar Sinan geplant und von 1571 bis 1578 als steinernes Monument mit elf Bögen erbaut. Die Brücke verlieh der Stadt strategische sowie wirtschaftliche Bedeutung, denn diese lag somit als einziger Übergang am Ober- beziehungsweise Mittellauf der Drina auf der direkten Route von Sarajevo nach Istanbul. In den Kriegsjahren von 1914 und 1943 wurde sie beschädigt, jedoch bis 1952 originalgetreu restauriert. Das über sechs Meter breite und 180 Meter lange Bauwerk zählt heute zum UNESCO-Weltkulturerbe und kann zu Fuß überquert werden. Dabei begegnet man zwei Tafeln mit arabischen Inschriften, die an den Stifter der Brücke beziehungsweise

Bild: Tourist Organization of Višegrad

Bild: Tourist Organization of Višegrad

Bild: Tourist Organization of Višegrad

die wichtigsten Ereignisse im Laufe ihrer Baugeschichte erinnern.
Die Altstadt von Višegrad erstreckt sich am südlichen Ende der Brücke, weist jedoch kaum historische Bauwerke auf. Man kann das Ivo Andrić-Haus nördlich der Drina, eine Klasse, in welcher der Literat seine Schulzeit verbrachte, sowie ein ihm gewidmetes Denkmal besichtigen. Auf der von den Flüssen Drina und Rzav gebildeten Halbinsel entsteht außerdem seit dem Jahr 2011 auf die Initiative des weltbekannten Regisseurs Emir Kusturica hin der neue Stadtteil Andrićgrad, welcher den Tourismus fördern soll. Dabei handelt es sich quasi um eine eigene kleine Stadt innerhalb der Stadt, wobei vor allem die Kultur im Vordergrund stehen soll. So sind in den Häusern, deren Baustil sich an traditionellen Häusern diverser historischer Epochen orientiert, beispielsweise ein Multiplexkino, ein Theater, eine Kunstgalerie oder ein Sprachinstitut untergebracht.
Von Višegrad aus werden außerdem verschiedene Bootsfahrten auf der Drina angeboten, wobei man vor allem im Rahmen einer Tagestour zahlreiche schöne Momente im zweitlängsten Flusstal Europas erleben kann. Einst war jener Teil der Drina als wilder Fluss bekannt, doch seit dem Bau des Kraftwerkes gleicht er eher einem friedlichen See mit einer Länge von über fünfzig Kilometern.

Bild: Tourist Organization of Višegrad

43°47'03.59"N, 19°17'36.14"E

Touristeninformation
73240 Višegrad, Uzickog korpusa 11
www.visegradturizam.com

Schmalspurbahn

Die Schmalspurbahn *Ćiro* mit einer Spurweite von 760 Millimetern, der sogenannten Bosnaspur, führt heute noch entlang einer landschaftlich besonders reizvollen Strecke von Višegrad über Vardište nach Mokra Gora in Serbien. Sie wurde zur Zeit der österreichisch-ungarischen Monarchie errichtet und war als Bosnische Ostbahn bekannt. Der Bau dieser strategisch wichtigen Bahnlinie verschlang Unsummen, doch war er von Bedeutung, um die Macht an der Grenze zu Serbien zu demonstrieren. Im Jahr 1906 fuhr schließlich der erste Zug von Sarajevo nach Dobrun, doch bereits 1978 wurde die gesamte Linie stillgelegt. Nach umfassenden Instandsetzungsarbeiten konnte die Bahnlinie, die mit historischen Dampfloks befahren wird, schließlich im August 2010 für Touristen und Eisenbahnfreunde revitalisiert werden. Über den aktuellen Fahrplan kann man sich am besten im Tourismusbüro von Višegrad informieren, da es derzeit noch keine regelmäßigen Verbindungen gibt. Direkt vor dem Kloster Dobrun erinnert eine historische Henschel-Lokomotive aus dem Jahr 1923, welche früher auf der Strecke von Sarajevo nach Belgrad im Einsatz war, an längst vergangene Tage. Das serbische Dorf Mokra Gora mit seinen kleinen Holzhäusern wurde übrigens vom Filmemacher Emir Kusturica anlässlich einiger Filmproduktionen im traditionellen Stil erbaut und erfreut sich nun großer Beliebtheit als Ausflugsziel.

43°46'32.33"N, 19°22'46.83"E

73240 Višegrad

Kloster Dobrun

Das Kloster Dobrun *Dobrun Manastir*, welches auch unter dem Namen Bruševo bekannt ist, liegt etwa zwölf Kilometer östlich von Višegrad, direkt an der Grenze zu Serbien. Die Anlage wurde im Jahr 1343 erbaut und der heiligen Jungfrau Maria geweiht, jedoch bereits 1393 verwüstet, als die Osmanen das gesamte umliegende Gebiet eroberten. Nach dem Wiederaufbau wurde die Klosteranlage noch mehrmals zerstört, unter anderem während des Zweiten Weltkrieges, da sie damals als Waffenarsenal genutzt wurde und aus diesem Grund zum Ziel von Angriffen wurde. Heute beeindruckt vor allem die Klosterkirche, welche auf den erhaltenen Grundmauern des Vorgängerbaus errichtet wurde, durch ihre schönen Fresken, beispielsweise von Tsar Dušan und seiner Frau Jelena sowie deren

Bild: Tourist Organization of Višegrad

Bild: Tourist Organization of Višegrad

Sohn Uroš. Die Mönche verbrachten einst allerdings die meiste Zeit in einer nahegelegenen Höhle in den Bergen und hielten sich nur zu hohen Feiertagen in den Räumlichkeiten des eigentlichen Klosters auf. Heute ist das serbisch-orthodoxe Kloster, welches als eines der architektonisch interessantesten religiösen Bauwerke Bosnien-Herzegowinas gilt, wieder bewohnt und beherbergt neben einem Museum auch eine umfangreiche Ikonensammlung sowie sehr interessante Fresken. Es kann tagsüber besucht werden, doch ist eine Besichtigung während der Gebetszeiten und an kirchlichen Feiertagen nur in eingeschränkter Form möglich.

⌖ 43°45'22.92"N, 19°23'51.16"E

73247 Dobrun
www.visegradturizam.com

Goražde

Das an den Ufern der Drina gelegene, langgestreckte Goražde gilt ebenso wie Foča als Tourismuszentrum der Region und verfügt daher über mehrere Hotels und Pensionen. Aufgrund ihrer günstigen Lage war die Stadt seit jeher Handelszentrum und Verkehrsknotenpunkt, sowohl für Reisende in Richtung Konstantinopel, als auch zur Adria hin. Vom 15. bis zum 18. Jahrhundert stand Goražde unter osmanischer Herrschaft, danach unter jener Österreich-Ungarns, wobei es sich schnell zu einem industriellen Aushängeschild Ostbosniens entwickelte. Noch heute sind die Folgen des Bürgerkrieges der 1990er Jahre zu spüren, obwohl die sichtbaren Schäden so gut wie vollständig beseitigt wurden. Auch der wirtschaftliche Aufbau der Stadt, in der früher vor allem Chemie- und Metallindustrie sowie Textilfabriken eine große Rolle spielten, gestaltet sich schwierig. Im Jahr 1992 wurden die in der Stadt lebenden Serben vertrieben und 1993 wurde hier eine islamische UNO-Schutzzone eingerichtet. Die Einwohner leisteten General Mladić erbitterten und schließlich auch erfolgreichen Widerstand. Durch den Friedensvertrag von Dayton zählt Goražde mit heute 22 000 Einwohnern nicht zur Republika Srpska sondern bildet quasi eine Halbinsel der Föderation Bosnien und Herzegowina, welche von

Bild: Gorazde Municipality

serbischem Territorium umgeben ist. Das Zentrum der Stadt bildet die Alija Izetbegović-Brücke *Alija Izetbegović most*, welche nur für Fußgänger und Radfahrer geöffnet ist. Tagsüber trifft man hier auf zahlreiche Straßenhändler, am Abend versammelt sich hingegen die Jugend der Stadt auf der Brücke. Folgt man der am südlichen Ende der Brücke gelegenen Omladinska, gelangt man zu den wichtigsten Verwaltungsgebäuden und der

Bild: Gorazde Municipality

Sporthalle, aber auch zu zahlreichen Lokalen und Bars. Die im Krieg zerstörten Moscheen der Stadt sind mittlerweile wieder aufgebaut und einige neue haben sich dazugesellt. Außerdem erinnern viele Gebäude und Denkmäler an die osmanische Zeit, doch sind einige Häuser leider in einem relativ schlechten Zustand. Zu den touristischen Attraktionen von Goražde zählt die Schifffahrt auf der Drina, welche von den Einwohnern der Stadt im Sommer auch gerne zum Baden und Angeln genutzt wird. In der außerhalb des nördlichen Stadtrandes gelegenen serbisch-orthodoxen Kirche zum heiligen Georg *Crkva Svetog Georgija* war im 16. Jahrhundert die erste Druckerei Bosnien-Herzegowinas untergebracht. Heute ist die Region um Goražde vor allem für den Apfelanbau bekannt, weshalb in der Stadt alljährlich eine Apfelmesse abgehalten wird. Anfang August findet außerdem ein internationales Freundschaftsfestival statt, welches Besucher aus ganz Europa anlockt.

⌖ 43°40'03.74"N, 18°58'30.91"E

Touristeninformation
73000 Goražde, Trg branilaca bb
www.bhtourism.ba/ger/upperdrina.wbsp

Nekropole Goršić Polje

Im westlich von Goražde, nahe des Dorfes Hrančići gelegenen Goršić Polje befindet sich eine der größten

Bild: Emir O. Filipovic

Bild: Pendek Tours

Nekropolen des Landes mit 355 historischen Grabsteinen. Insgesamt gibt es in Bosnien-Herzegowina rund 60 000 dieser sogenannten Stećak-Grabsteine, wobei jene von Goršić Polje zum Nationaldenkmal erklärt wurden. Sie sind meist halbkreisförmig angeordnet und oft von einer dicken Moosschicht überwachsen, doch bei einigen erkennt man die Verzierungen in Form von Lilien, Sternen oder Hirschen noch ausgezeichnet.

⌖ 43°41'02.30"N, 18°45'37.10"E

Goršić Polje, Hrančići

Floßfahrt auf der Drina

Die Floßfahrt *Splavarenje* blickt auf der Drina auf eine sehr lange Tradition zurück, denn bis zum Ende des 19. Jahrhunderts wurden Baumstämme und Waren, aber auch Personen fast ausschließlich auf diese Weise transportiert. Die Flößerei stellte damals eine wichtige Einnahmequelle in dieser unwegsamen Region dar, doch heute dient sie ausschließlich dem Vergnügen. Von der kleinen Ortschaft Ustikolina aus hat man zum Beispiel die Möglichkeit, auf einem traditionellen Floß, welches aus elf Baumstämmen besteht, rund zwölf Meter lang ist und etwa zwei Tonnen wiegt, bis nach Goražde zu fahren. In der Mitte befinden sich Bänke, auf welchen etwa zwanzig Personen bequem sitzen können, während der Flößer durch den Strom steuert. Die 22 Kilometer lange Strecke wird in vier bis fünf Stunden bewältigt, wobei zwischendurch meist eine Pause eingelegt wird, die zum Picknicken am Ufer genutzt wird.

⌖ 43°35'00.20"N, 18°47'36.10"E

73250 Ustikolina
www.splavarenje.ba

Foča

Die zur Republika Srpska zählende Stadt Foča liegt nahe der Grenze zu Montenegro und zählt heute rund 22 000 Einwohner. Im Mittelalter war Foča als Zentrum auf der Handelsstraße nach Konstantinopel bekannt. Während des 15. bis 19. Jahrhunderts stand die Stadt unter osmanischer Herrschaft, wovon einst besonders die 1551 errichtete Aladža-Moschee *Aladža džamija* zeugte. Der einräumige Kuppelbau galt als eine der architektonisch bedeutendsten Moscheen im europäischen Teil des Osmanischen Reiches, wurde jedoch 1992 gesprengt und soll nun wieder rekonstruiert werden. Im Stadtzentrum sind außerdem die Überreste der ebenfalls 1992 gesprengten Mehmed-Paša Kukavice Moschee *Džamija Mehmed-paše Kukavice* zu sehen. Der historische

Bild: JU Turistička organizacija opštine Foča

Stadtkern ist somit leider in einem relativ desolaten Zustand, weshalb nur der Uhrturm *Sahat kula* aus dem Jahr 1758 wirklich sehenswert ist, denn er wurde bereits renoviert. Die nebenan gelegene, ehemalige Karawanserei aus dem Jahr 1758 wurde ebenfalls stark beschädigt, allerdings noch nicht instandgesetzt. Im Süden Fočas befindet sich schließlich die orthodoxe Kirche des heiligen Nikolaus *Crkva Svetog Nikole*, welche während des Zweiten Weltkrieges schwer beschädigt, später jedoch vorbildlich restauriert wurde. Sie ist aufgrund ihrer schönen Ikonostase sowie ihrer Fresken sehenswert und verfügt außerdem über ein bemerkenswertes Evangelium. Meist wird Foča vor allem deshalb besucht, weil es als hervorragender Ausgangspunkt für eine Vielzahl an Ausflügen in die wunderschöne Natur, von welcher es umgeben wird, gilt.

⌖ 43°30'26.70"N, 18°46'36.71"E

Touristeninformation
73300 Foča, Šantićeva 16
www.focaravajuce.org

Sandpyramiden

Die etwa neun Kilometer von Foča entfernt gelegenen Sandpyramiden sind ein einzigartiges Naturdenkmal und erinnern stark an amerikanische Canyons wie zum Beispiel den Grand Canyon. Der Weg durch die Berge ist jedoch teilweise relativ abenteuerlich, da die Straße in einem schlechten Zustand ist, und sollte daher nur bei trockenem Wetter in Angriff genommen werden. Die bizarren, an

Bild: JU Turistička organizacija opštine Foča

Bild: JU Turistička organizacija opštine Foča

Pyramiden erinnernden Formationen entstanden vor vielen Jahrhunderten durch Bodenerosion und dienten zum Beispiel im Jahr 1961 als spektakuläre Kulisse für einige Szenen aus der Winnetou-Filmreihe.

⌖ 43°31'21.18"N, 18°41'29.33"E

73300 Foča
www.focaravajuce.org

Rafting auf der Tara

Die Tara fließt in ihrem Unterlauf durch eine besonders spektakuläre Schlucht, nämlich die längste und tiefste Europas. Sie ist 78 Kilometer lang und 1,3 Kilometer tief und rangiert somit außerdem unter den größten Schluchten der Welt. Der Ausgangspunkt einer Raftingtour auf der Tara liegt genau genommen im benachbarten Montenegro, denn die Tara bildet die natürliche Grenze. Aus diesem Grund sollte man keinesfalls auf den Reisepass vergessen.
Die Basiscamps der bosnischen Anbieter befinden sich zumeist in Bastasi, wo die organisierten Touren beginnen. Nach einer etwa fünf Kilometer langen Fahrt erreicht man schließlich den Ort Brštanovica, den Ausgangspunkt des Abenteuers. Es folgen kurze Instruktionen, bevor meist mehrere Boote mit bis zu zehn Personen an Bord gleichzeitig losfahren. Geschwindigkeit und notwendiger Körpereinsatz variieren je nach Streckenabschnitt, doch man muss auf jeden Fall damit rechnen, nass zu werden, vor allem bei Stromschnellen und Kaskaden. Zwischendurch werden mehrere Pausen eingelegt, um im kalten Wasser zu baden, zu picknicken oder einfach die traumhafte Landschaft zu genießen. Nachdem man unter der Grenzbrücke durchgefahren ist, befindet man sich wieder in Bosnien-Herzegowina und folgt der Drina, in welche die Tara mündet. Die Fahrt ist hier sehr ruhig und endet direkt in einem der Raftingcenter. Touren auf der Tara werden übrigens auch im Rahmen einer Busfahrt von Sarajevo aus angeboten. Die Raftingsaison dauert je nach Wetterlage von Mai bis Oktober, wobei der Schwierigkeitsgrad je nach Jahreszeit und Wasserstand variiert.

⌖ 43°17'21.50"N, 18°57'17.75"E

73300 Bastasi
www.raftingtara.com
www.tara-rafting.com
www.tara-raft.com

Bild: JU Turistička organizacija opštine Foča

Nationalpark Sutjeska

Der 1962 gegründete Nationalpark Sutjeska *Nacionalni park Sutjeska* ist sowohl der älteste als auch der größte Nationalpark des Landes. Er erstreckt sich über eine Fläche von rund 170 Quadratkilometern und beeindruckt unter anderem durch eine vom gleichnamigen Fluss gebildete Schlucht, welche die über 2 000 Meter hohen Bergmassive Zelengora und Maglić sowie Volujak voneinander trennt. Der 2 386 Meter hohe Maglić, welcher sich unmittelbar an der Grenze zu Montenegro befindet, ist außerdem die höchste Erhebung des gesamten Landes. Seinen Gipfel zu erreichen, gilt allerdings selbst unter erfahrenen Bergsteigern als anspruchsvolle Herausforderung, weshalb der Berg Zelengora mit nicht weniger als acht Seen und ausgedehnten Schafweiden ein beliebteres Ziel für Wanderer darstellt. Ein weiteres Highlight des Nationalparks ist das Waldgebiet Perućica, welches als einer der letzten Urwälder Europas bekannt ist. Dieses wird ebenfalls von steil abfallenden Berghängen begrenzt und besteht in erster Linie aus bis zu fünfzig Meter hohen Schwarzkiefern und Buchen. Sehenswert ist außerdem der 75 Meter hohe Skakavac-Wasserfall, welchen man am besten von einer Aussichtsplattform bewundern kann. Im Nationalpark leben Wölfe und Bären, die hier ein riesiges Rückzugsgebiet vorfinden, aber auch fünf Fischarten, zahlreiche Amphibien und Reptilien sowie 114 Vogelarten sind hier beheimatet. Im Bereich der Flora ist der Nationalpark für eine sehr große Anzahl endemischer Arten bekannt. Hier gedeihen zum Beispiel 436 essbare Pflanzen, darunter rund hundert genießbare Pilzarten.

Bild: JU Turistička organizacija opštine Foča

Als Hauptort des Nationalparks gilt Tjentište, wo man auch das große Denkmal zur Erinnerung an die berühmte Schlacht von Sutjeska, in welcher 1943 den Partisanen der Sieg über die Soldaten der Deutschen Wehrmacht gelang, bewundern kann. Diese ging als Wendepunkt der Befreiung Jugoslawiens im Zweiten Weltkrieg in die Geschichte ein. In der Nähe gibt es einen Fahrradverleih und man hat die Möglichkeit, den besten Aussichtspunkt auf den Urwald Perućica im Rahmen einer halbstündigen Wanderung auf guten Wegen zu erreichen, beziehungsweise einen Bergführer für ausgedehntere Touren zu engagieren.

43°20'48.69"N, 18°42'48.14"E

www.npsutjeska.net

Treskavica

Das Treskavica-Bergmassiv mit mehr als dreihundert Quellen und zahlreichen Seen gilt als eines der schönsten und wasserreichsten des gesamten Landes. Hier entspringen unter anderem die Flüsse Rakitnica, Ljuta, Željeznica und Bistrica. Der höchste Gipfel ist der Mala Ćaba, welcher oft auch als Đokin toranj bezeichnet wird, mit 2 088 Metern,

Bild: Wikipedia GNU

wobei man für Wanderungen am besten einen Bergführer engagiert und die markierten Wege keinesfalls verlässt, denn es gibt hier noch zahlreiche Minen aus dem Bürgerkrieg. Ein schöner Weg führt beispielsweise vom Dorf Turovi auf den Mala Ćaba. Anfangs folgt man einer Schotterstraße und nach etwa 3,5 Kilometern erreicht man bereits die erste Hütte. Nach weiteren 5,5 Kilometern Fußmarsch durch dichte Wälder gelangt man zum 1 548 Meter hoch gelegenen Großen See *Veliko jezero*, welcher etwa sechs Meter tief ist. In weiterer Folge erreicht man die Lichtung Šišan, auf welcher man mit einem wunderbaren Blick auf den See und das dahinter gelegene Gebirge für die bisherigen Anstrengungen belohnt wird. Von hier aus führt der Weg schließlich weiter auf den Đokin toranj. Geplant ist übrigens, im Treskavica-Gebirge in naher Zukunft ebenfalls einen Nationalpark einzurichten.

43°35'22.80"N, 18°21'20.20"E

www.sarajevo-tourism.com/treskavica

Jahorina

Große Teile des meistbesuchten Gebirges von Bosnien-Herzegowina gehören dem Nationalpark Trebević *Nacionalni park Trebević* an. Die nördliche Region ist dicht bewaldet, die südliche hingegen vergleichsweise kahl. Der höchste Gipfel des Jahorina-Gebirges ist der 1 916 Meter hohe Ogorjelica, wobei hier vor allem Wanderer und Mountainbiker in ihrem Element sind. Das Jahorina-Gebirge ist aber nicht nur im Sommer sondern vor allem im Winter ein beliebtes Ausflugsziel, denn hier findet man ausgezeichnete Bedingungen zum

Bild: bhtourism.ba

Skifahren vor. Insgesamt stehen acht Lifte, zwanzig präparierte Pistenkilometer in unterschiedlichen Schwierigkeitsgraden sowie diverse Unterkünfte, welche teilweise auch mit attraktiven Wellnessangeboten locken, zur Verfügung. Bekannt wurde das Skigebiet Jahorina im Jahr 1984, als hier die alpinen Abfahrts- und Slalombewerbe der Damen ausgetragen wurden. Die Mischung aus neuen Hotels und im Krieg zerstörten Gebäuden mutete über längere Zeit hinweg etwas skurril an, doch mittlerweile sind so gut wie alle Schäden beseitigt und das winterliche Vergnügen gewinnt schnell die Oberhand. An einigen Tagen kann man auf beleuchteten Pisten bis zehn Uhr abends Ski fahren. Die Ausrüstung kann man sich vor Ort ausborgen und auch Ski- und Snowboardkurse werden angeboten. Außerdem gibt es eine circa zwanzig Kilometer lange Loipe für Langläufer. Auf dem 1 629 Meter hohen Trebević, einem bis an den Stadtrand von Sarajevo reichenden Ausläufer des Jahorina-Gebirges, befindet sich eine Bob- und Rodelbahn, die 1984 eigens für die Olympischen Winterspiele errichtet wurde, nun jedoch nicht mehr genutzt wird.

⌖ 43°41'04.25"N, 18°39'30.98"E

www.jahorina.org

Romanija

Die Romanija ist als eines der serbischen Zentren in Bosnien-Herzegowina bekannt, wobei die Bewohner den Ruf haben, besonders stur zu sein. Sehr geschätzt werden allerdings ihre traditionelle Musik sowie ihre deftige Küche. Die höchste Erhebung des Romanija-Gebirges ist der Große Lupoglav *Veliki Lupoglav* mit einer Höhe von 1 652 Metern. Inmitten der rauhen Gebirgslandschaft mit oftmals bizarren Felsformationen entspringen außerdem die beiden Flüsse Miljacka und Prača. Die Landschaft lädt also nicht nur zum Wandern und Mountainbiken sondern auch zum Klettern ein, wobei Routen in

Bild: TVB der Föderation Bosnien und Herzegowina I Simović

Bild: TVB der Föderation Bosnien und Herzegowina I Simović

verschiedenen Schwierigkeitsgraden zur Verfügung stehen. Eine Besonderheit des Gebirges sind die hier lebenden Herden von Wildpferden, welche mit etwas Glück im Bereich des Batovo-Feldes *Batovo polje* angetroffen werden können. Weiters ist die Nekropole nahe der Ortschaft Hotočina mit 147 Stećak-Grabsteinen sehr interessant. Als Verwaltungszentrum der Romanija gilt die Stadt Pale, welche früher als Hauptstadt der Republika Srpska fungierte und über viele Unterkünfte sowie ein modernes Einkaufszentrum verfügt, jedoch aus touristischer Sicht sonst nicht unbedingt von großer Bedeutung ist.

⌖ 43°54'57.40"N, 18°40'23.00"E

Orlovača-Höhle

Die Orlovača-Höhle *Pećina Orlovača* liegt östlich der Hauptstadt Sarajevo in der Nähe des Dorfes Sinjevo und ist als eines der größten und schönsten Höhlensysteme des gesamten Landes bekannt. Bisher sind rund 2,5 Kilometer erforscht und etwa sechshundert Meter können im Rahmen einer halbstündigen Führung von interessierten Besuchern besichtigt werden. Diese Strecke ist gut begehbar und ausreichend beleuchtet. Die Höhle, in der Stalagmiten und Stalagtiten sowie einige Sinterfahnen bestaunt werden können, erfreut sich aufgrund ihrer bunt schimmernden Formationen großer Beliebtheit. Heute wird die Höhle in erster Linie von zahlreichen Fledermäusen bevölkert, doch vor etwa 16 000 Jahren waren hier erwiesenermaßen auch Höhlenbären heimisch, denn es wurden sowohl Knochen als auch Zähne entdeckt. Diese Funde können in einer kleinen Ausstellung bewundert werden. In den nächsten Jahren soll das touristische Angebot weiter ausgebaut werden.

⌖ 43°52'59.70"N, 18°35'03.00"E

www.turizam-isa.ba

Bild: Palelive

Bild: R. H. 2010 I Fotolia

Herzegowina

Die Bezeichnung Herzegowina leitet sich vom deutschsprachigen Adelstitel Herzog ab und geht somit auf Stjepan Vukčić Kosača, welcher diesen Titel im Jahr 1448 annahm, zurück. Heute umfasst die Herzegowina etwa ein Drittel des gesamten Staatsgebietes und kann sich daher als besonders abwechslungsreiche Region präsentieren. Prägend sind vor allem die kargen Höhenzüge des Dinarischen Gebirges, doch auch weite Karstlandschaften mit fruchtbaren Tälern und periodischen Sumpfgebieten sind typisch für die Herzegowina. Eine weitere Besonderheit ist der kleine Küstenstreifen bei Neum, denn dabei handelt es sich um den einzigen Zugang des Landes zum Meer. So reicht auch das Klima von mediterran an der Adria bis hin zu alpin um die schneebedeckten Gipfel des Prenj. Generell ist die Herzegowina vergleichsweise dünn besiedelt, doch beherbergt sie vor allem im Norden zahlreiche Betriebe, welche diesen Bereich zu einem wichtigen Wirtschaftszentrum machen. Im Süden ist hingegen der Weinbau von Bedeutung und die nahe der Grenze zu Montenegro gelegene Stadt Trebinje genießt den Ruf, die schönste Stadt der gesamten Herzegowina zu sein.

Livno-Feld • 195
Livno • 194
Museum von Jablanica • 192
Naturpark Blidinje • 193
Blidinje Nature Park
Međugorje • 180
Herzogsburg Ljubuški • 181
Franziskanerkloster Humac • 181
Kravice-Wasserfälle • 182
Kanu-Safari • 183
Neum • 185
Livno
Tomislavgrad
Buško jezero
Duvanjsko polje
Ljubuša
Raduša
Čvrsnica
Kupres
Malovan
Šuica
Prozor
Gornji Vakuf Uskoplje
Imotski
Posušje
Grude
Ljubuški
Široki Brijeg
Vrgorac
Čitluk
Metković
Opuzen
Ploče
Omiš
Makarska
Baška Voda
Biokovo
Park prir.
Sv. Jure
Brač
Hvar
Korčula
Vela Luka
Blato
Pelješac
Orebić
Lastovo
Mljet
Nacionalni park Mljet
Trilj
Otok
Glavice
Brnaze
Bekija

Sarajevo
Konjic
Mostar
Nevesinje
Stolac
Ljubinje
Trebinje
Bileća
Gacko
Kalinovik
Dubrovnik
Citluk
Jablaničko-See • 193
Konjic • 190
Titos Bunker • 191
Prenj • 191
Rafting auf der Neretva • 189
Boračko-See • 189
Mostar • 172
Blagaj • 178
Weingüter • 179
Žitomislići-Kloster • 179
Počitelj • 180
Nekropole Radmilja • 184
Mogorjelo • 183
Stolac • 185
Naturpark Hutovo Blato • 183
Vjetrenica-Höhle • 186
Trebišnjica • 186
Kloster Tvrdoš • 187
Trebinje • 188
Nacionalni park
Prenj
Visočica
Treskavica
Crvanj
Zelengora
Bjelašnica
Viduša

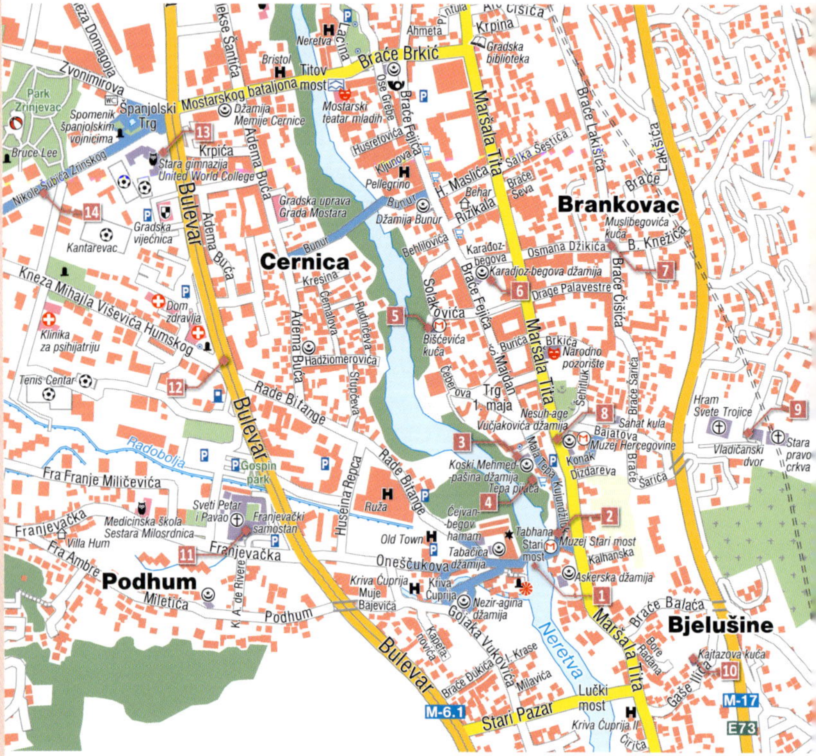

1 Alte Brücke
2 Kujundžiluk
3 Koski Mehmed-Pascha-Moschee
4 Tepa-Markt
5 Bišćević-Haus
6 Karađožbeg-Moschee
7 Musilbegović-Haus
8 Marschall Tito Straße
9 Orthodoxe Sakralbauten
10 Kajtaz-Haus
11 Franziskanerkloster
12 Boulevard
13 Altes Gymnasium
14 Nikole Šubića Zrinskog

Bild: Grad Mostar

Mostar

Mostar, heute mit rund 75 000 Einwohnern die größte Stadt der Herzegowina, war nur ein kleines Dorf, bevor es sich unter der Herrschaft der Osmanen ab 1482 zum administrativen und militärischen Zentrum der Herzegowina entwickelte. Der Name Mostar bedeutet Brückenwächter und bezieht sich auf die Alte Brücke, welche bereits 1454 in Form eines befestigten Überganges bestand

Bild: Grad Mostar

und der Stadt zu großem Ansehen verhalf. An der Wende vom 16. zum 17. Jahrhundert wurden zahlreiche bedeutende Gebäude, unter anderem Moscheen und Medresen, errichtet und im Bereich der Altstadt trifft man auch heute noch wie in osmanischer Zeit auf Gravierer, Maler und Teppichknüpfer. Nach der Machtübernahme durch Österreich-Ungarn im Jahr 1878 wurde Mostar ans Eisenbahnnetz angeschlossen und es entstanden viele Schulen und Brücken sowie Kirchen, welche sich um den Kern der Altstadt gruppieren beziehungsweise am westlichen Ufer der Neretva angesiedelt sind. Während der Zeit des sozialistischen Jugoslawiens stieg Mostar zu einer der wichtigsten und wohlhabendsten Städte des gesamten Landes auf. Seit dem Bosnienkrieg ist die einst multikulturelle Stadt in einen westlichen, kroatisch besiedelten sowie einen östlichen, bosniakisch besiedelten Bereich gegliedert, während die meisten Serben die Stadt verlassen haben. Heute ist der östliche Stadtteil vor allem auf den Erhalt der osmanischen Kulturgüter bedacht, während der westliche sich als modernes Stadtzentrum mit Bürogebäuden und Geschäften versteht. Wer auf der Suche nach Souveniers ist, wird in Mostar auf jeden Fall fündig werden, wobei vor allem Bilder und Tonkunstwerke besonders beliebt sind. Die Stadt verfügt mit dem MEPAS außerdem über eines der größten Einkaufszentren des Balkans. Berühmt ist Mostar überdies für die Poesieabende *Šantićeve večeri poezije*, welche hier im Sommer veranstaltet werden, denn Aleksa Šantić, einer der größten bosnisch-serbischen Dichter, stammt von hier. Wer die Stadt auf besonders bequeme Weise erkunden möchte, kann neuerdings einen eigenen Touristenzug nutzen.

⌖ 43°20'14.10"N, 17°48'54.20"E

Touristeninformation Mostar
88101 Mostar, Ante Starčevića bb
www.visitmostar.net

Alte Brücke

Die Alte Brücke *Stari most* ist das Herzstück der Stadt Mostar, weshalb ihre gezielte Zerstörung durch kroatische Truppen im Jahr 1993 die Bewohner schwer traf. Im Juli 2004 wurde unter Verwendung der Originalsteine eine Rekonstruktion der wunderschönen, steinernen Bogenbrücke über die Neretva fertiggestellt und bereits ein Jahr

Bild: bhtourism.ba

Bild: Grad Mostar

später zählte diese zum UNESCO-Welterbe. Ursprünglich entstand die weiße Steinbrücke zwischen 1556 und 1566, als Sultan Süleyman I. ihren hölzernen Vorgängerbau erneuern ließ. Sie weist eine Länge von 28,7 Metern und eine Höhe von 19 Metern auf, wodurch sie sehr beeindruckend wirkt. Untrennbar mit der Brücke verbunden sind der Halebija- und der Tara-Turm, in welchen einst die Brückenwächter wohnten. Der östlich gelegene Tara-Turm aus dem Jahr 1676 beherbergt heute ein Museum, welches sich mit der Geschichte der Brücke befasst. Am westlichen Ufer liegt hingegen der Halebija-Turm, welcher 1716 errichtet wurde und nun von den berühmten Brückenspringern als Hauptquartier genutzt wird. Diese stürzen sich mit einem gewagten Sprung in die Tiefe, wobei seit 1986 jeden Juli sogar ein eigener Wettbewerb ausgetragen wird.
Im Gebetshaus *Masjid*, dem bereits 1512 errichteten, ältesten religiösen Gebäude der Stadt, welches ohne Minarett auskommt, kann man einen Kurzfilm über die Geschichte der Alten Brücke sehen. Als Vorlage für ihre Errichtung diente übrigens die nahegelegene Krumme Brücke *Kriva ćuprija*, welche seit dem Jahr 1558 über die Radobolja führt.

Kujundžiluk

Gegenüber des Tara-Turmes, gleich am Beginn der Kujundžiluk, der historischen Gasse der Händler, liegt die Čejvan Ćehjina-Moschee *Ćehjina džamija*, die älteste Moschee Mostars. Sie wurde im Jahr 1553 fertiggestellt und beherbergt heute das türkische Konsulat. Folgt man der Gasse weiter in Richtung Norden, begegnet man in den kleinen, steinernen Häusern zahlreichen traditionellen Kunsthandwerksbetrieben und kann mit etwas Glück auch bei der Entstehung des einen oder anderen Stückes zusehen.

Koski Mehmed-Pascha-Moschee

Aufgrund ihrer malerischen Lage direkt am Ufer der Neretva ist die Koski Mehmed-Pascha-Moschee *Koski Mehmed-Pašina džamija* die bekannteste Moschee der gesamten Stadt. Sie wurde im Jahr 1619 erbaut und ihr Dach wird von einer Kupferkuppel überspannt. Bemerkenswert sind vor allem die Malereien im Inneren, denn sie sind original erhalten. Wer den zweistöckigen Innenraum der

Bild: Pavel Trojan

Moschee besichtigt, sollte unbedingt auch die Spitze des Minaretts erklimmen, denn von diesem aus kann man einen wunderschönen Ausblick auf die Neretva mit der Alten Brücke genießen.

Tepa-Markt

Auf dem Tepa-Markt *Tepa pijaca* verkaufen lokale Bauern täglich frisches Obst und Gemüse aus der Region sowie köstlichen Käse aus eigener Produktion. Zu empfehlen sind außerdem hausgemachte Marmeladen und Honig sowie verschiedene getrocknete Früchte, wie zum Beispiel Feigen.

Bild: Foto Hiero I PIXELIO

Bišćević-Haus

Das Bišćević-Haus *Bišćevića kuća* in der gleichnamigen Straße stammt aus dem Jahr 1636 und ist weitgehend originalgetreu erhalten. Es steht Besuchern, welche die osmanische Inneneinrichtung besichtigen möchten, offen. Das traditionelle Wohnhaus zeichnet sich außerdem durch seine interessante Architektur aus, denn es wird auf seiner der Neretva zugewandten Seite von zwei Säulen gestützt und verfügt im Garten über einen Mosaiksteinweg.

Bild: Iza Miszczak I Fotolia

Karađožbeg-Moschee

Die für Besucher zugängliche Karađožbeg-Moschee *Karađožbegova džamija* mit angeschlossener Medrese und Bibliothek sowie einem schönen Brunnen wurde im Jahr 1557 erbaut. Ihre runde Kuppel überspannt einen quadratischen Innenraum mit bunten Verzierungen, welcher von einem gigantischen Kronleuchter dominiert wird. Die Moschee wurde während des Bosnienkrieges zwar beschädigt, ist nun jedoch renoviert und wird oft als bedeutendstes Denkmal islamischer Architektur in ganz Bosnien-Herzegowina bezeichnet. Gegenüber befindet sich einer der ältesten Friedhöfe Mostars.

Muslibegović-Haus

Auch das traditionelle Muslibegović-Haus *Muslibegovića kuća*, welches als Nationaldenkmal gilt, kann besichtigt werden. Es entstand zu Beginn des 18. Jahrhunderts und gliedert sich in einen Privatteil, den sogenannten Frauengarten, sowie einen Geschäftsteil, welcher als Männergarten bezeichnet wird und in

Bild: Grad Mostar

der damaligen Zeit auch für Besucher zugänglich war. Das Gebäude erstreckt sich über insgesamt vier Etagen und beherbergt neben einem Hotel eine Ausstellung von Schnitzereien, Schriftstücken und Alltagsgegenständen, welche Einblick in das Leben einer reichen Bey-Familie geben.

Marschall Tito Straße

Entlang der parallel zur Neretva verlaufenden Marschall Tito Straße *Maršala Tita* befinden sich zahlreiche bedeutende Gebäude wie der Busbahnhof sowie der Hauptbahnhof, das Krankenhaus oder die Bibliothek. Das Volkstheater *Narodno poziríšte* stammt aus dem Jahr 1949 und ist somit das erste Theater, welches in Bosnien-Herzegowina nach dem Zweiten Weltkrieg eröffnet wurde. Leider konnte die Renovierung, welche zur Beseitigung der Bürgerkriegsschäden notwendig ist, noch nicht abgeschlossen werden. In weiterer Folge gelangt man zu einem muslimischen Friedhof sowie dem fünfzehn Meter hohen Uhrturm *Sahat kula*, der im Jahr 1636 erstmals erwähnt wird und eine überraschend kleine Uhr aufweist. Unmittelbar daneben wurde das Museum der Herzegowina eingerichtet, welches das kulturhistorische Erbe der Region präsentieren soll. Gegenüber des Uhrturmes liegt schließlich die Nesuh-aga Vučijaković-Moschee *Nesuh-aga Vučijakovića džamija*, die 1654 errichtet und nach ihrer Zerstörung im Bürgerkrieg im Jahr 1998 wieder aufgebaut wurde.

Orthodoxe Sakralbauten

Die kleine Alte orthodoxe Kirche *Stara pravoslavna crkva* wurde 1833 errichtet und beherbergt zahlreiche Ikonen serbischer, russischer und italienischer Herkunft, wobei ein wertvolles Exemplar mit einer Darstellung der Muttergottes am

Bild: bhtourism.ba

interessantesten ist. Unmittelbar daneben wurde 1873 die orthodoxe Kirche der Heiligen Dreifaltigkeit *Pravoslavna crkva* fertiggestellt. Sie wurde während des letzten Krieges vollkommen zerstört und ist derzeit noch im Wiederaufbau begriffen.

Kajtaz-Haus

Beim Kajtaz-Haus *Kajtazova kuća* handelt es sich um ein hervorragend erhaltenes Wohnhaus aus der osmanischen Periode, dessen Geschäftsteil leider während des Bürgerkrieges zerstört wurde. Das aus Stein und Holz errichtete Gebäude

Bild: Nyiragongo I Fotolia

verfügt über eine hohe Mauer, welche neugierige Blicke fernhalten soll. Im Inneren kann man erlesene Teppiche sowie arabische Bücher besichtigen.

Franziskanerkloster

Das Franziskanerkloster wurde 1890 an die bereits bestehende, Peter und Paul geweihte Kirche, welche im Jahr 1866 mit Erlaubnis des herrschenden Sultans erbaut wurde, angeschlossen. Während des Bürgerkrieges wurde der Komplex schwer beschädigt, wobei vor allem

Bild: Grad Mostar

die Kirche stark betroffen war. Aus diesem Grund handelt es sich bei dem heutigen Gebäude um einen Neubau. Bemerkenswert ist einerseits der Glockenturm, denn er ist das höchste Bauwerk der Herzegowina, andererseits die Bibliothek des Klosters, welche über 50 000 mitunter seltene und sehr wertvolle Bücher und Dokumente beherbergt.

Boulevard

Folgt man dem Boulevard *Bulevar* in Richtung Norden, begegnet man zahlreichen wichtigen Gebäuden Mostars, wie beispielsweise dem Gesundheitszentrum *Dom zdravlja*, oder dem frisch renovierten Rathaus *Gradska vijećnica*, welches im pseudomaurischen Stil errichtet wurde. Schließlich mündet der Boulevard in den modernen Spanischen Platz *Španski trg*, der im Jahr 2012 vom spanischen König Juan Carlos persönlich eingeweiht wurde.

Altes Gymnasium

Das Alte Gymnasium *Stara gimnazija* wurde bereits 1893 gegründet und wie die meisten Gebäude aus der österreichisch-ungarischen Periode im pseudomaurischen Stil errichtet. Es trägt den Namen des berühmten Dichters Aleksa Šantić und wurde während des Krieges schwer beschädigt, konnte jedoch im Jahr 2004 wieder eröffnet werden.

Bild: Grad Mostar

Nikole Šubića Zrinskog

Die mit zahlreichen Prachtbauten aus der Habsburgerzeit gesäumte Fußgängerzone Nikole Šubića Zrinskog verbindet den Spanischen Platz mit dem Rondo-Platz. An der nördlichen Straßenseite beginnt der neu angelegte, weitläufige Zrinjevac-Park *Park Zrinjevac*, welcher den Bewohnern der Stadt Mostar als Rückzugsort dient. Auf dem Rondo-Platz treffen schließlich nicht weniger als sechs Straßen aufeinander. Das interessanteste Gebäude auf diesem Platz ist das

Bild: Grad Mostar

Kroatische Kulturzentrum *Hrvatski dom hercega Stjepana Kosače*, welches im Jahr 1959 als Haus der Arbeiter errichtet wurde und heute als Austragungsort verschiedenster Kulturveranstaltungen dient. Auch dieses Gebäude wurde während des Bürgerkrieges beschädigt, doch konnten alle Renovierungsarbeiten bereits abgeschlossen werden.

Blagaj

Im südlich von Mostar gelegenen Ort Blagaj existierte bereits in prähistorischer Zeit eine Siedlung und während der Römerzeit entstand hier eine Festungsanlage. Diese wurde in weiterer Folge von allen Herrschern der Region genutzt, darunter Herzog Stjepan Vukčić Kosača, bis sie 1835 einem Erdbeben zum Opfer fiel. Die hoch über dem Ort thronende Ruine der Festung *Stjepan grad* kann über einen markierten Spazierweg erreicht werden. Sehenswert ist außerdem die Quelle des Flusses Buna *Vrelo Bune*, welche am Ortsrand in einer Felshöhle entspringt, denn sie ist eine der mächtigsten Karstquellen Europas. Da das Wasser sehr kalt ist, lädt es zwar nicht zum Baden ein, doch kann man im Sommer beziehungsweise im Herbst eine Bootsfahrt zur Höhle, welche am Fuße einer beinahe senkrecht abfallenden Felswand liegt, unternehmen. In unmittelbarer Nähe befindet sich eine Tekke der Derwische *Blagaj Tekija*, deren Wurzeln bis ins 16. Jahrhundert zurückreichen. Das noch erhaltene Gebäude im türkischen Barockstil stammt allerdings aus dem 17. Jahrhundert und beherbergt nun ein Museum. Ähnlich wie in Mostar kann man auch in Blagaj ein

Bild: R. H. 2010 | Fotolia

traditionelles osmanisches Wohnhaus mit originalgetreuer Einrichtung besichtigen, nämlich das Velagić-Haus *Velagića kuća* aus dem Jahr 1776. Außerdem verfügt die Ortschaft über mehrere Sakralbauten, nämlich die Kaisermoschee *Careva džamija* aus dem Jahr 1520, die der Heiligen Dreifaltigkeit geweihte katholische Kirche *Katolička crkva* sowie die orthodoxe Kirche des heiligen Vasilije Ostroški *Pravoslavna crkva sv. Vasilija Ostroškog*.

⌖ 43°15'29.51"N, 17°53'34.94"E

88201 Blagaj
www.blagajtekija.ba

Weingüter

Das Gebiet der Herzegowina blickt auf eine sehr lange Weinbautradition zurück, die durch das mediterrane Klima begünstigt wird. Das Zentrum befindet sich in der Brotnjo-Hochebene nahe der kleinen Stadt Čitluk. In der hügeligen Landschaft befinden sich sehr viele Weingüter *Vinarija* mit Weinkellern, welche großteils besichtigt werden können. Zu den bekanntesten bosnischen Weinen zählen der fruchtig duftende Weißwein Žilavka sowie der rustikale Rotwein Blatina.

⌖ 43°13'40.10"N, 17°41'43.00"E

88260 Čitluk
www.vinskacesta.ba

Žitomislići-Kloster

Beim Žitomislići-Kloster *Manastir Žitomislići* im gleichnamigen Ort handelt es sich um eines der ältesten

Bild: Pavel Trojan

und bedeutendsten serbischen Klöster, welches 1468 erstmals urkundlich erwähnt wurde. Im Jahr 1603 wurde die Anlage nach der Zerstörung durch die Osmanen wieder aufgebaut und 1848 entstand hier die erste theologische Schule

Bosnien-Herzegowinas. Im Zweiten Weltkrieg sowie im Bosnienkrieg wurde das orthodoxe Kloster erneut zerstört, jedoch immer wieder originalgetreu rekonstruiert. Das Kloster verfügte einst über eine sehr umfangreiche Bibliothek mit einer Vielzahl an wertvollen Bänden, doch besteht diese heute leider nicht mehr.

⌖ 43°12'15.80"N, 17°47'37.64"E

Žitomislići

Bild: bhtourism.com

Počitelj

Die historische Stätte Počitelj befindet sich rund drei Kilometer nördlich von Čapljina, einer der frequentiertesten Städte der Herzegowina, da sie hervorragend als Ausgangspunkt für Exkursionen geeignet ist. Die erste urkundliche Erwähnung der mittelalterlichen Festung Počitelj erfolgte im Jahr 1444, wobei davon ausgegangen wird, dass sie bereits 1383 vom bosnischen König Tvrtko I. erbaut wurde. Im September 1471 fiel die Festung als eine der letzten bosnischen Bastionen in die Hände der Osmanen, wovon noch heute ein gewisses orientalisches Flair zeugt, denn die neuen Burgherren erweiterten die Anlage deutlich. Aus jener Zeit stammen zum Beispiel die Hadži-Alija-Moschee *Hadži Alija džamija*, die Medrese *Medresa* oder das Gavrankapetanovićs-Haus *Gavrankapetanovićova kuća*, welche mittlerweile schön renoviert sind. Das interessanteste Gebäude ist jedoch der Uhrturm *Sahat kula*, der einst dem Turmwächter als Aussichtspunkt diente. Mit der Ankunft der Habsburger verlor die Stadt wie zahlreiche andere Festungen Bosnien-Herzegowinas seine militärische Bedeutung. Heute wird Počitelj durch eine Künstlerkolonie, welche kreative Menschen aus aller Welt anzieht und inspiriert, wieder neu belebt.

Bild: TVB Föderation Bosnien-Herzegowina I Aleksandrova

⌖ 43°08'04.21"N, 17°43'54.54"E

Počitelj
www.bhtourism.ba/ger/pocitelj.wbsp

Međugorje

Der kleine Ort Međugorje erfreut sich seit einer Marienerscheinung im Jahr 1981 großer Beliebtheit als katholische Pilgerstätte. Man geht

Bild: Thorsten Jutzie I PIXELIO

davon aus, dass etwa eine Million Menschen hier pro Jahr zu Besuch sind. Am Podbrdo-Berg, wo sich die Jungfrau Maria Augenzeugen zufolge gezeigt haben soll, befindet sich nun eine überlebensgroße Marienstatue. Obwohl der Ort von der katholischen Kirche nicht als Pilgerstätte anerkannt wird, bitten tausende Gläubige hier um Kraft und Heilung. Sie besuchen außerdem die dem heiligen Jakobus geweihte Pfarrkirche *Crkva Svetog Jakova* aus dem Jahr 1969 sowie den Kreuzweg, welcher auf den 520 Meter hohen Kreuzberg *Križevaz* führt. Entlang des Weges befinden sich zahlreiche Bronzereliefs mit religiösen Motiven und den Gipfel ziert seit dem Jahr 1900 ein etwa acht Meter hohes, weißes Kreuz.

⌖ 43°11'29.08"N, 17°40'43.83"E

88266 Međugorje bb
www.bhtourism.ba/ger/medugorje.wbsp

Herzogsburg Ljubuški

Die Kleinstadt Ljubuški zeichnet sich durch ihre wunderbare Festung aus, welche zu den mittelalterlichen Kulturdenkmälern der Region zählt. Sie wurde erstmals im Jahr 1444 erwähnt und ist eng mit dem Namen

Bild: Thorsten Jutzie I PIXELIO

Stjepan Kosača verknüpft, obwohl bislang nicht geklärt werden konnte, ob der Herzog tatsächlich für die Errichtung der Anlage verantwortlich ist. Dennoch hat sich im Laufe der Zeit der Name Herzogsburg *Kula Herceguša* eingebürgert und bis heute gehalten. Die Festung war lange Zeit dem Verfall preisgegeben, wurde jedoch ab dem Jahr 2006 renoviert, wobei noch weitere Maßnahmen geplant sind. Zu sehen sind hinter den Festungsmauern Reste des Wachturmes, der Getreidekammer, der Bäckerei und der Pulverkammer. Erreichbar ist die Anlage über eine Schotterstraße, wobei das letzte Stück zu Fuß zurückgelegt werden muss.

⌖ 43°11'55.55"N, 17°32'51.22"E

Touristeninformation Ljubuški
88320 Ljubuški, Andrijice Šimića bb
www.bhtourism.ba/ger/ljubuski.wbsp

Franziskanerkloster Humac

Im kleinen Ort Humac, südlich von Ljubuški befindet sich eines der bedeutendsten Franziskanerklöster Bosnien-Herzegowinas. Es wurde im Jahr 1869 erbaut und dem Heiligen

Bild: Pavel Trojan

Antonius von Padua geweiht. Im Kloster befindet sich seit 1884 außerdem das älteste Museum des Landes, welches Exponate aus der Urgeschichte, der Antike sowie dem Mittelalter präsentiert, darunter Waffen, Schmuck und Grabsteine. Diese stammen großteils aus dem nahen römischen Militärlager Bigeste. Das bedeutendste Ausstellungsstück ist allerdings die sogenannte Tafel von Hum *Humačka ploča*, das älteste schriftliche Dokument Bosnien-Herzegowinas. Es wird auf das 11. bis 12. Jahrhundert datiert und ist in einer Kombination der historischen Schrift Bosančica und der glagolitischen Schrift, also der ältesten slawischen Schrift verfasst. Außerdem beherbergt das Kloster die Kunstgalerie Majka.

⌖ 43°11'03.94"N, 17°32'02.79"E

Humac

Kravice-Wasserfälle

Die Kravice-Wasserfälle *Vodopad Kravice* befinden sich nahe der Ortschaft Studenci am Oberlauf des Flusses Trebižat, welcher für seinen besonderen Forellenreichtum bekannt ist. Es handelt sich um ein einzigartiges Naturschauspiel, welches unumstritten das schönste der gesamten Herzegowina ist. Insgesamt sind die halbkreisförmig angeordneten Wasserfälle etwa 120 Meter breit, wobei die Fallhöhe der einzelnen Kaskaden zwischen 26 und 28 Metern variiert. Im Sommer zieht das natürliche Schwimmbecken am Fuße der Fälle außerdem sehr viele Badegäste an, die sich im kühlen Nass erfrischen.

⌖ 43°10'05.62"N, 17°33'18.64"E

Studenci

Bild: Thorsten Jutzie I PIXELIO

Bild: Bredehorn J. | PIXELIO

Kanu-Safari

Besonders Abenteuerlustige haben die Möglichkeit, den Fluss Trebižat im Rahmen einer Kanu-Safari zu befahren, wobei weder Vorkenntnisse noch der Besitz einer eigenen Ausrüstung notwendig sind. Die Tour beginnt in Božjak, wo der Fluss besonders ruhig ist, und endet nach etwa elf Kilometern unterhalb der Ortschaft Čapljina. Unterwegs inmitten der nahezu unberührten Natur begegnet man einer Reihe von Tieren wie Fischen und Vögeln und mit etwas Glück sogar Schildkröten. Ein gutes Mittagessen rundet den Ausflug schließlich ab.

43°05'33.70"N, 17°41'44.20"E

www.canoe-safari.com

Mogorjelo

Mogorjelo, ein einzigartiges Beispiel für die Architektur der Römerzeit in Bosnien-Herzegowina entstand gegen Ende des 3. Jahrhunderts und wurde im 5. Jahrhundert um zwei Basiliken erweitert. Zu sehen sind neben den Überresten der Festung auch jene von Wohngebäuden, Lagerhallen, Mühlen, einer Bäckerei und einer Schmiede. Die sogenannte

Bild: Pavel Trojan

Villa Rustica wurde bereits im Jahr 1903 bei Ausgrabungen entdeckt, restauriert und für Besucher zugänglich gemacht.

43°05'58.43"N, 17°41'59.59"E

Touristeninformation Čapljina
88300 Čapljina, ul. Braće Radića bb
www.bhtourism.ba/ger/capljina.wbsp

Naturpark Hutovo Blato

Der rund 74 Quadratkilometer große Naturpark Hutovo Blato *Park prirode Hutovo Blato* umfasst seit dem Jahr 1995 die gleichnamige Seenplatte sowie die Sumpfgebiete in ihrer Umgebung. Die untereinander verbundenen Seen werden durch die Krupa gespeist und sind durch sie mit der Neretva verbunden. Erstaunlicherweise kann die rund neun Kilometer lange Krupa ihre Fließrichtung ändern, wenn der Wasserstand der Neretva sehr hoch ist. Der Park zieht in erster Linie Fotografen und Vogelliebhaber an, denn hier leben nicht nur zahlreiche Sumpfvögel, es überwintern auch Millionen von Zugvögeln. Insgesamt beherbergt der Naturpark über 600 Pflanzen-, 22 Fisch- und rund 160 Vogelarten wie zum Beispiel den Mäusebussard, den Zwergtaucher

Bild: M. Dalmatin N. Zovko

oder den Seidenreiher, um nur einige zu nennen. Besucher haben die Möglichkeit, die schönsten Seiten des Parks im Rahmen einer rund einstündigen Bootsfahrt zu entdecken, wobei für Gruppen eine Voranmeldung empfehlenswert ist. Außerdem steht ein Fahrradverleih zur Verfügung, man kann sein Glück beim Fischen auf die Probe stellen und an ausgewiesenen Stellen ist auch Grillen erlaubt. Für Familien mit Kindern ist der Lehrpfad besonders interessant.

⌖ 43°03'37.13"N, 17°46'59.55"E

www.hutovo-blato.ba

Nekropole Radmilja

Etwa drei Kilometer westlich von Stolac befindet sich auf dem sogenannten Vidovo-Feld *Vidovo polje* die berühmte Nekropole Radmilja. Sie besteht aus nicht weniger als 133 slawischen Stećak-Grabsteinen, welche aus dem 13. bis 15. Jahrhundert stammen. Bemerkenswert ist nicht nur die Anzahl der Grabsteine sondern auch ihr Formenreichtum sowie ihre hohe künstlerische Qualität, denn insgesamt 63 sind mit reichen Gravuren versehen. Die Motive reichen dabei von Menschen- und Tierdarstellungen über Pflanzen bis hin zu Jagdszenen. Mittlerweile ist die Nekropole restauriert und erstrahlt in neuem Glanz, was eine Aufnahme in die Liste des UNESCO-Welterbes durchaus denkbar macht. Zwei weitere Nekropolen befinden sich übrigens in der Nähe des kleinen Ortes Boljuni.

⌖ 43°05'31.58"N, 17°55'27.02"E

88360 Stolac, Radmilja bb
www.bhtourism.ba/ger/stolac.wbsp

Bild: SMART I Miro Raguž

Stolac

Die Region um die heutige Stadt Stolac war nachweislich bereits vor rund 15 000 Jahren besiedelt. Es handelt sich nämlich um einen sehr fruchtbaren Landstrich in diesem sonst vergleichsweise kargen Gebiet der Herzegowina. Während des Bosnienkrieges war Stolac Schauplatz heftiger Kämpfe, weshalb der gesamte Stadtkern verwüstet und die Kaisermoschee *Careva džamija*, eine der ältesten Moscheen Bosnien-Herzegowinas zerstört wurde. Sie wurde jedoch nach dem Krieg rekonstruiert, ebenso wie die Podgradska-Moschee *Podgradska džamija* und zahlreiche andere Gebäude. Als wertvollstes Bauwerk gilt heute die sogenannte Begovina, eine private Wohnanlage der Herrscherfamilie Rizvanbegović aus dem 18. Jahrhundert, welche in vier Bereiche gegliedert ist. Auf einem Hügel über der Stadt thront die Altstadt mit den Ruinen der Festung Vidoški aus dem 14. Jahrhundert. Sie verfügte nach einigen Erweiterungen im 17. Jahrhundert über zwei Meter dicke Mauern mit dreizehn Türmen und galt als die am besten befestigte Stadt des gesamten Landes. Während der österreichisch-ungarischen Herrschaft wurde oberhalb dieser Festung eine weitere, modernere errichtet. Der Fluss Bregava, welcher durch Stolac fließt, zieht vor allem die Jugend der Stadt an, die das kristallklare Wasser gerne zum Baden und Tauchen nutzt.

⌖ 43°05'02.24"N, 17°57'33.78"E

88360 Stolac
www.bhtourism.ba/ger/stolac.wbsp

Neum

Neum ist die einzige Stadt Bosnien-Herzegowinas, welche sich am Meer befindet, denn der in einer Bucht gelegene Küstenabschnitt des Landes ist nicht länger als 24 Kilometer. Die Stadt wurde erst in der zweiten Hälfte des 20. Jahrhunderts gegründet und ist am einfachsten über das benachbarte Kroatien zu erreichen, da sie von Bosnien-Herzegowina aus lediglich über eine Passstraße angesteuert werden kann. Aufgrund der isolierten Lage verfügt die steil zum Meer hin abfallende Stadt Neum beispielsweise über ein eigenes Krankenhaus. Sehenswürdigkeiten gibt es so gut wie keine, da die aus der sozialistischen Ära stammenden

Bild: Pavel Trojan

Bild: TVB Föderation Bosnien-Herzegowina

Bild: Nightman 1965 I Fotolia

Bild: bhtourism.ba

Gebäude nicht besonders reizvoll sind, doch im Museum von Neum hat man die Möglichkeit, die Geschichte der Region bis ins illyrische Zeitalter zurückzuverfolgen. Zu den beliebtesten Freizeitaktivitäten der Stadt zählen natürlich verschiedenste Wassersportarten wie Baden, Tauchen, Surfen oder Rudern. Das Wasser der Adria erreicht hier in heißen Sommern übrigens Temperaturen von bis zu 32 Grad Celsius. Wer Spaziergänge bevorzugt, sollte sich unbedingt auf den Weg zur Halbinsel Klek machen, denn diese ist noch weitgehend naturbelassen und verfügt über schöne Badeplätze. Die Strandpromenade von Neum lockt hingegen mit zahlreichen Restaurants und Bars sowie Agenturen, die Bootsausflüge anbieten.

42°55'25.52"N, 17°36'59.67"E

Touristeninformation Neum
88390 Neum, ul. Kralja Tomislava 4
www.bhtourism.ba/ger/neum.wbsp

Vjetrenica-Höhle

Die Vjetrenica-Höhle, welche sich unterhalb des Popovo-Feldes *Popovo polje* nahe des Ortes Zavala erstreckt, ist mit sieben Kilometern Länge das längste bekannte Höhlensystem des Landes. Ihr Name leitet sich vom bosnischen Wort für Wind ab, denn man verspürt nicht nur im Eingangsbereich mitunter starken Wind sondern kann auch in den Gängen oft Luftströmungen wahrnehmen. Im Inneren der bis zu 1,5 Kilometer unter der Erde gelegenen Stollen und Hallen begegnet man neben zahlreichen Tropfsteinformationen wie dem sogenannten türkischen Friedhof auch Seen und mehreren kleinen Wasserfällen. Die Höhle ist als eine der artenreichsten in ganz Südosteuropa bekannt und beheimatet unter anderem seltene Tiere und Pflanzen wie zum Beispiel endemische Krebsarten. Für Besucher stehen gut markierte und beleuchtete Wege und Steige zur Verfügung und man erhält neben einem Helm auch eine warme Jacke, da die Temperatur bei konstanten 11,6 Grad Celsius liegt.

42°50'45.26"N, 17°59'00.68"E

www.vjetrenica.ba

Trebišnjica

Der knapp hundert Kilometer lange Fluss Trebišnjica ist einer der größten unterirdischen Flüsse Europas und der zweitlängste Fluss Bosnien-

Bild: Igor Trklja I Wikipedia CC BY-SA 3.0

Herzegowinas. Der Karstfluss mündet großteils unterirdisch in die Neretva, doch ein Teil des Trebišnjica bildet auch die Quelle der Ombla, welche meist als Fluss von Dubrovnik *Dubrovačka rijeka* bezeichnet wird und ins Mittelmeer entwässert. An das südliche Flussufer grenzt das Popovo-Feld *Popovo polje* an. Am Stadtrand von Trebinje befinden sich noch heute Wasserräder mit einem Durchmesser von bis zu fünf Metern, welche der Bewässerung der nahegelegenen Felder dienen. Einst versickerte die Trebišnjica direkt hinter der Stadt im Popovo-Feld, doch verläuft sie hier nun oberirdisch in einem betonierten Flussbett.

⌖ 42°49'10.00"N, 18°05'19.40"E

Kloster Tvrdoš

Die Wurzeln des orthodoxen Klosters Tvrdoš *Manastir Tvrdoš* reichen bis ins 4. beziehungsweise 6. Jahrhundert zurück, jedoch wurde es mehrfach zerstört und musste anschließend wieder aufgebaut werden. Das heutige Gebäude stammt aus dem 15. Jahrhundert und wurde vor einiger Zeit vorbildlich renoviert. Das Kloster gilt als serbisch-orthodoxes Zentrum der Herzegowina und kann von Interessierten besichtigt werden. Bekannt ist es außerdem für seine beiden Weinkeller, in welchen der beliebte Rotwein Vranac gekeltert wird. Ein alter Steinkeller mit riesigen Eichenfässern stammt noch aus dem 15. Jahrhundert, doch der neue Weinkeller des Klosters zeichnet sich durch modernste Technologie aus. Berühmt sind in der Region übrigens auch die sogenannten Kaiserweinberge *Caraski vinogradi*, welche bereits für ihre hervorragenden Weine bekannt waren, als das Gebiet noch der österreichisch-ungarischen Monarchie angehörte.

⌖ 42°43'03.57"N, 18°17'34.21"E

89101 Trebinje, Tvrdos bb St.
www.tvrdos.com

Bild: Monastery Tvrdos Ltd.

Trebinje

Das nur 28 Kilometer von Dubrovnik entfernte, zur Republika Srpska zählende Trebinje ist die südlichste Stadt Bosnien-Herzegowinas. Diese liegt außerdem in unmittelbarer Nähe der benachbarten Länder Kroatien und Montenegro und wird seit dem Bosnienkrieg fast ausschließlich von Serben bewohnt, wobei die Stadt insgesamt rund 31 000 Einwohner zählt. Die Altstadt von Trebinje, welche während des Bürgerkrieges nur von vergleichsweise geringfügigen Zerstörungen betroffen war, entstand großteils zu Beginn des 18. Jahrhunderts, also unter osmanischer Herrschaft und gilt heute als eine der schönsten des gesamten Landes. Sobald man das westliche Stadttor, welches aufgrund seines gigantischen Umfangs meist als Tunnel bezeichnet wird, passiert hat, befindet man sich inmitten der osmanischen Altstadt. Innerhalb ihrer Festungsmauern sind vor allem der 18 Meter hohe Uhrturm *Sahat kula* am Ufer der Trebišnjica sowie die Osman Paša-Moschee *Osman-pašina džamija* sehenswert. Diese wurde ursprünglich im Jahr 1726 errichtet, musste jedoch nach dem Bosnienkrieg ebenso wie die Sultan Ahmed-Moschee *Sultan Ahmedova džamija* aus dem Jahr 1719 rekonstruiert werden. In den verwinkelten Gassen kann man mit etwas Glück auch noch dem einen oder anderen Handwerker bei der Arbeit über die Schulter blicken. Direkt neben dem nahegelegenen Stadtpark *Gradski park* befindet sich die orthodoxe Kirche der heiligen Verklärung *Saborna crkva Sv. Preobraženja*, die im Jahr 1908 fertiggestellt wurde und über einen besonders farbenfrohen Innenraum verfügt. Der von riesigen Platanen gesäumte Platz der Freiheit *Trg slobode* wird hingegen von Gebäuden aus der Zeit der österreichisch-ungarischen Herrschaft geprägt, darunter die katholische Kirche *Katedrala rođenja Blažene Djevice Marije* aus dem späten 19. Jahrhundert. Auf dem Platz findet jeden Tag ein Bauernmarkt *Zelena pijaca* statt, wo man die Gelegenheit hat, frische Lebensmittel sowie hausgemachte Produkte zu erwerben. Auf dem Hausberg von Trebinje, dem Crkvina, wurde im Jahr 2000 durch eine Stiftung des Dichters Jovan Cučić die markante Kirche der Entschlafung der Gottesmutter errichtet, welche als neues Wahrzeichen der Stadt gilt. Dabei handelt es sich um eine Reproduktion des Gračanica-Klosters aus dem Kosovo, weshalb man auch vom herzegowinischen

Bild: Turisticke organizacija Grada Trebinja

Bild: Turisticke organizacija Grada Trebinja

Bild: Kasim Dzajic I Dzajicka Buk Raft BA

Gračanica *Hercegovačka Gračanica* spricht. Angeschlossen sind sowohl ein Ikonenmuseum als auch ein Freilufttheater. Als schönste Brücke Trebinjes gilt die prunkvolle, achtzig Meter lange Arslanagića-Brücke aus dem Jahr 1574. Da sie durch den Bau des Dammes Glavatičevo, der etwa fünfzehn Kilometer nordöstlich der Stadt liegt, überschwemmt worden wäre, wurde sie 1965 Stein für Stein abgebaut und ziert nun den Stadtrand von Trebinje.

42°42'48.83"N, 18°20'57.04"E

Touristeninformation Trebinje
89101 Trebinje, Jovana Ducica bb
www.trebinjeturizam.com

Rafting auf der Neretva

Die meisten Rafting-Touren am Oberlauf der Neretva führen von Glavatičevo nach Džajići, wobei die Touren von Konjic aus organisiert werden. Die Bewältigung der rund 23 Kilometer langen Strecke dauert etwa fünf Stunden, wobei natürlich auch Pausen eingelegt werden, die zum Beispiel zum Baden im klaren, smaragdgrün schimmernden Wasser genutzt werden können. Während der Fahrt gelangt man zur Neretva-Schlucht sowie zu einigen schönen Wasserfällen und der Mündung des goldgelb wirkenden Rakitnica. Wenn genug Zeit bleibt, wird sogar am Ufer des Flusses gegrillt. Die Ausrüstung für das Rafting-Abenteuer wird vom Veranstalter zur Verfügung gestellt und jedes Boot wird von einem erfahrenen Bootsführer gesteuert, weshalb die Ausflüge auch für Teilnehmer ohne Vorkenntnisse bestens geeignet sind.

43°39'11.80"N, 17°57'46.30"E

88400 Konjic
www.neretva.rafting.ba
www.neretvarafting.com

Boračko-See

Der Boračko-See *Boračko jezero* verfügt über ein rund 2,4 Kilometer langes Ufer und zeichnet sich durch eine Vielzahl an herrlichen Badeplätzen aus, die auch zu verschiedensten Wassersportarten oder einer Bootsfahrt animieren.

Bild: Kasim Dzajic I Dzajicka Buk Raft BA

Er ist zwischen den Bergen Prenj, Visočica und Bjelašnica eingebettet, weshalb die Umgebung optimal zum Wandern, Mountainbiken und sogar Paragleiten geeignet ist, da der Bjelašnica beispielsweise nicht weniger als 2 067 Meter hoch ist. Wer sein Können hingegen beim Fischen unter Beweis stellen möchte, kann dies von Anfang März bis Ende September tun, denn der Gebirgssee, dessen Wasser im Sommer eine Temperatur von maximal 25 Grad erreichen kann, ist bekannt für seine ausgezeichneten Forellen und Krebse.

⌖ 43°33'07.39"N, 18°01'53.19"E

www.borackojezero.ba

Konjic

Konjic liegt im Tal der Neretva, eingebettet in nahezu unberührte Natur, am Fuße der Berge Prenj und Bjelašnica, in einem Gebiet, das bereits von den Illyrern besiedelt war. Nach der Machtübernahme durch die Osmanen erlebte Konjic eine erste Blütezeit, doch auch später war die Stadt von enormer Bedeutung für die Jugoslawische Volksarmee, da sich in der Umgebung neben Kasernen auch eine Waffen- und Munitionsfabrik, das Kommunikationszentrum sowie der Reserveführungsbunker der Armee befanden. Durch den Zweiten Weltkrieg sowie den Bürgerkrieg in den 1990er Jahren wurde die Stadt an der Grenze zu Zentralbosnien allerdings schwer gezeichnet.
Heute gehört sie der Föderation Bosnien-Herzegowina an und wird fast ausschließlich von Bosniaken bewohnt, wobei sie insgesamt nur mehr 26 000 Einwohner zählt.
Sehenswert ist vor allem die Alte Steinbrücke *Stara ćuprija*, welche 1682 von den Osmanen mit sechs Rundbögen errichtet wurde. Sie wurde während des Zweiten Weltkrieges schwer beschädigt und musste rekonstruiert werden, was

Bild: bhtourism.ba

Bild: Visit Konjic

allerdings erst im Jahr 2009 gelang. Damals wurde auch das historische Stadtzentrum nahe der Alten Marktstraße *Stara čaršija* restauriert. Interessant sind hier neben dem Heimatmuseum *Zavičajni muzej* zum Beispiel die Repovačka-Moschee *Repovačka džamija* aus dem Jahr 1623, die orthodoxe Kirche und das Franziskanerkloster, dessen Bücherei und Galerie für Besucher zugänglich sind. Das moderne Stadtzentrum von Konjic wirkt hingegen nicht besonders anziehend. Im Bereich der Holzschnitzerei blickt die Stadt allerdings auf eine lange Tradition zurück, wobei die hier gefertigten Möbelstücke vor allem in die österreichisch-ungarische Monarchie verkauft wurden. Heute gibt es nur noch wenige, die das alte Handwerk ausüben, darunter die Familien Mulić und Nikšić, die über interessante Ausstellungsräume verfügen.

⊕ 43°39'15.46"N, 17°57'34.56"E

Touristeninformation Konjic
88400 Konjic, Maršala Tita bb
www.visitkonjic.com

Titos Bunker

Der Reserveführungsbunker, der einst den Codenamen D-0 trug, wird

Bild: Visit Konjic

heute meist einfach als Titos Bunker bezeichnet. Er unterlag lange Zeit strengster Geheimhaltung und konnte dann lediglich mit einer Genehmigung des Verteidigungsministeriums besichtigt werden. Mittlerweile ist er jedoch nach Rücksprache mit dem Tourismusverband von Konjic für Interessierte im Rahmen von Führungen problemlos zugänglich. Die 6 500 Quadratmeter große Anlage, deren drei Eingänge als Wohnhäuser getarnt sind, liegt unter dem Berg Zlatar. Sie verfügt über hundert Zimmer, welche 350 Personen der jugoslawischen Staatsführung ein halbes Jahr lang Schutz bieten sollten, da der Bunker dafür konstruiert war, einen Nuklearanschlag von bis zu 25 Kilotonnen zu überstehen. Seit dem Jahr 2011 wird das unterirdische Labyrinth überdies als Austragungsort der Biennale für zeitgenössische Kunst genutzt.

⊕ 43°38'40.40"N, 17°57'49.90"E

88400 Konjic, Donje polje bb, p.p. 2
www.visitkonjic.com

Prenj

Der Prenj ist Teil des Dinarischen Gebirges und weist nicht weniger

Bild: Visit Konjic

als elf Gipfel mit einer Höhe von über zweitausend Metern auf, wobei der höchste, der Grünkopf *Zelena glava*, 2 115 Meter hoch ist. Das imposante Kalksteingebirge mit malerischen Gipfeln und traumhaften Aussichtspunkten wird nicht umsonst gerne als der bosnische Himalaja bezeichnet. Obwohl es auf dem Prenj mehrere Hütten gibt, sollte man vor allem bei ausgedehnteren Wanderungen nicht auf einen erfahrenen Bergführer verzichten. Einerseits ist Vorsicht geboten, da das Klima sehr unbeständig ist und mitunter auch im Sommer Schnee fällt, andererseits verlief während des Bosnienkrieges die Frontlinie genau durch das Gebirge, weshalb man die markierten Wege nicht verlassen sollte. Besonders die südlichen und östlichen Regionen des Prenj sind noch nicht von allen Minen befreit!

⌖ 43°32‘05.10“N, 17°54‘16.20“E

Museum von Jablanica

Die Stadt Jablanica im Becken des Flusses Neretva ist untrennbar mit der sogenannten Schlacht an der Neretva, welche auch als Schlacht der Verwundeten in die Geschichte einging, verbunden. In dieser Schlacht im Jahr 1943 sollten die jugoslawischen Partisanen vernichtend geschlagen werden, um das weitere Vordringen der Alliierten zu unterbinden. Diesen gelang es allerdings, die Deutsche Wehrmacht zu überlisten, indem sie die über die Neretva führende Eisenbahnbrücke sprengten und so erfolgreich von ihren eigentlichen Plänen ablenken konnten. Die Reste der Brücke sind heute Teil eines über dreitausend Quadratmeter großen Museums *Muzej Bitka za ranjenike na Neretvi*, welches neben der Ausstellung über die Schlacht an der Neretva auch eine ethnographische Sammlung sowie eine Bibliothek mit eigenem Lesesaal

Bild: Muzej Jablanica

beherbergt. Bekannt ist die Stadt Jablanica aber nicht nur aufgrund der historischen Ereignisse sondern auch durch die unübertroffenen Lammspieße, die hier auf traditionelle Weise zubereitet werden.

⌖ 43°39'45.80"N, 17°45'52.10"E

88420 Jablanica,
ul. Bitka za ranjenike bb
www.muzej-jablanica.com

Jablaničko-See

Beim Jablaničko-See *Jablaničko jezero* handelt es sich mit einer Fläche von über dreizehn Quadratkilometern um den größten Stausee an der Neretva. Dieser entstand im Jahr 1953 durch den Bau des etwa fünf Kilometer flussaufwärts gelegenen Wasserkraftwerks, welches über eine achtzig Meter hohe Staumauer verfügt, und erstreckt sich bis zur Ortschaft Konjic. Da der Wasserstand im Herbst und im Winter stark zurückgeht, ist der Jablaničko-See nicht immer gleich tief, erreicht jedoch Tiefen von bis zu siebzig Metern. Im Sommer gleicht der See einem Paradies für Wassersportler und Angler, denn mehrere schön angelegte Strände laden Jung und Alt zum Erfrischen ein. Das einzigartige Flair des zwischen den steilen Hängen der über zweitausend Meter hoch aufragenden Berge Čvrsnica und Prenj gelegenen Sees macht diesen zu einem beliebten Urlaubsort der Einheimischen.

⌖ 43°41'32.60"N, 17°52'40.40"E

www.bhtourism.ba/ger/jablanica.wbsp

Naturpark Blidinje

Der 1995 entstandene Naturpark Blidinje *Park prirode Blidinje* liegt eingebettet in einem langgestreckten Tal zwischen den Gebirgen Čvrsnica und Vran auf einer Seehöhe von über tausend Metern. Der Blidinje-See *Blidinje jezero* mit einer Fläche von maximal sechs Quadratkilometern entstand in einer Karstmulde und wird durch Regen beziehungsweise durch die Schneeschmelze im Frühling gespeist. Nördlich des Sees befindet sich das Dugo-Feld *Dugo polje* mit einer Nekropole, die rund 150 Stećak-Grabsteine umfasst. Obwohl das gesamte Tal auf den ersten Blick eher kahl erscheint, gedeihen auf den dichtbewaldeten Berghängen die endemische Weißrindenkiefer, drei verschiedene Arten von wildem Thymian sowie eine Vielzahl an Wildblumen, welche

Bild: bhtourism.ba

Bild: bhtourism.ba

Bild: Blidinje Ski and Nature Park

im Frühling die Bergabhänge in ein einziges Blütenmeer verwandeln. Wandern auf dem Areal des Naturparks ist ein besonderes Vergnügen, denn dieses gilt als minenfrei. Die Häuser in Blidinje weisen traditionellerweise sehr steile Dächer auf und sind in erster Linie in der warmen Jahreszeit bewohnt, da die Winter in der Region besonders streng sind. Diese Tatsache sorgt allerdings auch für Schneesicherheit, weshalb hier ein Skizentrum mit mehreren Liften und Pisten sowie einer Rodelbahn entstand.

⌖ 43°35'39.00"N, 17°38'07.43"E

www.bhtourism.ba/ger/blidinjenp.wbsp

Livno

Livno, die nördlichste Stadt der Herzegowina, liegt auf einer Hochebene nahe der kroatischen Grenze und ist mehrheitlich von Kroaten bewohnt. Insgesamt leben etwa 12 000 Einwohner in der Stadt, welche bereits im Jahr 892 erstmals urkundlich erwähnt wurde. Die Geschichte ist im Stadtmuseum von Livno *Muzej Livno* gut aufgearbeitet. Dieses ging aus einer privaten Sammlung hervor und zeigt eine Vielzahl an Exponaten aus der Steinzeit, aus der osmanischen Periode vom 15. bis ins 19. Jahrhundert, aus der österreichisch-ungarischen von 1878 bis 1918, aus der jugoslawischen sowie der bosnischen Zeit. Die Osmanen waren für das Stadtbild prägend, was sich beispielsweise an der Alten Brücke *Stari most* zeigt. Außerdem verfügt Livno noch über fünf der einst vierzehn Moscheen aus osmanischer Zeit, wovon sich vier durch ihre Kuppeln sowie ihre florale Dekoration im Inneren auszeichnen. Die älteste erhaltene Moschee ist die Beglučka-Moschee *Beglučka džamija,* welche 1567 entstand. Die Handschrift der Habsburger zeigt sich vor allem an administrativen Gebäuden und Bildungseinrichtungen wie zum Beispiel dem Rathaus *Vijećnica* von Livno. Die serbisch-orthodoxe Kirche der Stadt stammt aus dem Jahr 1859 und beherbergt bemerkenswerte Ikonen aus dem 15. Jahrhundert. Aber auch das Museum im Franziskanerkloster Peter und Paul *Franjevački samostan sv. Petra i Pavla* verfügt neben einer Bibliothek über interessante Sammlungen, die verschiedene Themenbereiche abdecken. Zu den wertvollsten Exponaten zählen ein prähistorischer Mantel aus einem Hügelgrab sowie ein tragbarer Altar aus dem Jahr 1804. Die Klosterkirche, eine dreischiffige Basilika mit Tonnengewölbe, entstand im 19. Jahrhundert in drei Etappen, wobei ihre Errichtung für die damalige Zeit Unsummen verschlang. Weiters gibt es in Livno neben der im Franziskanerkloster untergebrachten Galerie Gorica *Galerija Gorica* zahlreiche Galerien und Ateliers. Zum Wahrzeichen der Stadt entwickelte sich das 1926 enthüllte, über neun Meter hohe Denkmal des ersten kroatischen Königs Tomislav auf

Bild: Brian Eager | Wikipedia CC BY 2.0

dem Platz König Tomislav *Trg kralju Tomislavu*. Da Livno ursprünglich um die Quelle der Bistrica erbaut wurde, sollte man sich deren Besichtigung ebenfalls nicht entgehen lassen. In kulinarischer Hinsicht ist die Stadt für ihren Käse, den sogenannten Livno-Käse *Livanjski sir* bekannt. Dieser wird aus einer Mischung von Kuh- und Schafsmilch hergestellt und nach einer Reifezeit von rund sechzig Tagen auch ins Ausland exportiert.

⌖ 43°49'35.90"N, 17°00'25.62"E

Touristeninformation Livno
80101 Livno, Trg Kralja Tomislava bb
www.bhtourism.ba/ger/livno.wbsp

Livno-Feld

Das Livno-Feld *Livanjsko Polje* ist mit einer Fläche von über 450 Quadratkilometern das größte Karstfeld des gesamten Landes, aber auch das größte regelmäßig überschwemmte Karstgebiet der Welt. Es wird von den schroffen, steil emporragenden Hängen des Dinarischen Gebirges sowie dem künstlich angelegten Buško-See *Buško jezero* im Süden begrenzt und von zahlreichen, teilweise unterirdisch verlaufenden Flüssen gespeist. In dieser einzigartigen, fast unbewohnten Landschaft, die von Mooren, Grasflächen und Wäldern geprägt ist, wurden Szenen der berühmten Winnetou- und Old Shatterhand-Filme gedreht. Sie dienen aber auch bedrohten Tierarten als Rückzugsgebiet, denn hier leben neben einer Vielzahl an Wat- und Wasservögeln auch Wölfe und Bären sowie Herden von Wildpferden. Das Livno-Feld, welches mittlerweile als Ramsar-Schutzgebiet ausgewiesen ist, erfreut sich außerdem bei Segel- und Modellfliegern großer Beliebtheit.

⌖ 43°51'53.60"N, 16°49'30.70"E

www.ramsar.org/livanjsko-polje

Bild: bhtourism.ba

Bild: The Doctor's House

Anhang

Hier finden Sie eine Vielzahl an praktischen Tipps und Informationen, welche die Planung Ihrer Reise in eines der schönsten und abwechslungsreichsten Länder des Balkans perfekt unterstützen. Die angeführten Unterkunfts-Empfehlungen umfassen lediglich eine Auswahl der Redaktion, da hier aus Platzgründen leider nicht alle Hotels und Unterkünfte des Landes angeführt werden können. Sie sind nach Regionen gegliedert und bieten sicher für jeden Geschmack etwas. Der Reise-Sprachführer unterstützt Sie beim Erlernen der wichtigsten Ausdrücke für den Urlaub und damit auch kyrillische Schilder Sie nicht vor unüberwindbare Hindernisse stellen, ist auch ein Überblick über dieses Alphabet enthalten. Da die Bevölkerung Bosnien-Herzegowinas weithin für ihre Gastfreundschaft bekannt ist, fällt es Ihnen so bestimmt leicht, Land und Leute kennen zu lernen und mit den Menschen in Kontakt zu treten. Damit Sie sämtliche in diesem Reiseführer vorgestellten Sehenswürdigkeiten auf einen Blick finden, gibt es zum Schluss einen alphabetisch geordneten Index, welcher die Suche nach dem gewünschten Ausflugsziel ganz einfach macht.

Bild: bhtourism.ba

Sarajevo

Cult Hostel
71000 Sarajevo, Ferhadija 35
www.culthostel.ba

Hotel Astra Garni
71000 Sarajevo, Kundurdžiluk 2
www.astra-garni.com.ba

Hotel Bristol Sarajevo
71000 Sarajevo,
Fra Filipa Lastrića 2
www.bristolsarajevo.com

Hotel Europe
71000 Sarajevo,
Vladislava Skarića 5
www.hoteleurope.ba

Hostel Franz Ferdinand
71000 Sarajevo, Jelića 4
www.franzferdinandhostel.com

The Doctor's House
71000 Sarajevo, Pehlivanuša 67
www.thedoctorshousehostel.com

Zentralbosnien

Bjelašnica

Hotel Han
71220 Bjelašnica, Babin Do bb
www.hotelhan.ba

Bild: Hotel Hercegovina

Fojnica

Hotel Reumal
71270 Fojnica, Banjska 1
www.reumal.ba

Ilidža

Hotel Hercegovina
71000 Sarajevo,
Hrasnička cesta broj 14
www.hoteliilidza.ba

Jajce

Hotel Stari Grad
70101 Jajce, Svetog Luke 3
www.jajcetours.com/en/hotel-stari-grad

Hotel Turist 98
70101 Jajce, ul. Kraljice Katarine bb
www.hotel-turist98.com

Jajce Youth Hostel
70101 Jajce, Stjepana Tomaševića 11
www.jajce-youth-hostel.com

Bild: Jajce Youth Hostel

☐ Travnik

Motel Aba
72270 Travnik, Šumeće 166
www.aba.ba

■ Nordwestbosnien

☐ Banja Luka

Hostel City smile
78000 Banja Luka,
Skendera Kulenovića br. 16,
www.citysmilehostel.com

Hotel Bosna
78000 Banja Luka,
ul. Kralja Petra I Karađorđevića br. 97
www.hotelbosna.com

Hotel Fortuna
78000 Banja Luka,
Rakovačkih rudara 12
www.wellnessfortuna.com

Hotel-garni Talija
78000 Banja Luka ,Srpska 9
www.hoteltalija.com

Hotel St. Georgije
78000 Banja Luka, Krajiških brigada 2
www.hotelstgeorgie.com

☐ Bihać

Hotel Emporium
77000 Bihać, Dr. Irfana Ljubijankića 90
www.emporium.ba

Bild: Hotel Bosna

Hotel Paviljon
77000 Bihać,
Aleja Alije Izetbegovića bb
www.hotelpaviljon.ba

Hotel Opal Exclusive
77000 Bihać, Krupska bb,
www.hotelopal.ba

Bild: Hotel Opal Exclusive

☐ Bosanska Krupa

Hotel Eki
77240 Bosanska Krupa,
Međumostovi bb
www.hotel-eki.com

Hotel Stari Grad-Ilma
77240 Bosanska Krupa,
Trg Alije Izetbegovića bb
Telefon: +387/37/47 10 61

☐ Bužim

Hotel Europa
77245 Bužim,
ul. Generala Izeta Nanića 13
Telefon: +387/37/41 90 26

☐ Cazin

Hotel Sedra
77228 Ostrožac na Uni
www.hotelsedra.ba

☐ Prijedor

Hotel Bomar
79101 Prijedor,
Magistralni put bb
www.hotelbomar.com

Bild: Motel Le Pont

Hotel Staccato
79101 Prijedor, Svale bb
Telefon: +387/52/23 37 77
E-Mail: hotelstaccato@hotmail.com

Motel Atlantis
79101 Prijedor, Prvog Maja 63
www.motelatlantis.com

Motel Le Pont
79101 Prijedor,
Kralja Petra I Oslobodioca 1
www.motellepont.com

Nordostbosnien

Banja Dvorovi

Hotel Sveti Stefan
Banja Dvorovi, ul. Karađorđeva br. 78
Telefon: +387/55/35 06 26
E-Mail: banjadvorovih@gmail.com

Banja Vrućica

Hotel Kardial, Hotel Posavina, Hotel Srbija, Hotel Hercegovina
74273 Banja Vrućica
www.banja-vrucica.com

Bijeljina

Hotel Drina
76300 Bijeljina, Kneza Miloša 1
Telefon: +387/55/20 42 16
E-Mail: recepcijahotela@telrad.net

Doboj

Hotel Integra
74000 Doboj, Vidivdanska bb
www.hotelintegra.com

Stanišići

Hotel Pirg
76300 Bijeljina,
Pavlovića put, br. 32
www.etno-selo.com/english/pirg

Tuzla

Hotel Tuzla
75000 Tuzla, ul. Zavnobih-a 13
www.hoteltuzla.ba

Motel Tuzla
75000 Tuzla,
Bosne srebrene br. 105/A
www.royalmotel.ba

Bild: Zdravstveno Turistički Centar Banja Vrućica

Ostbosnien

Foča

Hotel Mladost
73300 Foča, Tjentište
www.npsutjeska.net

Kamp DMD
73300 Foča, Bastasi bb
www.tara-rafting.com

Kamp Drina-Tara
73300 Foča, Bastasi bb
www.raftingtara.com

Kamp Encijan
73300 Foča, Brštanovica bb
www.tararafting.com/camp-encijan

Kamp Tara-Raft
73300 Foča, Bastasi
www.tara-raft.com

Goražde

Hotel Behar
73000 Goražde, Trg branilaca
www.behar.co.ba

Jahorina

Apart-hotel Vučko
71423 Jahorina, Olimpijska 1
www.aparthotelvucko.com

Hotel Bistrica
Jahorina bb, Pale
www.oc-jahorina.com

Bild: Rafting Centar Drina-Tara

Hotel Board
Jahorina 16
www.hotelboard-jahorina.com

Hotel Termag
Jahorina, Poljice bb
www.termaghotel.com

Srebrenica

Pansion Misirlije
75430 Srebrenica, Petriča bb
www.misirlije.ba

Višegrad

Hotel Andrićev konak
73240 Višegrad, ul. Trg palih boraca 6
www.hotelandricevkonak.com

Bild: Hotel Andricev konak

Motel Aura
73240 Višegrad, Gavrila Principa 2
www.visegradturizam.com/english/motel-aura

Pension Kruna
73240 Višegrad, Kralja Petra bb
Telefon: +387/65/62 66 51
E-Mail: bsrpko@teol.net

Zvornik

Motel Kod Novaka
75400 Zvornik, Karakaj b.b.
www.motel-novak.com

Motel Laguna
75400 Zvornik,
Magistralni put Zvornik
www.motellaguna.com

Herzegowina

Hutovo Blato

Motel Park
88300 Čapljina, Karaotok bb
http://hotelmogorjelo.com

Konjic

Hotel Oaza
88400 Konjic, Maršala Tita 69
www.hoteloazakonjic.com

Međjugorje

Međjugorje Hotel & Spa
88266 Međjugorje,
ul. fra Slavka Barbarica 29
www.medjugorjehotelspa.com

Vila Ruža
88266 Medjugorje,
Bijakovići, Kraljice Mira 24
http://villa-ruza.eu/en

Mostar

Hotel Bevanda
88000 Mostar, Stara Ilićka bb
www.hotelbevanda.com

Hotel Bristol
88000 Mostar,
Mostarskog bataljona bb
www.bristol.ba

Hotel Ero
88000 Mostar, Dr. Ante Starčevića
www.ero.ba

Hotel Mostar
88000 Mostar,
Kneza Domagoja bb
www.hotel-mostar.com

Hotel Old Town
88000 Mostar,
Rade Bitange 9/Onešćukova 30
www.oldtown.ba

Hotel Pellegrino
88000 Mostar, Faladžića 1
www.pellegrino.ba

Neum

Hotel Adria
88390 Neum, Zagrebačka 2A
www.hoteladria-neum.com

Hotel Neum
88390 Neum, Zagrebačka br. 2
www.hotel-neum.com

Hotel Zenit
88390 Neum, Rudera Boškovića 3
www.hotel-zenit.com

Trebinje

Hotel Bellevue
89101 Trebinje, Podglivlje bb
www.bellevuetrebinje.com

Hotel-garni Viv
89101 Trebinje, Dušanova 11
www.hotelviv-trebinje.com

Hotel IN
89101 Trebinje, Dušanova bb
www.hotelintrebinje.com

Hotel Leotar
89101 Trebinje, Luke Vukajlovića 1
www.hotelleotar.com

Hotel Platani
89101 Trebinje, Cvjetni Trg 1
www.hotel-platani-trebinje.com

Bild: Hotel Platani

Spezielle Aussprache

V, v	wie **W**asser
Ž, ž	wie **J**ournal
Z, z	wie Ha**s**e
C, c	wie **Z**ahn
Ć, ć	wie Da**ch**
Č, č	wie **tsch**echiesch
Đ, đ	wie „dj" in italienisch buon **gi**orno
Dž, dž	wie **Dsch**ungel
H, h	wie Da**ch**
Š, š	wie **Sch**ule

Kyrillisches Alphabet

А а	A a	wie **a**ber
Б б	B b	wie **B**all
В в	V v	wie **W**asser
Г г	G g	wie **g**roß
Д д	D d	wie **d**anke
Ђ ђ	Đ đ	wie **Dsch**ungel
Е е	E e	wie **je**der
Ж ж	Ž ž	wie **J**ournal
З з	Z z	wie Ho**s**e
И и	I i	wie R**i**tus
Ј ј	J j	wie **j**ung
К к	K k	wie **k**lein
Л л	L l	wie „ll" in englisch wa**ll**
Љ љ	Lj lj	wie „lj"
М м	M m	wie **M**ontag
Н н	N n	wie **N**ase
Њ њ	Nj nj	wie „lj"
О о	O o	betont wie **O**per unbetont wie **a**ber
П п	P p	wie **P**ost
Р р	R r	gerolltes R
С с	S s	wie da**s**
Т т	T t	wie **T**asche
Ћ ћ	Ć ć	wie Da**ch**
У у	U u	wie g**u**t
Ф ф	F f	wie **F**ach
Х х	H h	vor a, o, u wie a**ch**t vor i, e wie ni**ch**t
Ц ц	C c	wie **z**ehn
Ч ч	Č č	wie **Dsch**ungel
Џ џ	Dž dž	wie **tsch**echisch
Ш ш	Š š	wie **Sch**ule

Bild: Ozren.org

Worte und Phrasen

Allgemeines

ja	da
nein	ne
bitte	molim
danke	hvala
Was?	Šta?
Willkommen	Bujrum
Es freut mich.	Drago mi je.
Guten Morgen	Dobro jutro
Guten Tag	Dobar dan
Guten Abend	Dobro veče
Gute Nacht	Laku noć
Hallo I Tschüss	Zdravo
Auf Wiedersehen	Doviđenja
Entschuldigung	Izvinite
Wie geht es Ihnen?	Kako ste?
Danke, gut.	Hvala dobro.
Wie heißen Sie?	Kako se zovete?
Ich heiße . . .	Zovem se … .

Sprechen Sie deutsch I englisch?
Govorite li nemački I engleski?

Ich spreche nicht
bosnisch I serbisch I kroatisch.
Ne govorim
bosanski I srpski I hrvatski.

Ich verstehe Sie nicht.
Ja vas ne razumijem.

Ich komme aus Österreich.
Ja sam iz Austrija.

Orientierung

hier	ovdje
dort	tamo
links	lijevo

rechts	desno
geradeaus	pravo | ravno
nah	blizu
weit	daleko
hinauf | oben	gore
hinunter | unten	dolje
Eingang	ulaz
Ausgang	izlaz
Norden	sjever
Süden	jug
Osten	istok
Westen	zapad
Wo ist ... ?	Gdje je ... ?

Wie komme ich nach ... ?
Kako da dođem do ... ?

☐ Geographische Ausdrücke

Touristen-informationen	turističke informacije
Parkplatz	parkiralište
Platz	trg
Gasse	ulica
Straße	put
Autobahn	autoput
Brücke	most | ćuprija
Altstadt	stari grad
Stadt	grad
Dorf	selo
Museum	muzej
Moschee	džamija
Kirche	crkva
Kloster, katholisch	samostan
Kloster, orthodox	smanastir
Burg	stari grad | tvrđava
Schloss	dvorac | zamak
Denkmal	spomenik
Garten | Park	vrt | bašta | park
Wald	šuma
Fluss	rijeka
Teich | See	jezero
Wasserfall	vodopad

☐ Unterwegs

Führerschein
saobraćajna dozvola

Grüne Karte	zeleni karton
Reisepass	pasoš
Auto	auto | kola
Tankstelle	benzinska pumpa
Werkstatt	radionica
Bus	autobus
Busbahnhof	autobuska
Straßenbahn	tramvaj
Zug	voz | vlak
Bahnhof	stanica | kolodvor
Taxi	taksi
Abfahrt	odlazak
Ankunft	dolazak
Verspätung	zakašnjenje
Fahrplan	red vožnje
Fahrkarte	vozna karta
Fahrkartenschalter	šalter

Ich möchte eine Fahrkarte nach ... .
Htio bih kartu za ... .
Wann fährt der Bus | Zug nach ...?
Kad ide slijedeći autobus | voz za...

☐ Zeitangaben

Morgen	jutro | ujutro
Vormittag	prijepodne
Mittag	podne
Nachmittag	popodne
Abend	veče | uveče
heute	danas
morgen	sutra
gestern	jučer
Montag	ponedeljak
Dienstag	utorak
Mittwoch	srijeda
Donnerstag	četvratak
Freitag	petak
Samstag	subota
Sonntag	nedelja
jetzt	sada
bald	uskoro
spät	kasno
Wann?	Kad?
Wie spät ist es?	Koliko je sati?

☐ Unterkunft

Bett	krevet
Einbettzimmer	jednokrevetna
Doppelzimmer	dvokrevetna
Dusche	tuš
Handtuch	peškir | ručnik
Gepäck	prtljag

Haben Sie ein Zimmer frei?
Imate li slobodnu sobu?
Wieviel kostet das Zimmer?
Koliko košta soba?

mit Frühstück	sa doručkom
ohne Frühstück	bez doručka

Ich habe eine Reservierung.
Imam rezervaciju.
Wo ist der Campingplatz?
Gdje je kamp?
Wo finde ich ein günstiges Hotel?
Gdje je jeftini hotel?

☐ Post und Bank

Post	pošta
Briefmarke	markica
Postkarte	dopisnica
Ansichtskarte	razglednica
Brief	pismo
Paket	paket
Luftpost	avionom
Einschreiben	preporučeno
Telefon	telefon
Auslandstelefonat	mešunarodni razgovor
banka	bank
Geld wechseln	mjenjati novac

☐ Einkaufen

Geschäft	dućan
Supermarkt	supermarket
Markt	pijaca | tržnica
geöffnet	otvoreno
geschlossen	zatvoreno
kostenlos	besplatno | gratis
groß	veliki | velika
klein	mali | mala
teuer	skupo
günstig	jeftino

Ich möchte gerne … .
Htio bih … .

Haben Sie … ?	Da li imate … ?

Wie viel kostet das?
Koliko to košta?
Akzeptieren Sie Kreditkarten?
Da li mogu platiti kreditnom karticom?

☐ Restaurant

Restaurant	restoran
Kaffeehaus	slastičarna
Kellner(in)	konobar(ica)
Speisekarte	meni
Frühstück	doručak
Mittagessen	ručak
Abendessen	večera
Vorspeise	predjelo
Hauptspeise	glavno jelo
Nachspeise	desert
Glas	čaša
Flasche	flaša
Messer	nož
Gabel	viljuška
Löffel	kašika | žlica
Rechnung	račun
Zahlen bitte!	Želim da platim!

☐ Speisen und Getränke

heiß	vruće
kalt	hladn
süß	sladak
sauer	kiseo
scharf	oštro
Wasser	voda
Limonade	limunada
Saft	sok
Milch	mlijeko
Tee	čaj
Kaffee	kafa
Schnaps	rakija
Bier	pivo
Wein	vino
Rotwein	crno vino
Weißwein	bijelo vino
Brot	hljeb | kruh
Käse	sir
Ei	jaje
Salz	so
Pfeffer	biber
Suppe	supa | čorba
Salat	salat
Fisch	riba
Huhn	pile
Schweinefleisch	svinjsko meso
Rindfleisch	govedina
Kalbfleisch	teletina
Lammfleisch	jagnjetina
Schinken	šunka
Wurst	kobasica
Erdäpfel	krompir
Reis	riža | pirinač
Gemüse	povrće
Obst	voće
Kuchen	kolač
Eis	sladoled

Zahlen

eins	jedan
zwei	dva
drei	tri
vier	četiri
fünf	pet
sechs	šest
sieben	sedam
acht	osam
neun	devet
zehn	deset
elf	jedanaest
zwölf	dvanaest
dreizehn	trinaest
vierzehn	četirinaest
fünfzehn	petnaest
sechzehn	šestnaest
siebzehn	sedamnaest
achtzehn	osamnaest
neunzehn	devetnaest
zwanzig	dvadeset
einundzwanzig	dvadest jedan
zweiundzwanzig	dvadest dva
dreiundzwanzig	dvadest tri
dreißig	trideset
vierzig	četrdeset
fünfzig	pedeset
sechzig	šezdeset
siebzig	desamdeset
achtzig	osamdeset
neunzig	devedeset
hundert	sto
hunderteins	sto jedan
hundertzwei	sto dva
hundertzwanzig	sto dvadeset
hundertdreißig	sto trideset
tausend	hiljada I tisuća

Notfall

Apotheke	apoteka
Arzt	doktor
Krankenhaus	bolnica
Polizei	milicija I policija
Hilfe!	Upomoć!
Stop!	Stanite!

Ich brauche einen Arzt I Zahnarzt.
Treba mi doktor I zubar.

Mein Koffer I meine Tasche I mein Pass wurde gestohlen.
Ukrali su mi kofer I torbu I pasoš.

Historische, religiöse und architektonische Begriffe

beg	Funktionär in der Verwaltung
čaršija	Handelsviertel osmanischer Städte
ćuprija	Brücke
imam	islamischer Geistlicher
kapetan	Befehlshaber einer Grenzeinheit
kapija	(befestigtes) Tor
konak	Residenz
kula	Turm
mahala	Wohnviertel
mahfil	Galerie einer Moschee
medresa	islamische Schule
mihráb	Nische einer Moschee, nach Mekka gewandt
minaret	Turm einer Moschee
minbar	erhöhter Raum in einer Moschee
mujezin	Moscheediener, der die Gläubigen zum Gebet ruft
nišan	islamisches Grabmal
reis-ul-ulema	oberster Geistlicher in Bosnien-Herzegowina
sahat kula	Uhrturm
sandžak	territoriale Verwaltungseinheit
sokak	enge Gasse
šadrvan	öffentlicher Brunnen für rituelle Waschung
šerefe	Galerie auf einem Minarett
tabija	Festung I Bastion
tekija	muslimisches „Kloster"
turbe	Grabstätte, Mausoleum
vezir	hochrangiger Beamter

Im folgenden Index sind alle Sehenswürdigkeiten sowie die Kultur- und Veranstaltungstipps angeführt. Die angegebene Seitenzahl bezieht sich jeweils auf jene Stelle, wo der relevanteste Bezug gegeben ist.

A

B

G

H